Abubakar El-Sidig Ali A Mahdi

Wprowadzenie do gospodarki Omanu

Abubakar El-Sidig Ali A Mahdi

Wprowadzenie do gospodarki Omanu

Gospodarka Omanu, Rada Współpracy Państw Zatoki Perskiej, Zmienne makroekonomiczne, Sektor naftowy i nienaftowy

Wydawnictwo Bezkresy Wiedzy

Imprint

Cover image: www.ingimage.com

Publisher:
Wydawnictwo Bezkresy Wiedzy
is a trademark of
International Book Market Service Ltd., member of OmniScriptum Publishing Group
17 Meldrum Street, Beau Bassin 71504, Mauritius

Printed at: see last page
ISBN: 978-620-2-44708-9

Do moich rodziców, żony i dzieci, Ronana, Sinana, Abyana i Kinana.

Przedmowa

"Zbadajmy teraźniejszość w świetle przeszłości dla celów przyszłości". "

To naprawdę wspaniałe, że moja pierwsza książka została wydana i mam nadzieję, że dotrze do swoich czytelników. Co ważne, książka ta jest uważana za pierwszą pracę związaną z gospodarką Omanu, przynajmniej według mojej wiedzy. Od 1970 roku w gospodarce Omanu zaszły liczne fundamentalne zmiany. Oman zrobił krok naprzód w kierunku modernizacji, liberalizacji i dywersyfikacji. Historycznie jest to najstarszy niezależny kraj w świecie arabskim. Jest uważany za jeden z najbardziej tradycyjnych narodów w rejonie Zatoki Perskiej i do lat siedemdziesiątych XX wieku był jednym z najbardziej odizolowanych. Jego transformacja stworzyła wiele wyzwań dla Omanis. Książka ta jest podzielona na 13 rozdziałów, z których wszystkie mają na celu zapewnienie wglądu w powstającą gospodarkę Omanu.

- Rozdział pierwszy dotyczy historycznej podróży Omanu przed i po roku 1970 - roku nowej ery sułtana Qaboosa.
- Rozdział drugi przedstawia czytelnikowi kraje członkowskie Rady Współpracy Państw Zatoki Perskiej (RWPZ), ich podobieństwa i różnice oraz cel utworzenia tej rady.
- W rozdziale trzecim przedstawiono tendencje wzrostu gospodarczego Omanu, korelację między wzrostem gospodarczym a ropą naftową, rozwój makroekonomiczny oraz ogólne wyniki gospodarki kraju.
- W rozdziale czwartym podjęto próbę wyjaśnienia roli sektora naftowo-gazowego w gospodarce Omanu oraz uwarunkowań wahań w tym sektorze, wraz z rozwojem sektora nie naftowego w Omanie.
- Rozdział piąty mówi o całkowitych wydatkach konsumpcyjnych gospodarstw domowych w Omanie, ich średniej wielkości oraz o tym, jak są one związane z cenami ropy naftowej/dochodami.
- Rozdział szósty odnosi się do całkowitych wydatków inwestycyjnych, ich roli w gospodarce, wzrostu inwestycji zagranicznych oraz stanu bezpośrednich inwestycji zagranicznych w gospodarce Omanu.

- Rozdział siódmy składa się z dwóch części. Pierwsza część pokazuje politykę fiskalną Omanu, która obejmuje wydatki rządowe, dochody oraz relacje między cenami ropy naftowej/dochodami a wydatkami publicznymi. Druga część skupia się na systemie podatkowym w Omanie.
- Pozostałe rozdziały to: polityka monetarna Omanu, rynek pracy w Omanie, inflacja, handel zagraniczny Omanu, dywersyfikacja gospodarcza oraz sektory nie naftowe.

Abubakar El-Sidig Ali A Mahdi

SPIS TREŚCI

Tabele

Dane liczbowe

Rozdział pierwszy

Tło historyczne

Trozwój nie jest celem samym w sobie. Trochę, to się zdarza przy konstruowaniu człowieka. Tak więc rozwój nie musi kończyć się na osiągnięciu bogactwa materialnego i zróżnicowanej gospodarki. Trzeba wyjść poza to, aby dodać do tego budowę obywatela Omanu, który jest zdolny do uczestniczenia w procesie wzrostu i rozwoju. Cele te mogą zostać osiągnięte dzięki poprawie zdolności technicznych i zawodowych obywateli, inspirowaniu ich zdolności twórczych i naukowych oraz zwiększaniu ich różnorodnych umiejętności. Wszystko to musi zmierzać w kierunku służenia państwu i osiągania dobrobytu wszystkich obywateli.

Z królewskiego przemówienia Jego Królewskiej Mości sułtana Qaboos bin Saida, sułtana Omanu, z okazji "Konferencji na temat oman's Economy-Vision 2020" w czerwcu 1995 roku.
(Petrochemicals Middle East Staff Writer, 2016)

1.1 Wprowadzenie

T Sułtanat Omanu jest okupowany co najmniej od V wieku p.n.e., będąc jednym z najstarszych nieprzerwanie zaludnionych obszarów na świecie. Ci starzy obywatele Omanu byli myśliwymi, którzy przeżyli w górskich dolinach. Próbki ich kamiennego arsenału i ich narzędzi wskazują, że byli bardzo sprawni. Później ludność osiedlała się w miastach i wsiach w pobliżu źródeł wody i budowała kamienne domy. Dowody archeologiczne pokazują, że obywatele Omanu posiadali przyzwoitą sieć dróg łączących kilka miast z nadmorskimi częściami kraju. [47]

Oman jest najstarszym niezależnym krajem w świecie arabskim, uważanym za jeden z najbardziej tradycyjnych krajów w rejonie Zatoki Perskiej. Do lat 70. był to jeden z najbardziej odizolowanych narodów. Jest on strategicznie położony przy wejściu do Zatoki Perskiej, na południowo-wschodnim krańcu Półwyspu Arabskiego. [24]

Oman jest często zapominanym członkiem Rady Współpracy Zatoki Perskiej (GCC), być może ze względu na swoje położenie i geograficzną izolację na ogonie Półwyspu Arabskiego, a także charakterystykę bycia narodem spoza Zatoki Perskiej. Pod względem liczby ludności i potęgi finansowej jest ona niższa niż w GCC; odległość jest istotnym czynnikiem izolującym Omana od konfliktów, które mają miejsce w innych częściach Zatoki Perskiej. Jednakże, główne determinanty izolacji Omanu i jego zdolność do cichego i rutynowego prowadzenia działalności gospodarczej wyznaczają naturę organizacji Omanu i jego społeczeństwa. [87, 107]

Sułtanat Omanu jest uważany za jedną z najstarszych społeczności w regionie arabskim. Wyróżniająca się jednostka rasowa i polityczna przez dwa tysiące lat jej mieszkańcy z trudem radzili sobie z dalekimi ziemiami już w trzecim tysiącleciu p.n.e.. Od II wieku p.n.e. ludność arabska Omanu odgrywała dramatyczną rolę w określaniu i kształtowaniu kultury swojego kraju oraz w wpływaniu na jego historię i rozwój. [108]

Sułtanat jest istotnym członkiem GCC i partnerem Zachodu, położonym w strategicznie krytycznej cieśninie Hormuz u ujścia Zatoki Arabskiej. Ostatnie 40 lat doświadczeń politycznych Sułtanatu jest często brane pod uwagę jako przykład udanego rozwoju społecznego, gospodarczego i politycznego oraz stabilności. [22]

Oman jest przykładem na to, jak linie na mapie stale tworzyły zjednoczony naród. Ponadto, decydujący sukces sułtana Qaboos bin Taimur al-Sa'id (obecnego w 1970 roku) w pokonaniu rebelii dhofarskiej w latach 70. jest powszechnie uważany za model dla kolejnych operacji kontrrewolucyjnych.

Kolejne inwestycje infrastrukturalne i gospodarcze w Omanie, a zwłaszcza w Dhofarze, to owocne i spektakularne przykłady wykorzystania rozwoju jako uzupełnienia operacji wojskowych, a tym samym odebrania paliwa, na którym kwitło powstanie. Spojrzenia te są niewątpliwie słuszne w odniesieniu do ostatnich 40 lat, ale ostatnie wydarzenia na Bliskim Wschodzie ujawniły polityczną i kulturową krótkowzroczność, na której pierwszy plan wysuwa się takie postrzeganie, co może prowadzić do mylących analiz, a w konsekwencji do nieprzyjemnych niespodzianek. Nałożenie zbyt dużego obciążenia na bieżące wydarzenia - w tym przypadku ostatnie 50 lat w regionie, w którym historycznie stanowią one mgnienie oka - może być wyzwaniem. Z punktu widzenia polityki, okres nowożytny, wykluczenie, staje się regułą, na której opiera się planowanie i strategia, często narażając na ryzyko oba te elementy. [22]

1.2 Oman jako państwo muzułmańskie

Rys.1.1 Przynależność religijna Omanu - 2010 r.

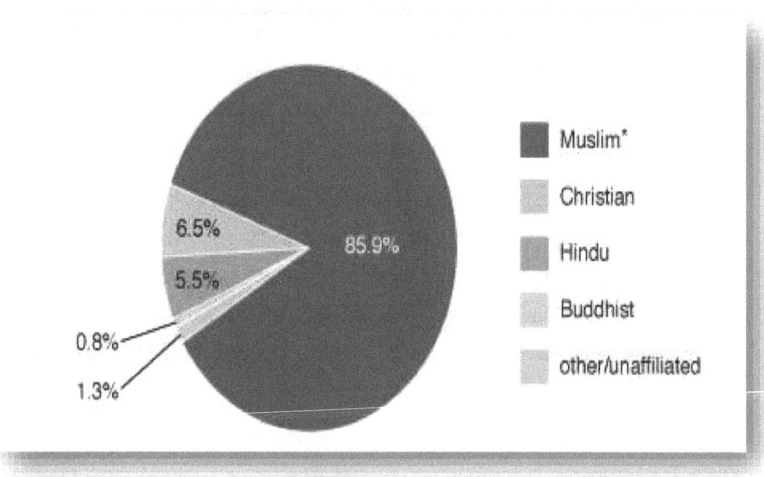

Źródło: www.britannica.com

Oman był jednym z pierwszych narodów, które zaakceptowały i przyjęły islam; jako część wspólnoty muzułmańskiej, jego marynarze pomogli rozpowszechnić swoją wiarę na odległych obszarach. W tym procesie Oman stał się liderem w tworzeniu arabskich i islamskich stosunków z Azją, Afryką Wschodnią i Środkową oraz subkontynentem indyjskim. Oman był uważany za pierwszy wschodni naród arabski, który nawiązał stosunki dyplomatyczne z USA, w 1833 roku, a do świtu 1840 roku wysłał ambasadora do USA.

Po tym jak w 1744 roku udało mu się zmusić i wysłać perskich najeźdźców z Omanu, twórca obecnej rodziny rządzącej, Ahmad bin Sa'id, został wybrany na Imama. Z czasem władcy Al Bu Sa'id zmienili tytuł Imama najpierw na "Sayyids", a następnie na "Sultans". Wraz ze śmiercią sułtana Sa'id w 1856 roku, Oman i jego losy spadły, ale czas jego odrodzenia przyszedł w 1970 roku. Mimo że sułtan Sa'id bin Taimur, który doszedł do władzy w 1932 r., w 1955 r. potrafił zjednoczyć ludność zamieszkującą wybrzeże i wnętrze kraju, a także powstrzymać rebelię pod koniec lat 50-tych, w latach 60-tych nie udało mu się skutecznie poradzić sobie z buntem wspieranym z zewnątrz w południowej prowincji Dhofar. Sa'id został w końcu przejęty w 1970 roku przez jego syna, Qaboos. Od tego czasu Oman przeszedł radykalną transformację, uwalniając się od izolacji dzięki ambitnemu programowi rozwoju finansowanemu przez rosnące dochody z ropy naftowej, które w połowie lat 80. wynosiły ponad 3 mld USD rocznie. [108]

1.3 Co odróżnia Omana od innych państw Zatoki Arabskiej?

Mapa może ujawnić wyraźny związek Omanu z monsunową kulturą handlową Oceanu Indyjskiego. Jego wnętrze jest oddzielone od arabskich sąsiadów pustynią i górami, które leżą pomiędzy nimi. Co więcej, rozłam między górami a brzegiem spowodował powstanie dychotomii między rozwojem historii, ekonomii i kultury Omanu. Tradycyjnie Oman był uważany za komercyjną potęgę morską, której handlowcy handlowali od jednego końca świata monsunowego do drugiego. Góra była "zamkniętym, odizolowanym, samowystarczalnym cywilem, plemieniem w swoim stowarzyszeniu i rządzonym przez wybranego imama", zgodnie z islamską tradycją Ibadi. Niektórzy badacze twierdzą, że imamat, który został zniekształcony w latach pięćdziesiątych XX wieku, może stać się znakiem "złotego wieku pierwotnego państwa muzułmańskiego" z jego "charyzmą" legitymizacji, która może być wykorzystana przez fundamentalistów islamskich, aby poważnie wpłynąć na stabilność Omanu w przyszłości. [22]

Za Ibadyzmem podąża większość 75% obywateli Omanu; jest on dominujący w Omanie i Zanzibarze. Mówi się, że system religijny Ibadi został ustanowiony 20 lat po śmierci Proroka Muhammada (PBUH), i jako taki kieruje zarówno wyznaniem sunnickim, jak i szyickim. Pozostałe 25% populacji to na ogół mieszanka muzułmanów sunnickich i szyickich. [104]

1.4 Lokalizacja strategicznie korzystna

Rys.1.2 - Lokalizacja Omanu

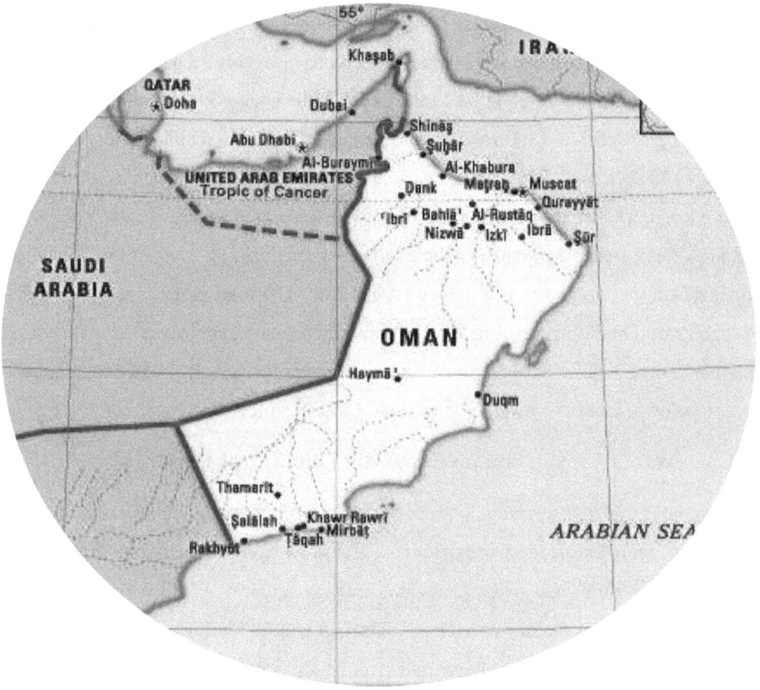

Źródło: Encyklopedia Britannica, Inc.2012

Strategicznie korzystne położenie Zatoki Perskiej stale przyciąga interesy innych mocarstw. W 325 r. p.n.e., Aleksander Wielki prowadził bazę wojskową na tym obszarze. Macedończycy zostali wypędzeni przez około 250 lat p.n.e. przez Perskich Parthian, którzy przejęli kontrolę nad większością Zatoki Perskiej, która stanowi dzisiejszy Oman. Partyzanci kontrolowali ten region aż do wprowadzenia islamu, w około 632 roku C.E. [47]

Oman leży w południowo-wschodniej ćwiartce Półwyspu Arabskiego i według oficjalnych szacunków zajmuje całą powierzchnię około 300 000 kilometrów kwadratowych; zagraniczni obserwatorzy domyślają się jednak, że całkowita powierzchnia zajmowanego terenu wynosi około 212 000 kilometrów kwadratowych. Przestrzeń ta składa się z różnych struktur topograficznych: doliny i pustynia stanowią 82% ukształtowania terenu, łańcuchy górskie 15%, a równina przybrzeżna zajmuje 3% całkowitej powierzchni. [115]

Obszar, który obejmuje współczesny Oman, rozszerzył się, korzystając z jego strategicznego położenia geograficznego. W rezultacie kupcy, od których nie wymaga się żeglugi z dala od lądu, zaangażowali się w bezpieczną komunikację z Persją na północy, Indiami na wschodzie i Afryką na południu. [104]

Strategicznie korzystne położenie geograficzne Omanu nadało mu znaczenie globalne i regionalne. Sułtanat ma 1200-milową linię brzegową wzdłuż Zatoki Arabskiej, Zatoki Omańskiej, Morza Arabskiego i Oceanu Indyjskiego. Jest sąsiadem szlaków morskich prowadzących do Europy i Azji, Iraku i Iranu oraz krajów członkowskich GCC - Arabii Saudyjskiej, Kuwejtu, Bahrajnu, Kataru i Zjednoczonych Emiratów Arabskich. [107]

Sułtanat jest świadomy swojej centralnej i kluczowej pozycji w zakresie międzynarodowych nieruchomości na północno-zachodnim krańcu Oceanu Indyjskiego, u wrót do Zatoki Perskiej. Między innymi z tych powodów, Oman może być pisany kursywą przez kartografów geostrategicznych. Pozytywnie należy stwierdzić, że te cechy, które wpływają na globalne znaczenie Sułtanatu, stają się coraz bardziej zauważalne dla wielu Amerykanów. [108]

Rzeczywiście, stało się to widoczne po pozornie niekończącym się przepływie pierwszych oficjalnych amerykańskich gości w Omanie w ciągu ostatnich dziesięciu lat. Oman uniknął jednak odkrycia, odsłonięcia i obnażenia, niejako, w oczach uniwersalnych strategów i globalnych planistów wojskowych. Pomimo wysiłków mających na celu obejście tego samego od ponad dziesięciu lat, nadal istnieją dowody na to, że wynikające z tego globalne spojrzenie jest nadal aktualne. Koszt tego intensywnego koncentrowania się jednego kraju na drugim z połowy świata jest już w ich najszerszym zarysie precyzyjny: zmieniły one sposób myślenia Stanów Zjednoczonych o roli, jaką Oman powinien odgrywać w sprawach regionalnych i międzynarodowych, wraz z implikacjami tej roli dla wspólnych interesów i polityki.

Znaczenie geopolityczne Omanu, nie tylko dla krajów partnerskich RWPZ, ale także dla Wielkiej Brytanii, Stanów Zjednoczonych i innych krajów zachodnich, jest oczywiste, ponieważ jest on położony pomiędzy dwoma najbardziej radykalnymi reżimami Bliskiego Wschodu: marksistowską Ludowo-Demokratyczną Republiką Jemenu (PDRY) i rewolucyjną Islamską Republiką Iranu. Nie mniej ważny w tym względzie - w odniesieniu do inwazji na Afganistan w grudniu 1979 roku - jest fakt, że wojska radzieckie w tym kraju, których liczba osiągnęła prawie 100 tysięcy, zostały rozmieszczone zaledwie 300 mil (nie więcej niż godzinę lotu) od granic Omanu. [108]

1.5 Sułtanat oraz organizacje regionalne i międzynarodowe

Od 1970 roku Oman funkcjonuje w celu wzmocnienia swoich stosunków dyplomatycznych opartych na umiarkowanej polityce zagranicznej. Powiązania z Wielką Brytanią pozostały nienaruszone, podczas gdy stosunki ze Stanami Zjednoczonymi również były dalej wspierane. Oman utrzymuje stosunki z ponad 140 narodami i jest związany z około 105 organizacjami regionalnymi i międzynarodowymi, w tym z następującymi:

- Organizacja Narodów Zjednoczonych
- Światowa Organizacja Handlu
- Międzynarodowego Funduszu Walutowego
- Bank Światowy
- GCC
- Większa arabska strefa wolnego handlu

Oman nie jest jednak członkiem Organizacji Krajów Eksportujących Ropę Naftową (OBEC). Umowy o wolnym handlu są wspólne z GCC, Singapurem i Stanami Zjednoczonymi. [104]

W ciągu roku od wejścia do władzy stało się oczywiste, że sułtan Qaboos chciał rozpocząć nową erę relacji z sąsiadami. Pod koniec 1971 roku sułtanowi udało się zorganizować i zbudować polityczne i dyplomatyczne spotkania z większością arabskich przywódców. Z drugiej strony, porównywalne wysiłki zmierzające do zdobycia pomocy wojskowej i wsparcia ze strony tych rządów dla wojny Omanu z rebeliantami w Dhofarze okazały się o wiele mniej owocne. Ostatecznie to przede wszystkim siły Omanu na miejscu, w połączeniu z irańskimi siłami ekspedycyjnymi wspieranymi przez doradców brytyjskich, pakistańskich, jordańskich i indyjskich (dodane w ograniczonym stopniu przez ZEA), położyły kres temu cywilnemu nieposłuszeństwu jesienią 1975 r.[108].

Ledwie wojna w Dhofarze się skończyła, kiedy rząd Omanu zaczął organizować swoją główną konferencję w celu wzmocnienia współpracy w zakresie bezpieczeństwa między krajami Zatoki Perskiej. Mimo że ministrowie spraw zagranicznych wszystkich krajów Zatoki Perskiej pokazali się, delegaci z listopadowego spotkania w Muscat w 1976 roku nie osiągnęli porozumienia i odeszli w miarę upływu czasu, nie ustalając konkurencyjnych programów przywództwa regionalnego, które były wówczas realizowane przez niektóre większe kraje, w szczególności Irak i Iran. Niemniej jednak, aktywna rola Omanu w sponsorowaniu tego spotkania posłużyła jako wyraz jego poważnego zainteresowania egzekwowaniem wspólnego mechanizmu obronnego dla obszaru Zatoki Perskiej. W kilku kolejnych latach omańscy dyplomaci i specjaliści z dziedziny dyplomacji i obronności mieli chętnie zdać sobie sprawę z ich niedoskonałego wpływu w ramach światowych rad na sprawy związane z najważniejszymi interesami ich narodu. Przypomnienia o zagrożeniach dla interesów Omanu, które mogły zaistnieć w związku z nieuczestniczeniem sułtanatu w organizacjach regionalnych i międzynarodowych, były bliskie zasięgu ręki. [108]

Do początku lat 70. Oman nie był członkiem żadnego z najważniejszych organów międzynarodowych, takich jak Organizacja Narodów Zjednoczonych, Liga Państw Arabskich, a nawet Światowa Organizacja Zdrowia. W rzeczy samej, było to źródłem delikatnego wstydu i ogromnego niezadowolenia dla nowego rządu, częściowo w wyniku poprzedniej polityki celowej samotności lub izolacji od swoich etnicznych i religijnych krewnych, którą niektóre narody arabskie nadal uznawały za grupę powstańców, którzy sprzeciwiali się sułtanatowi jeszcze w latach pięćdziesiątych. Przyczyna rozczarowania była zrozumiała: podobnie jak ich koledzy po latach w Dhofarze, również i powstańcy, o których mowa - zwolennicy Imama Ghaliba bin Alego, otrzymali zewnętrzne wsparcie. Z tego punktu widzenia nie było powodu, by przypuszczać, że natychmiast po wybuchu wojny irańsko-irackiej reakcja Omanu na dyskusje w całej Zatoce Perskiej dotyczące kluczowej potrzeby utworzenia centralnego organu koordynującego była pozytywna. W listopadzie 1980 r., podczas spotkania na szczycie arabskim, które odbyło się w stolicy Jordanii (Ammanie), Oman nie tracił czasu na wyrażenie swojej woli zajęcia miejsca w jakiejkolwiek organizacji, w której cele związane z bezpieczeństwem i koordynacją gospodarczą pozostałych państw członkowskich byłyby w dużej mierze podobne do jego własnych.

Istotnym dowodem na to, że Omani starają się przyspieszyć tworzenie i formowanie tego typu placówek, była decyzja o powitaniu w Muscat ostatniego spotkania wprowadzającego bezpośrednio przed formalną sesją założycielską GCC, która odbyła się w maju 1981 r. w Abu Zabi. Zgodnie z tymi działaniami, sułtan Qaboos zwrócił się do swoich kolegów i nalegał, aby wymóg koordynacji bezpieczeństwa szedł w parze ze współpracą społeczną i gospodarczą. Następnie urzędnicy omańscy stali się tak samo uważni jak ich koledzy z innych krajów Zatoki Perskiej w przygotowaniu i opracowaniu dokumentów roboczych dotyczących kwestii bezpieczeństwa i obrony związanych z ich regionem. Sułtanat, w związku ze swoim oczekiwaniem wysokiego poziomu zaangażowania w tych dwóch wymaganych dziedzinach, akredytował liczne korzyści, jakie można by uzyskać z jakiejkolwiek integracji jego gospodarki i infrastruktury logistycznej (komunikacja, transport, drogi itp.) z infrastrukturą jego sąsiadów. [108]

Oman troszczył się o poprawę współpracy międzypaństwowej w różnych dziedzinach, takich jak rozwój gospodarczy, industrializacja i planowanie; niewątpliwie miały one przynieść korzyści nie tylko aparatowi wojskowemu każdego z państw, ale także omanskim zakładom bezpieczeństwa wewnętrznego.

1.6 Triumfy uczestnictwa Omanu w GCC

Osiągnięcia po uczestnictwie Omanu w GCC są bardzo zróżnicowane. Z jednej strony rozczarowała niezdolność Omanu do przekonania Rady, że fundusz inwestycyjny RWPZ w Zatoce Perskiej o wartości 2,1 mld USD, uzgodniony w 1982 r., powinien być wykorzystywany zgodnie z liniami rozwojowymi, a nie komercyjnymi (tj. zorientowanymi na zysk). Wyłączyło to Omanowi możliwość uzyskania od potencjalnie znaczącej organizacji gospodarczej GCC tyle, ile by chciał w zakresie funduszy rozwojowych. Członkostwo w RWPZ sprawiło, że polityka i działania Omanu stały się bardziej otwarte na pęcherzową krytykę ze strony niektórych sąsiadów, niż byłoby to korzystne dla rządu Omanu. Mimo to takie rozczarowania były łagodne w porównaniu z korzyściami, jakie udało się osiągnąć; są to m.in. następujące, aby określić kilka z nich:

i) ograniczenie sporów terytorialnych Omanu z sąsiednimi narodami do tego stopnia, że były one rozpatrywane w ramach Rady jako sprawy proceduralne i administracyjne, a nie jako źródła międzypaństwowego sprzeciwu lub starć, jak to miało miejsce w przeszłości;

ii) znaczne wzmocnienie głosu Omanu w sprawach regionalnych i globalnych;

iii) rozwój współpracy w zakresie bezpieczeństwa z innymi krajami położonymi w regionie Zatoki Perskiej;

iv) wzmocnienie pozycji Omanu i innych państw członkowskich RWPZ w obliczu ataku ze strony jakichkolwiek radykalnych reżimów w regionie;

v) zniesienie taryf celnych na pięciu rynkach regionalnych na wywóz kilku omańskich towarów i usług;

vi) oszczędności uzyskane dzięki drogim projektom przemysłowym i innym projektom rozwojowym z pomocą koordynacji z innymi państwami członkowskimi

Opierając się na powyższych aspektach, doświadczenie GCC zmniejszyło wrażliwość i izolację, które wcześniej Oman odczuwał w pracy samemu. W tym samym duchu znaczenie spółdzielczej orientacji członków Rady Współpracy Państw Zatoki Perskiej oraz ich ukierunkowanego na odstraszanie w polityce dotyczącej obrony i dyplomacji przyniosły dwa bardzo korzystne rezultaty:

Po pierwsze, zmniejszyło się prawdopodobieństwo zderzenia supermocarstw w tym regionie.

Po drugie, był on korzystny z punktu widzenia szybkiego rozwoju Omanu, sprawiając, że Oman wykracza poza możliwe regionalne i krajowe zasoby wyszkolonego personelu, którego umiejętności będą uważane za podstawowe dla bezpieczeństwa i zdrowszych gospodarek wszystkich państw członkowskich.

1.7 Współpraca regionalna

Zgodnie z doświadczeniami w zakresie niestabilności wspieranej z zewnątrz, podzielanymi przez państwa członkowskie RWPZ, Oman wspierał i rozwijał dyskusje na forum RWPZ w celu wypracowania spostrzeżeń i dostosowania roli członków w kwestiach dotyczących współpracy regionalnej. Z pewnością Oman mówił tak konsekwentnie i przekonująco, jak każdy członek RWPZ, o potrzebie zwiększenia wsparcia finansowego i wojskowego w celu zapewnienia wewnętrznego i zewnętrznego bezpieczeństwa państw członkowskich. Ogólnie rzecz biorąc, najbardziej uporczywą korzyścią z członkostwa Omanu w RWPZ jest to, że dał on temu krajowi możliwość współpracy z innymi krajami w dziedzinie gospodarki, bezpieczeństwa, wojskowości i dyplomacji w sposób, który nie byłby możliwy bez RWPZ. [108]

Ponieważ kryzysy polityczne i humanitarne przyniosły niestabilność kilku narodom arabskim, sułtanat Omanu wydawał się być wyjątkowym źródłem spokoju i stabilności, położonym na innym obszarze. Co więcej, w znaczący sposób ugruntowało to legitymację sułtana Qaboos bin Saida Al Busaidi, najdłużej zasiadającego na tronie arabskiego przywódcy, który nadal rządzi Omanem. Od czasu dojścia do władzy w 1970 roku, Qaboos przekształcił Oman z biednego i odizolowanego kraju w zamożne i przyjazne państwo z infrastrukturą pierwszego świata, tętniącym życiem przemysłem turystycznym i sojuszem wojskowym ze Stanami Zjednoczonymi i Wielką Brytanią. Wraz z wiekiem Qaboos, Oman wkrótce stanie się nowym władcą i niestety czas nie mógł być bardziej niestosowny. Oman będzie miał nowego sułtana - tak, jak zostanie nazwany - odziedziczy dziedzictwo Qaboos, określone przez jego władze krajowe i politykę zagraniczną, która umieściła Muscat w centrum kwestii bezpieczeństwa regionalnego i międzynarodowego. Sułtan jest bardzo lubiany, a obywatele Omanu podziwiają go, szanują i szanują. Jednakże następca Qaboos stanie przed masą krajowych i międzynarodowych wyzwań, które stanowią zagrożenie dla stabilności post-Kaboos Oman. [29]

W kraju najtrudniejszym wyzwaniem wydają się być kwestie gospodarcze. Spadek cen ropy dotkliwie wpłynął na finanse państwa Omanu, co jeszcze bardziej uwypukliło zagrożenia gospodarcze wynikające z nadmiernego uzależnienia od sektora naftowego. Podobnie jak w przypadku pozostałych pięciu państw członkowskich RWPZ, Sułtanat Omanu powinien zacząć myśleć o dywersyfikacji swojej gospodarki. Ponieważ w Omanie brakuje ogromnych dostaw gazu i ropy naftowej z innych państw członkowskich RWPZ, odczuwa on presję na przyspieszenie wspomnianej transformacji. Z politycznego punktu widzenia istnieją obawy dotyczące procesu sukcesji państwa, co rodzi pytania o zdolność Muscata do zagwarantowania swojej stabilności w epoce post-Qaboos. Zewnętrznie, radykalne ugrupowania w Jemenie, takie jak Al-Kaida na Półwyspie Arabskim (AQAP) i Państwo Islamskie (ISIS), będą zastraszać bezpieczeństwo Omanu po przejściu ery Qaboos. Niepokojące dla urzędników z Muscat jest to, że AQAP kontroluje obszar Hadramawt w Jemenie, w tym główny port morski obszarów jego stolicy Mukalli, położony nie dalej niż 370 mil od portu Salalah. Mimo to, Oman jest w stosunkowo bezpiecznej sytuacji, biorąc pod uwagę jego zdrowe bezpieczeństwo na granicach. Nie ma wspólnych atrybutów wzrostu ekstremistycznego, a filary tolerancji, dialogu i niestosowania przemocy w tkance narodowej określiły stosunki między różnymi wspólnotami religijnymi i plemiennymi narodu, przynajmniej w okresie sprawowania urzędu przez sułtana Qaboosa.

1.8 Ukierunkowanie polityki zagranicznej Omanu

W szerszym kontekście geopolitycznym, zgodnie z ich najlepszą wiedzą, Muscat odgrywa wyjątkową rolę i służy jako dobrze wyważone połączenie dyplomatyczne między Islamską Republiką Iranu z jednej strony, a pozostałymi krajami RWPZ i ich zachodnimi sojusznikami z Omanu z drugiej. Obecnie sułtanaty Omanu i Iranu przedłużyły i pogłębiły swoją współpracę w wielu dziedzinach, takich jak dyplomacja, gospodarka, energia i bezpieczeństwo. Chociaż wzrost i wzmocnienie stosunków omańsko-irańskich nie kosztowało Omanu jego "dobrej pozycji" w RWPZ, inni członkowie rady oskarżyli niezależną politykę zagraniczną Qaboos o częste podważanie zbiorowego bezpieczeństwa RWPZ.

Najprawdopodobniej Iran będzie oczekiwał od przyszłego przywódcy Omanu trwałej relacji opartej na spuściźnie Qaboos, podczas gdy inni członkowie RWPZ mogą życzyć sobie, aby przyszły sułtan silniej i bliżej związał Omanu z państwami członkowskimi RWPZ. Jeśli jednak Oman zapewni stabilność i jedność narodową po panowaniu Qaboos, sułtanat prawdopodobnie będzie utrudniać podmiotom zewnętrznym manipulowanie orientacją polityki zagranicznej Omanu. W przeszłości Oman opierał się naciskom ze strony KSA i innych państw RWPZ, aby pociągnąć za linię partyjną, głównie jeśli chodzi o Iran. Ta zależna postawa jest zdecydowanie zakorzeniona w myśleniu Muscata i trudno będzie się na niej oprzeć w środowisku post-Qaboos. [29]

Podsumowując, historia niestabilności Omanu jest źródłem wielu ważnych pytań dotyczących koncepcji rozwoju i nowoczesności:

- Czy ostatnie 40 lat zmieniło przede wszystkim Oman? Czy zdarzają się jego potencjalne starcia kulturowe i społeczne?
- Jak wygląda obecny krajobraz polityczny w kontekście głębszego kontekstu historycznego narodu?
- W jakim stopniu bezpieczeństwo i stabilność były związane z sułtanem Qaboosem, w przeciwieństwie do długoterminowych instytucji politycznych i społecznych?

- Jak bardzo zaniepokojeni są obecni przywódcy i instytucje bezpieczeństwa kwestiami związanymi ze stabilnością i kontrolą? [22]

Po 30 latach pokoju i stabilności w Omanie, istnieje tendencja do zapominania o wydarzeniach z poprzednich 12 wieków. Wielu analityków wciąż ma mglistą wiedzę na temat przeszłości i trudno byłoby wyjaśnić jej relacje pomiędzy krytycznymi wydarzeniami nawet w najbliższej przyszłości. Mętne zrozumienie może być jeszcze bardziej skomplikowane przez naukową tendencję do oceny politycznych i globalnych zmian w fałszywych zachodnich kodeksach postępu. Na Bliskim Wschodzie zasadnicze zmiany lub postęp oraz zewnętrzne pułapki nowoczesności są odrębnymi elementami. W przypadku Omanu, pomylenie obu prowadzi do nieporozumienia teraźniejszości i (być może) całkowicie niedokładnych prognoz dotyczących przyszłości. [22]

Rozdział drugi

Rada Współpracy Państw Zatoki Perskiej (GCC)

Telem RWPZ jest osiągnięcie jedności wśród jej członków w oparciu o ich wspólne cele i podobne tożsamości polityczne i kulturowe, które są zakorzenione w kulturach arabskich i islamskich. (britannica.com)

2.1 Wprowadzenie

Tarabski obszar Zatoki Perskiej jest uważany za aktywnie rozwijający się region na świecie, z nominalnym rocznym wzrostem na poziomie około 20%. Ponadto jest on głównym producentem i eksporterem ropy naftowej i gazu ziemnego na świecie. [9]

Rada Współpracy Państw Zatoki Perskiej jest jedną z najstarszych i najbardziej ambitnych regionalnych umów handlowych (RTA). W dniu 25 maja 1981 r. sześć krajów złożyło ręce i ustanowiło tę Radę: Arabia Saudyjska, na którą przypada ponad 60 % produktu krajowego brutto (PKB) GCC i 70 % ogółu jej ludności, Bahrajn, Kuwejt, Oman, Katar i Zjednoczone Emiraty Arabskie. [67, 44]

2.2 Główny cel GCC

Kraje członkowskie GCC dzielą Półwysep Arabski i odpowiadają za 40% światowych zasobów ropy naftowej. Mają interesy związane z bezpieczeństwem, językiem i kulturą, które stanowią podstawę polityczną RWPZ i wyjaśniają zarówno jej sukces, jak i skonsolidowaną władzę. Podstawowym celem tej rady jest wzmocnienie stosunków gospodarczych, politycznych, obronnych i kulturowych, z myślą o osiągnięciu pełnej unii na wzór Unii Europejskiej.

W stosunku do innych podmiotów, takich jak Unia Europejska, GCC posiada wspólne cechy;

- jego państwa członkowskie mówią w jednym języku (arabskim),
- jest naznaczony mieszaniem się kultury, religii i więzi społecznych,
- Oszałamiające podobieństwa charakteryzują stosunki krajów RWPZ, począwszy od pokrewieństwa plemiennego, a skończywszy na kulturze, języku i religii, co sprawiło, że stoją one przed wspólnymi wyzwaniami w dziedzinie polityki i gospodarki. [44]

Według Ernsta i Younga (EY) GCC może okazać się szóstą co do wielkości gospodarką na świecie do świtu 2030 roku, lecącą tuż pod Japonią, jeśli obszar Zatoki Perskiej będzie mógł nadal rosnąć w tempie 3,2% rocznie przez następne 15 lat. Gdyby gospodarki RWPZ rozwinęły jeden jednolity rynek jako alternatywę dla sześciu oddzielnych obecnie rynków, stałaby się ona dziewiątą co do wielkości gospodarką na świecie, podobnie jak Kanada i Rosja, a także niedaleko Indii, jak wynika z ostatniego raportu ERW. [127]

2.3 Rewolucja gospodarcza GCC

Rezerwy węglowodorów i zasoby finansowe państw Zatoki Perskiej stanowią punkt zwrotny, wokół którego dokonuje się międzynarodowych reorganizacji. Rada Współpracy Państw Zatoki Perskiej stała się sercem działań geoekonomicznych w Azji Zachodniej, natomiast wzmocnienie stosunków handlowych z Azją Południową i Azją Wschodnią dodało nowej dynamiki zaangażowaniu w ramach systemu globalnego. Choć zewnętrzne zapewnienia udzielane przez USA sprawiają, że pozostają one królem w kwestii bezpieczeństwa państw RWPZ, rosnąca internacjonalizacja Zatoki Perskiej odzwierciedla dywersyfikację jej interesów geopolitycznych i wybór partnerstwa strategicznego. Głównie w Katarze i Stanach Zjednoczonych oraz w mniejszym stopniu w Wielkiej Brytanii, innowacyjna polityka zagraniczna jest wspierana przez ambicję wykorzystania zasobów krajowych w celu zapewnienia globalnego zasięgu. Te zmieniające się interesy ponownie dostosowują relacje wewnątrzregionalne i globalne w Zatoce Perskiej w sposób niedoceniany, ale integralny. [64]

Pierwsza transformacja pojawiła się zaraz po odkryciu ropy naftowej; w latach 30-tych i 60-tych ten najbardziej zubożały region miał niezbędne środki do rozpoczęcia budowy niezbędnych elementów centralnej infrastruktury i poprawy poziomu życia jego mieszkańców.

Druga transformacja nastąpiła w związku z rewolucją cen ropy naftowej (1973-74). W ten sposób zwrócono większą uwagę na rozwój społeczno-gospodarczy i projekty infrastrukturalne, na które przeznaczono znaczne nakłady. Trzecia transformacja została wywołana przez ostatnią spiralę cen ropy naftowej w pierwszej dekadzie XXI wieku. Podczas gdy państwa Zatoki Perskiej praktykowały euforię drugiej "gorączki złota", pozostały wspomnienia o pobudce z połowy lat 80. [106]

Zasadnicze pytanie, na które muszą odpowiedzieć te narody, brzmi: Co robić, gdy skończy się olej? Ponieważ zarówno ceny ropy naftowej, jak i dochody narodowe są na bardzo wysokim poziomie, nadszedł czas, aby zaplanować i zastosować zwycięskie strategie, podczas gdy pieniądze wciąż są na miejscu. Pod tym względem trzecia transformacja jest ostatnią szansą. Świadomość ta została zahamowana przez spadek cen ropy naftowej, na początku 2009 roku, do 40 USD za baryłkę, a nawet mniej. Wszystkie państwa RWPZ są świadome tego problemu, ale przyszłość jest bliższa i bardziej ponura, a także poważna dla niektórych państw niż dla innych. [106]

Nowa sytuacja wskazuje na pewne niepokojące obszary dla gospodarek RWPZ. W rzeczywistości cały region został dotknięty spadkiem cen ropy naftowej. W nadchodzących latach gospodarki RWPZ będą miały cztery istotne wspólne wyzwania, które, jeśli zostaną pozytywnie przezwyciężone, mogą doprowadzić je z powrotem do poziomu wzrostu sprzed kryzysu: [60]

- **Zmniejszenie zależności od ropy naftowej za pomocą dywersyfikacji i konsumpcji**

  Przy znacznej części dochodów podatkowych generowanych przez przemysł naftowy, gospodarki RWPZ muszą skoncentrować się na innych sektorach i przestawić się na gospodarkę opartą na konsumpcji.
- **Zmiana koncentracji wzrostu z sektora publicznego na prywatny**

  W niektórych gospodarkach koszty wynagrodzeń stanowią znaczną część łącznych wydatków, a przedsiębiorstwa państwowe mogą być narażone na znaczne ryzyko ze strony rządu, jak również na marnotrawstwo. Niektóre gospodarki wykorzystują już PPP (partnerstwa publiczno-prywatne) i tworzą struktury regulacyjne ad hoc w celu motywowania prywatnych przedsiębiorstw do inwestycji.
- **Tworzenie idealnej atmosfery dla MŚP**

  Przewiduje się, że w kolejnych latach małe i średnie przedsiębiorstwa staną się najważniejszym pracodawcą, ponieważ sektor publiczny skoncentruje się na wprowadzaniu nowych rozwiązań w zakresie efektywności i finansowaniu istniejących kosztów wynagrodzeń. Prywatyzacja obszarów usług i wzrost liczby prywatnych przedsiębiorstw są związane z łatwością prowadzenia działalności gospodarczej, co w konsekwencji zachęca do zakładania nowych MŚP. MŚP w gospodarkach Rady Współpracy Państw Zatoki Perskiej mają wiele spraw finansowych, do których należy m.in. pobieranie niewielkiej części ogólnej kwoty pożyczek, głównie ze względu na dziedzictwo historyczne gospodarek opartych na ropie naftowej, na czele których stoją duże przedsiębiorstwa.
- **Zwiększenie płynności i wypłacalności systemu bankowego**

System bankowy w Zatoce Perskiej jest zdrowy, skapitalizowany i rozpuszczalny. Jednakże system ten musi stawić czoła następującym kwestiom, które muszą być odpowiednio uwzględnione:

- ✓ Płynność w warunkach dalszych napięć, związanych ze zmniejszaniem się depozytów rządowych mających na celu finansowanie deficytu
- ✓ Pogorszenie się jakości aktywów, związane z niższą aktywnością gospodarczą
- ✓ Rosnąca rywalizacja cenowa między bankami [60]

2.4 Integracja gospodarek państw Zatoki Perskiej z gospodarką światową

Rada Współpracy Państw Zatoki Perskiej (RWPZ) została utworzona w maju 1981 roku przez sześć najlepszych państw członkowskich: Bahrajn, Kuwejt, Sułtanat Omanu, Katar, KSZ i ZEA. W tym czasie obserwatorzy zachodni uznali, że bezpieczeństwo jest istotnym aspektem dla jego twórców. Jednak w karcie fundacyjnej Rady nie ma miejsca na bezpieczeństwo, w której podkreśla się cel promowania "ścisłej koordynacji we wszystkich zakresach, zwłaszcza gospodarczych i społecznych" wśród państw członkowskich. W całej karcie wielokrotnie powtarzały się terminy "koordynacja", "integracja", "współpraca", "bliższe stosunki" i "więzi". W konsekwencji, w miarę jak Sobór zaczynał zaznaczać swoje istnienie we wspólnocie globalnej, jego działalność podnosiła kwestię, czy dowodzi to rozwoju integracji w rozumieniu zachodnim, pomimo odniesień we wprowadzeniu karty do koncepcji jedności islamskiej i arabskiej, które poprzedzają zachodnie filozofie integracji. [11,77]

Historia jest świadkiem coraz większej integracji gospodarek RWPZ z gospodarką światową. Niektóre powody zaznaczyły się, jak następuje: [17]

- Po pierwsze, rosnący udział handlu zagranicznego w PKB krajów RWPZ odzwierciedla ich eksport ropy naftowej do reszty świata oraz import kapitału, dóbr konsumpcyjnych i innych środków produkcji. Na przykład w 2000 r. stosunek eksportu i importu w GCC wynosił łącznie około 78%, przy czym eksport i import stanowiły stosunek do PKB. Jednakże w 2001 r. wywóz towarów w tym obszarze wyniósł około 9,137 mln USD (5,7 %) całkowitego wywozu GCC. Ten drobny handel towarowy obejmuje import ropy naftowej z Arabii Saudyjskiej przez rafinerie Bahrajnu, jak również ponowny eksport zagranicznych towarów z Dubaju (U. A. E.) do krajów takich jak Oman i Kuwejt. W związku z tym większość handlu GCC jest prowadzona z tradycyjnymi partnerami handlowymi ze Stanów Zjednoczonych, Japonii, Stanów Zjednoczonych i krajów Azji Wschodniej (AMF, 2002: 135). Ropa naftowa dominuje w eksporcie GCC, który stanowił około 88% całości eksportu w 2000 roku. Ponadto, pierwszy przywóz w tym samym okresie dotyczył maszyn i urządzeń transportowych (39,5%), towarów przetworzonych (17%), żywności i żywych zwierząt (15%) oraz chemikaliów (9%) (Sekretariat Generalny GCC, 2003). [17]

- Po drugie, od czasu "oil bonanza" w latach 70. kraje RWPZ zaczęły inwestować swoje nadwyżki ropy naftowej w całej reszcie świata, głównie w krajach uprzemysłowionych. Obecnie, według różnych szacunków, aktywa zagraniczne krajów GCC wynoszą ponad 500 mld USD i są stosunkowo płynne. [65]
- Po trzecie, ze względu na niewielką liczbę ludności swoich obywateli, kraje RWPZ są w większości zależne od zagranicznej siły roboczej, która realizuje ich plany rozwoju. Artykuł Al-Najar pokazuje, że zagraniczna siła robocza stanowi ponad 72% całkowitej siły roboczej i około 95% zatrudnienia w sektorze prywatnym.
- Wreszcie, oczekuje się, że kraje GCC obniżą swoje stawki taryfowe poniżej 10% wraz z realizacją unii celnej, która rozpoczęła się w 2003 r.[17]

Integracja gospodarki RWPZ z gospodarką światową przyniosła jej członkom potencjalne korzyści i korzyści. Udowodniono jednak, że gospodarki RWPZ mają słabe wyniki na wielu frontach w odniesieniu do tej integracji. W ciągu ostatnich dwóch dziesięcioleci wszystkie kraje RWPZ poniosły pewne porażki i wykazały pewne słabości. Uwzględnienie tych niepowodzeń i słabości oraz ich natychmiastowa modyfikacja/rektyfikacja zadecyduje o stopniu, w jakim gospodarki RWPZ zyskają na integracji z gospodarką światową oraz o ich zdolności do sprostania wyzwaniom związanym ze wzrostem i rozwojem w przyszłości. Ich niepowodzenia zostały ujawnione w dziedzinie wzrostu, handlu, bezrobocia i inwestycji. [17]

2.5 Państwa członkowskie GCC jako eksporterzy ropy naftowej

Kraje członkowskie RWPZ (Arabia Saudyjska, Zjednoczone Emiraty Arabskie (UAE), Katar, Kuwejt, Bahrajn i Oman) są eksporterami ropy naftowej, a wszelka niestabilność i zmiany cen na światowym rynku naftowym mogą mieć poważne skutki dla następujących podmiotów:

- Wzrost gospodarczy GCC,
- budżetu państwa,
- wpływy z podatków,
- plan rozwoju,
- Eksport

Dowody wskazują, że eksport paliw kopalnych w Arabii Saudyjskiej, Katarze i Kuwejcie jest ogromny i stanowi 80 % całkowitego eksportu. Jednakże w przypadku Zjednoczonych Emiratów Arabskich, Omanu i Bahrajnu udział ten wynosi ponad 60 % całkowitego wywozu. W takich krajach przychody z ropy naftowej przekraczają 50% łącznych przychodów rządowych.

Ponieważ gospodarki RWPZ są w dużym stopniu uzależnione od ropy naftowej, uważa się, że ich gospodarki są dość podatne na zewnętrzne wstrząsy cen ropy, które z kolei wywierają presję na rynki finansowe i stabilność systemów bankowych. Ponieważ kraje RWPZ są w dużym stopniu zależne od ropy naftowej, wszelkie wahania cen ropy naftowej na świecie mogą mieć wpływ na wzrost ich PKB, budżety rządowe, dochody fiskalne, programy rozwojowe i eksport. Jednakże, do pewnego stopnia, niski stosunek długu do PKB w większości takich gospodarek pokazuje, że państwa te mogą utrzymać w razie potrzeby zrównoważony poziom długu, ze względu na ich możliwości i przestrzeń fiskalną,[15] jak pokazano w poniższej tabeli.

Tabela 2.1 - Zależność od dochodów z ropy naftowej w państwach GCC

	2005-2000	2010-2006	2014-2011	2015
Stosunek eksportu ropy naftowej do eksportu ogółem				
Emiraty Arabskie	45.0	38.7	32.6	17.7
Bahrajn	58.5	60.5	65.1	44.4
Oman	76.9	69.4	64.3	46.8
Arabia Saudyjska	83.4	83.1	83.0	73.1
Katar	88.5	85.9	88.9	77.9
Kuwejt	82.7	80.5	87.6	80.1
Przychody z tytułu ropy naftowej do przychodów fiskalnych ogółem				
Emiraty Arabskie	60.2	65.1	69.9	48.7
Kuwejt	72.7	79.2	83.8	70.1

Bahrajn	71.7	82.2	87.2	72.2
Oman	83.4	83.4	88.7	78.1
Arabia Saudyjska	82.8	88.3	90.3	80.1
Katar	90.5	88.3	90.5	84.0

Source:file:///C:/Users/Hp/Desktop/V/Privatization/Economic%20Diversification%20Sector%20Book-EN.pdf - (IMF)

Przychody z ropy naftowej wpływają na zakres działalności i głębokość systemów finansowych i bankowych GCC. Wydatki rządów RWPZ na takie projekty jak budowa i programy infrastrukturalne pomagają zmotywować ich krajowy wzrost PKB, który nie opiera się na ropie naftowej. Banki GCC są szczególnie otwarte na sektory przedsiębiorstw i gospodarstw domowych w tych sektorach. Taka ekspozycja na sektory inne niż naftowe jest możliwa dzięki inwestycjom finansowym na rynkach giełdowych, w projekty związane z nieruchomościami lub dzięki wymogom dotyczącym zabezpieczeń. [15]

2.6 Rozwój gospodarczy i ceny ropy naftowej w GCC

Kraje członkowskie RWPZ były w obecnych latach świadkami niezwykłego rozwoju gospodarczego, który doprowadził do powstania jednego z najbardziej zamożnych regionów świata. W oparciu o rosnące dochody z węglowodorów gospodarki te, jako jedna grupa, niemalże podwoiły swój nominalny PKB od 2003 r. do szacunkowego poziomu 791 mld USD w 2007 r. (MFW, 2007f). Wzrost cen ropy naftowej w tym okresie dodatkowo wzmocnił i tak już znaczącą rolę sektora węglowodorowego, który w 2006 r. odpowiadał za około połowę całkowitego PKB w gospodarkach krajów Rady Współpracy Państw Zatoki Perskiej. [112]

Pierwszym produktem eksportowym jest ropa naftowa, stanowiąca średnio 70 % całkowitego eksportu krajów GCC w latach 2003-2007 (MFW, 2007). W 2006 r. obszar GCC odpowiadał za ponad jedną piątą całkowitej światowej produkcji ropy naftowej. Ponadto 40 % potwierdzonych światowych zasobów ropy naftowej i około 23 % potwierdzonych światowych zasobów gazu ziemnego znajduje się w obszarze GCC (BP, 2007). [112] Tabele 2.2 i 2.3 przedstawiają realny wzrost PKB w GCC (w procentach) oraz całkowity PKB w GCC w cenach bieżących, odpowiednio.

Tabela 2.2 - Państwa członkowskie RWPZ - Wzrost realnego PKB w ujęciu procentowym

Kraj	2007	2008	2009	2010	2011	2012	2013	2014E	2015E	2018E
Bahrajn	8.3	6.2	2.5	4.3	2.1	3.4	4.9	4.7	3.3	3.5
Kuwejt	6.0	2.5	-7.1	-2.4	6.3	6.2	0.8	2.6	3.0	3.9
Oman	**6.7**	**13.2**	**3.3**	**5.6**	**4.5**	**5.0**	**5.1**	**3.4**	**3.4**	**3.7**
Katar	18.0	17.7	12.0	16.7	13.0	6.2	6.1	5.9	7.1	6.4
KSA	6.0	8.4	1.8	7.4	8.6	5.8	3.8	4.1	4.2	4.3
ZEA	3.2	3.2	-4.8	1.7	3.9	4.4	4.8	4.4	4.2	4.2

Źródło: MFW World Economic Outlook - październik 2013 r. i kwiecień 2014 r. - Ministerstwo Handlu i Przemysłu

Tabela 2.3 - Całkowity PKB w GCC w cenach bieżących (w mld USD)

Kraj	2001	2002	2003	2004	2005	2006	2007	2008	2009	2010	2011	2012
KSA	**183**	**189**	**215**	**259**	**328**	**377**	**416**	**520**	**429**	**527**	**670**	**711**
U.A.E.	103	110	124	148	181	222	258	315	270	287	349	384
Katar	**18**	**19**	**24**	**32**	**43**	**60**	**80**	**115**	**98**	**125**	**171**	**192**
Kuwejt	35	38	48	59	81	102	115	147	106	120	161	179
Oman	**20**	**20**	**22**	**25**	**31**	**37**	**42**	**61**	**47**	**59**	**70**	**78**
Bahrajn	8	8	10	11	13	16	18	22	19	26	29	30
Razem	**367**	**384**	**442**	**534**	**677**	**814**	**929**	**1,180**	**969**	**1,144**	**1,450**	**1,575**

Źródło: Wskaźnik Banku Światowego - Ministerstwo Handlu i Przemysłu

Rozdział trzeci

Wzrost gospodarczy w Omani

"Tak łatwo jest zacząć dorastać, ale bardzo trudno jest utrzymać się i zapewnić zrównoważony rozwój. "

3.1 Wzrost gospodarczy i wysoka cena ropy naftowej

It jest tak łatwy do rozpoczęcia dorastania, ale stanowi wyzwanie dla utrzymania wzrostu i zapewnienia zrównoważonego rozwoju. Dotyczy to również sytuacji krajów członkowskich RWPZ, którym udało się osiągnąć niezwykle wysokie wskaźniki wzrostu gospodarczego wynikające z meteorycznego wzrostu cen ropy naftowej w latach 70. ubiegłego wieku, jednak w ciągu ostatnich dwóch dekad kraje te były świadkami najuboższego wzrostu gospodarczego notowanego według kryteriów światowych. [17]

Rys.3.1 - Wzrost gospodarczy w Omanie (1990-2016)

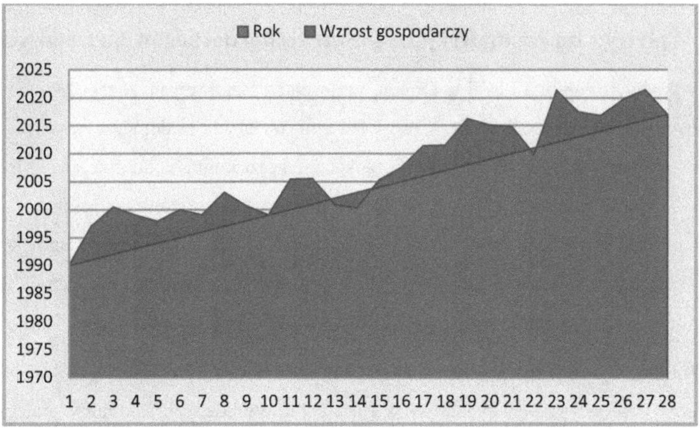

Źródło: Bank Światowy

3.2 PKB na mieszkańca

Według MFW gospodarki te stanęły w obliczu znacznego spadku realnego PKB na osobę w latach 80. i deficytowego wzrostu w latach 90. Kilku naocznych świadków uważało, że takie złe występy pojawiły się z powodu słabego występu krajów Bliskiego Wschodu i Afryki Północnej, razem zwanych MENA. Na przykład rzeczywisty PKB na mieszkańca tego obszaru w okresie (1980-2001) w ogóle nie wzrósł. Ponadto, oczekiwane tempo wzrostu krajów RWPZ ma wynosić około 2,%6 rocznie w nadchodzącej dekadzie, co oznacza realny spadek dochodu na mieszkańca o 0,4%.

3.3 Rozwój gospodarczy, społeczny i polityczny

W ciągu ostatnich dwóch dekad, dzięki temu, że rząd Omanu zainicjował działania na rzecz rozwoju gospodarczego, społecznego i politycznego, Oman poczynił znaczące kroki. Znaczna część kraju cieszy się doskonałym i wysokim standardem rozwoju infrastruktury fizycznej. Podstawowe wskaźniki zdrowotne ujawniają zmiany histrionalne w średniej długości życia i znaczący spadek śmiertelności niemowląt. Zakres kształcenia podstawowego stał się niemalże powszechny:%20 chłopców i dziewcząt uczęszcza obecnie do szkół średnich, a coraz więcej uczniów z różnych dziedzin kończy studia na Uniwersytecie Sułtana Qaboosa. Pozostała część jest realizowana w formie kształcenia w instytucjach edukacyjnych, pielęgniarskich i technicznych. Oman zbudował również złożoną strukturę rządu i instytucji publicznych wraz z inteligentnymi ramami prawnymi i regulacyjnymi w celu zajęcia się prywatną działalnością gospodarczą. [49]

3.4 Wpływy z ropy naftowej jako główne źródło dochodów budżetowych

Wydobycie ropy naftowej w Omani, w ilościach handlowych, rozpoczęło się w 1967 roku, a wzrost jej dochodów z ropy nastąpił w latach siedemdziesiątych, co miało znaczący wpływ na przebieg rozwoju gospodarczego kraju. Podobnie jak w przypadku innych krajów eksportujących ropę naftową, wzrost dochodów budżetowych wynikał głównie ze wzrostu cen ropy naftowej, ponieważ dochody z tego tytułu stanowią główne źródło dochodów Omanu. Począwszy od lat 70. ubiegłego wieku zyski z ropy naftowej pomogły rządowi Omanu zwiększyć zarówno wydatki bieżące, jak i rozwojowe.

Początkowo inwestycje koncentrowały się na budowie infrastruktury, takiej jak drogi, szkoły i szpitale oraz na świadczeniu kilku usług publicznych i pomocy społecznej. W tym samym czasie, gdy kraj potrzebował takiej infrastruktury, duża zależność od dochodów z ropy naftowej oraz wzrost wydatków rządowych okazały się dla rządu coraz większym obciążeniem.

Ponadto rosnąca zmienność cen ropy naftowej spowodowana światową spekulacją uwydatniła niestabilność gospodarczą krajów eksportujących ropę naftową, a w szczególności gospodarki międzynarodowej w ogóle. W związku z tym gospodarka ucierpiała z powodu zwiększonych wydatków publicznych, spowodowanych głównie drżeniem dochodów z ropy naftowej, które mają wpływ na wzrost gospodarczy państwa. [86]

Gospodarka Omanu rozwinęła się energicznie w ciągu ostatnich lat, co zawdzięcza produkcji ropy naftowej. Przewiduje się jednak, że w perspektywie średnioterminowej będzie on umiarkowany. Gospodarka Omanu miała wzrosnąć o 4,4% w 2015 roku i o

2,8% w 2016 roku. Oczekuje się, że złoża inne niż ropa naftowa, które mają silne wsparcie rządowych projektów inwestycyjnych, będą w stanie wspierać wzrost gospodarczy, podczas gdy sektory uzależnione od ropy naftowej prawdopodobnie spadną, gdy poziom produkcji ropy naftowej zacznie spadać, a ceny ropy spadną.

Gospodarka Omanu odniosła spore korzyści z produkcji ropy naftowej i wysokich cen ropy, które w jakiś sposób wsparły działalność gospodarczą kraju. Wkrótce jednak prawdopodobnie się podniesie, a potem zejdzie w dół; oczekuje się, że sektor naftowy nie będzie już uważany za główną siłę napędową gospodarki Omanu. Władze Omanu były świadkami tej tendencji spadkowej i zaczęły organizować więcej działań na rzecz dywersyfikacji przed ostatnim spadkiem cen ropy, co wydaje się być korzystne dla kraju. Oczekuje się, że rząd będzie nadal wspierał działalność gospodarczą Omanu, intensyfikując inwestycje w sektorach innych niż naftowy, w szczególności w sektorze infrastruktury, pomimo malejących dochodów z ropy naftowej. "Dywersyfikacja" jest być może kluczowym priorytetem dla rządu, jeśli chodzi o usuwanie negatywnych skutków sektorów zależnych od ropy naftowej. [49]

3.5 Wyniki gospodarki Omanu

Gospodarka Omanu została ograniczona nominalnie drugi rok z rzędu w 2016 r., po stałej, zdrowej ekspansji w ciągu pięciu lat między 2010 a 2014 r., głównie z powodu gwałtownego spadku aktywności węglowodorowej. Pomimo wzrostu produkcji, zyski z sektora węglowodorowego zmniejszyły się, co odzwierciedla spadek cen ropy. [35]

3.5.1 Nominalny PKB Omanu

Nominalny PKB Omanu spadł w 2016 roku o 5,1%, a w 2015 roku spadł o 13,8%, z powodu zanikania zarówno popytu zewnętrznego, jak i wewnętrznego. Popyt zewnętrzny gwałtownie się pogorszył w związku ze spadkiem średniej ceny ropy omańskiej o 28,9% w 2016 roku, natomiast popyt wewnętrzny osłabł w wyniku ujemnego wzrostu wydatków rządowych (o 5,8%). Nominalny PKB sektora naftowego spadł w 2016 roku o 23,7%, podczas gdy sektor inny niż naftowy odnotował wzrost o 0,6% w tym samym okresie.

3.5.2 Sektor węglowodorów

Udział sektora węglowodorowego w całkowitym eksporcie spadł do 57,9% w 2016 r. ze średniej 66,3% w latach 2011-2015, natomiast jego udział w PKB Omanu w cenach rynkowych spadł do 27,4% ze średniej 47,0% w tym okresie. Działalność przemysłowa inna niż naftowa również zmniejszyła się o 3,7% w 2016 r., oprócz spadku o 3,0% w 2015 r., co wskazuje na zmniejszenie wydatków publicznych i ujemny wzrost gospodarczy.

3.5.3 Działalność przemysłowa niezwiązana z ropą naftową

Spośród nienaftowej działalności przemysłowej, działalność produkcyjna odnotowała spadek o 17,2% w 2016 roku, w porównaniu do spadku o 13,4% w 2015 roku. Alternatywnie, PKB pochodzący z "budownictwa" zanotował dodatni wzrost w wysokości 10,5%, a z "górnictwa i kopalnictwa" oraz "zaopatrzenia w energię elektryczną i wodę" każdy z nich odnotował dodatni wzrost w wysokości 5,4% w 2016 roku. Największy udział, 44,5%, miało budownictwo, a na drugim miejscu znalazło się przetwórstwo przemysłowe (42,1%), elektryczność i zaopatrzenie w wodę (10,7%), a na końcu górnictwo i kopalnictwo (2,7%). Sektor produkcyjny w Omanie wniósł około 8,5% do swojego PKB w 2016 r., mniej niż średnia roczna wynosząca 10,4% w okresie 2011-2015 i znacznie mniej niż docelowy poziom około 15%, który ma zostać osiągnięty do 2020 r. w ramach programu dywersyfikacji. Niski popyt zewnętrzny w następstwie światowego spowolnienia gospodarczego zasadniczo doprowadził do zaniku sektora wytwórczego w 2016 r.[35].

Ciężar gospodarki zostałby przeniesiony na sektory inne niż naftowe, przy czym znaczącą siłą napędową byłyby sektory infrastruktury i budownictwa, a także inne istotne sektory, takie jak petrochemia, produkcja cementu i hutnictwo aluminium. Ponieważ jednak większość z tych sektorów wymaga wsparcia ze strony rządu i jest zorientowana na eksport, trwałość takiej działalności stałaby się kluczowym wyzwaniem. Znaczne ryzyko dla projektów realizowanych przez państwo polega na tym, że niedawny spadek cen ropy naftowej może mieć dalszy negatywny wpływ na budżet fiskalny, co zmusiłoby rząd Omanu do ograniczenia wydatków na projekty inwestycyjne. [49]

3.5.4 Sektory usług

Rząd Omanu dąży do zwiększenia udziału sektora bankowego, turystycznego i innych sektorów usług w swojej działalności gospodarczej. Wydatki na turystykę i sektor bankowy przyniosłyby potrzeby w zakresie budownictwa, a tym samym pomogłyby innym segmentom gospodarki. Ponadto obietnica rządu dotycząca zwiększenia udziału obywateli Omanu w zatrudnieniu w sektorze prywatnym jest przeznaczona przede wszystkim dla sektora usług. Wraz z doskonałą wizją wzrostu w branży turystycznej, widzimy tę część gospodarki jako obiecującą. Oczekuje się, że konsumpcja prywatna będzie jednym z głównych czynników napędzających średnio- i długoterminowy wzrost gospodarczy, wzajemnie powiązanym z inwestycjami w środki trwałe i wspieranym przez nie. Rosnące dochody rozporządzalne, silny wzrost liczby ludności oraz większa pewność i zaufanie konsumentów prawdopodobnie przyczyniłyby się do wzrostu konsumpcji. Co więcej, niewielki poziom inflacji jest elementem, który może jeszcze bardziej zwiększyć konsumpcję w średnim okresie.

Podsumowując, wyniki gospodarki Omanu rodzą następujące fundamentalne pytania:

- Czy rząd oszczędza wystarczająco dużo i odpowiednio inwestuje, aby powstrzymać niezadowolenie z ogólnej konsumpcji po epoce ropy naftowej i gazu?
- Jakie będą koszty ekonomiczne rządu, który nie będzie modyfikował swojej obecnej polityki finansowej?
- Czy rząd będzie w stanie przyspieszyć proces dywersyfikacji przemysłowej? Jeśli tak, to w jaki sposób?
- Czy rząd stara się nadmiernie koncentrować i wydawać zbyt wiele na konkretnych obszarach, które nie są tak integralne?
- Jaka jest idealna technika, po pierwsze, aby poprawić równowagę między wydatkami i dochodami publicznymi, a następnie podnieść długoterminową stopę oszczędności publicznych?
- Jaki byłby najskuteczniejszy sposób na wzmocnienie sektora prywatnego?
- Czy wysiłek rządu na rzecz modernizacji gospodarki Omanu dobrze współgra ze wzrostem dobrobytu gospodarczego Omanu i jego długoterminowym zapotrzebowaniem na dobrze zorganizowane rynki pracy i towarów? [49]

Międzynarodowy Fundusz Walutowy (MFW) oszacował wzrost realnego PKB Omanu w 2018 r. na 3,7%. W opublikowanym na swojej stronie internetowej raporcie na temat perspektyw gospodarki światowej na październik 2017 r. MFW oszacował, że deficyt bilansu płatniczego Omanu jako procent PKB spadnie z 18,6% w 2016 r. do 14,3% w 2018 r.[124] (tabela 3.1).

Tabela 3.1 - PKB Omanu w aktualnych cenach rynkowych (Rial Omani w mln)

	Sektor	2008	2009	2010	2011	2012*	2013#
1	**Działalność przemysłowa**	15,687	11,125	14,484	18,917	20,645	20,624
	Działalność naftowa	11,844	7,384	10,388	14,141	15,678	15,220
1.1	Ropa naftowa	10,984	6,709	9,527	13,118	14,549	14,053
	Gaz ziemny	860	675	862	1,023	1,129	1,167
	Działalność niezwiązana z ropą naftową	3,843	3,741	4,095	4,777	4,967	5,404
	Górnictwo i kopalnictwo	70	83	92	99	101	110
1.2	Produkcja	2,467	2,190	2,419	2,965	3,040	3,308
	Zaopatrzenie w energię elektryczną i wodę	189	232	271	322	370	402
	Budownictwo i budownictwo	1,117	1,238	1,314	1,390	1,456	1,584
2	**Rolnictwo i rybołówstwo**	243	262	298	316	333	388
	Usługi	7,647	7,568	8,261	9,134	10,636	11,437
	Handel hurtowy i detaliczny	2,062	1,636	1,735	1,945	2,243	2,412
	Hotele i restauracje	176	160	173	175	201	216
	Transport Magazynowanie i komunikacja	1,177	1,138	1,161	1,346	1,512	1,626
3	Pośrednictwo finansowe	846	911	975	1,054	1,165	1,252
	Usługi w zakresie nieruchomości	813	915	984	1,044	1,114	1,198
	Administracja publiczna i obrona narodowa	1,282	1,377	1,605	1,862	2,423	2,6
	Inne usługi	1,291	1,432	1,629	1,709	1,979	2,128
4	**Ogółem działalność niezwiązana z ropą naftową**	11,733	11,571	12,654	14,227	15,936	17,229
5	**Mniej: Usługi pośrednictwa finansowego**	360	425	468	514	578	613
6	**PKB w cenach producenta**	23,217	18,530	22,574	27,854	31,036	31,837
7	**Plus: Podatki importowe**	139	19	40	(950)	(1,002)	(1,209)

8	**PKB po cenach rynkowych**	23,356	18,548	22,614	26,904	30,034	30,627

Źródło: Ministerstwo Handlu i Przemysłu (roczny raport branżowy2014)

3.6 Gospodarka i zmienność cen ropy naftowej w GCC

Istnieją pewne ekonomiczne podobieństwa i różnice pomiędzy państwami członkowskimi RWPZ. W tym względzie obowiązują następujące zasady:

Po pierwsze, sześć gospodarek należących do RWPZ ma na ogół podobne cechy, jeśli chodzi o struktury gospodarcze i stawianie czoła wspólnym wyzwaniom.

Po drugie, większość z tych gospodarek opiera się głównie na ropie i gazie i jest nieco otwarta na handel z resztą świata;

Po trzecie, mając na uwadze, że eksport ropy naftowej i gazu ziemnego odbywa się głównie do Azji, a znaczna część importu pochodzi z UE;

Po czwarte, ogólnie rzecz biorąc, rynki finansowe w tym obszarze nie rozwinęły się jeszcze w wystarczającym stopniu, ponieważ regulacje i silna koncentracja na ropie i gazie sprawiły, że inwestorzy, nawet ci z GCC, sprzyjają inwestycjom zewnętrznym;

Po piąte, wszystkie te gospodarki wymagają oddzielenia i dywersyfikacji od ropy naftowej i gazu, aby zmniejszyć wielkość sektora publicznego i przyspieszyć działania edukacyjne i reformę rynku pracy. Poza tymi wyzwaniami, muszą one doprowadzić do koniecznie dużego wzrostu w prywatnym sektorze nie naftowym, aby wspierać otwieranie miejsc pracy dla młodych i szybko rosnących populacji. [114]

Pomimo tych szerokich podobieństw, istnieją pewne istotne różnice. Zasoby ropy naftowej i gazu ziemnego są bardzo zróżnicowane w zależności od gospodarki; w wielu stanach wkrótce lub w odległej przyszłości rezerwy się wyczerpią i skończą. Rozwój rynków finansowych może być osiągnięty przez kilka gospodarek członkowskich, ale nie w niektórych innych. Obciążenia na rynku pracy były mniej odczuwalne w niektórych państwach, a wysiłki na rzecz dywersyfikacji nie wszędzie były tak samo skuteczne. Przy tworzeniu obrazu unii walutowej należy wziąć pod uwagę skutki takich różnic. [114]

Następujące sześć państw: Bahrajn, Kuwejt, Oman, Arabia Saudyjska, Katar i Zjednoczone Emiraty Arabskie (UAE) stanowią państwa Rady Współpracy Państw

Zatoki Perskiej (RWPZ). Chociaż mogą się one różnić pod względem wielkości i powierzchni swoich populacji, znajdują się w bliskiej odległości od siebie na Bliskim Wschodzie. Są to monarchie całe lub zgodne z prawem i zależą od siebie w zakresie współpracy w regionach związanych z międzynarodowym bezpieczeństwem i handlem (Rada Współpracy Państw Zatoki Perskiej, 2016). Ich wspólną cechą jest jednak to, że wszyscy oni są bogaci w zasoby ropy naftowej, a duża część ich PKB i gospodarki jest uzależniona od ich zdolności do eksportu ropy po konkurencyjnych cenach do innych krajów. [134]

Wszystkie kraje arabskie eksportujące ropę naftową są w dużym stopniu uzależnione od niej. W takich krajach aktywność gospodarcza, dochody podatkowe, przychody z eksportu i wymiana walutowa są w dużym stopniu dodatnie i ujemne uzależnione od wydobycia ropy naftowej. [85]

Wszelkie wzrosty i spadki cen ropy na świecie mogą mieć wpływ na wzrost PKB krajów arabskich, budżety rządowe, dochody, programy rozwojowe i eksport. Dla K.S.A., Kataru i Kuwejtu, eksport paliw kopalnych przekroczył 80% całości eksportu, podczas gdy w USA, Omanie i Bahrajnie wskaźnik ten wynosi ponad 60% całości eksportu. Przychody z ropy naftowej stanowią ponad 50% łącznych przychodów państwowych w tych krajach. [15]

Duża zależność od ropy naftowej wskazuje na dużą podatność krajów RWPZ na wstrząsy zewnętrzne, które mogą zagrozić rynkom finansowym i stabilności systemu bankowego. Tempo, w jakim szoki cenowe ropy naftowej przenoszą się na gospodarkę makroekonomiczną i system bankowy, jest jednak różne, ponieważ wysokie ceny ropy naftowej pomagają w tym samym stopniu; kraje RWPZ zgromadziły znaczne środki finansowe, które mogłyby pomóc w złagodzeniu skutków poważnych zmian cen ropy naftowej na świecie fluctuations. Niski stosunek długu do PKB w większości krajów Rady Współpracy Państw Zatoki Perskiej pokazuje również, że gospodarki te mają możliwości i możliwości utrzymania w razie potrzeby zrównoważonego poziomu zadłużenia. [15]

Państwa GCC dostosowują się obecnie do gorszych cen ropy. W wielu państwach nastąpiła znaczna konsolidacja fiskalna, skoncentrowana przede wszystkim na redukcji wydatków. Ta konsolidacja fiskalna ma zasadnicze znaczenie, ale zaszkodziła postępowi w dziedzinie nienaftowej. Przy wolnym tempie konsolidacji fiskalnej, wzrost pozanaftowy prawdopodobnie wzrośnie w tym roku do 2,6%, z 1,8% w roku poprzednim. Jednak ze względu na niższą produkcję ropy naftowej oczekuje się, że ogólny wzrost realnego PKB spadnie do 0,5 % w 2017 r. z 2,2 % w roku 2016. Poglądy na wzrost w perspektywie średnioterminowej pozostają bierne w obliczu stosunkowo niskich cen ropy naftowej i ryzyka geopolitycznego. Decydenci polityczni przygotowali solidny krok w kierunku zmiany polityki fiskalnej. [71]

Podczas gdy wymagane tempo dostosowania fiskalnego jest różne ze względu na to, że państwa opierają się na dostępnej przestrzeni fiskalnej, generalnie państwa powinny przesunąć punkt ciężkości na racjonalizację wydatków, dalsze reformy cen energii, zwiększenie dochodów pozanaftowych oraz poprawę efektywności wydatków kapitałowych. Konsolidacja fiskalna powinna wiązać się z dodatkowym wzmocnieniem ram i instytucji budżetowych. Droga polityki fiskalnej w RWPZ jest zasadniczo zgodna z takimi zaleceniami. [71]

3.7 Omani Produkt Krajowy Brutto

Według raportu MFW, gospodarka Omanu miała wzrosnąć o 3,4% w 2014 i 2015 roku. Według danych Narodowego Centrum Statystyki i Informacji (NCSI), produkt krajowy brutto Omanu w cenie producenta wyniósł 31,8 mld OMR w 2013 r. w porównaniu z 30,8 mld OMR w 2012 r., odnotowując wzrost o 3,4%. PKB Omanu po cenach rynkowych odnotował wzrost o 2,0%, aby dotknąć 30,6 mld OMR w 2013 roku, w porównaniu z 30,0 mld OMR w 2012 roku. Nadwyżka na rachunku obrotów bieżących Omanu prawdopodobnie spadnie z 15,6% PKB w 2012 r. do 9,9% w 2013 r., a do 2014 r. spadnie do 4,7%, co jest najniższym poziomem wśród gospodarek państw członkowskich RWPZ.

Zgodnie ze wstępnymi danymi dotyczącymi rachunków narodowych zawartymi w aktualnym sprawozdaniu rocznym Banku Centralnego Omanu (CBO), PKB Omanu w cenach bieżących wzrósł w 2013 r. o 2,8%, podobnie jak w 2012 r. o 11,5%. Roczna stopa wzrostu PKB w Sułtanacie wyniosła średnio 5,9% w okresie (2000-2013), przy czym najwyższa zarejestrowana była na poziomie 13,1% w 2008 r., a najniższa - 2% w 2003 r. Według CBO, roczna stopa inflacji w Sułtanacie wyniosła w 2013 roku 1,1%, w porównaniu do 2,9% w 2012 roku. Niskiemu poziomowi inflacji sprzyjały korzystne ceny podstawowych produktów pozapaliwowych - żywności (artykułów i metali) w latach 2013 i 2012.

Gospodarka Sułtanatu nie jest mocno uzależniona od sektora naftowego, ponieważ wkład sektora nie naftowego z roku na rok znacząco wzrasta. Rząd prawdopodobnie będzie kontynuował realizację swojego dużego planu inwestycji publicznych, natomiast nadwyżki budżetowe są wykorzystywane do zmniejszania długu publicznego. [90]

3.8 Rozwój Makroekonomiczny Omanu

Rozwój sytuacji makroekonomicznej w Omani pozostaje imponujący już trzeci rok z rzędu. Trzy lata, 2010, 2011 i 2012, charakteryzowały się wysokim wzrostem i niską inflacją. Polityka fiskalna stała się ekspansywna, do czego przyczyniły się wyższe ceny ropy naftowej, natomiast polityka pieniężna pozostała akomodacyjna. Według NCSI, wartość dodana sektora naftowego w Omanie osłabiła się o 1%, podczas gdy wartość dodana sektora nie naftowego wzrosła w 2013 roku o 7,6% w porównaniu z 2012 rokiem.

Sektor naftowy stanowi około 87% dochodów budżetowych Omanu, 51% jego PKB i 60% jego łącznego eksportu. Ponieważ jednak rezerwy ropy naftowej zmniejszają się w ostatnich latach, rząd rozpoczął proces dywersyfikacji gospodarczej, koncentrując się na rozwoju turystyki i przemysłu opartego na produkcji.

Zgodnie z NCSI, w 2013 r. działalność przemysłowa dodała 20,6 mld OMR (lub 67,3%) do krajowego PKB Omanu po bieżących cenach rynkowych, w porównaniu do 20,6 mld OMR (lub 68,7% PKB) w 2012 roku. Działalność przemysłowa obejmuje ropę naftową oraz działalność pozanaftową, które w 2013 r. stanowiły odpowiednio 74% i 26% (w 2012 r. udział ten wynosił odpowiednio 76% i 24%). W 2013 r., poza działalnością przemysłową, udział sektora usług wynosił 37,3 % zagregowanego PKB, przy czym udział sektora rolnictwa i rybołówstwa wynosił 1,3 % krajowego PKB. [90]

3.9 Budżet Omanu

W oparciu o budżet ogólny na 2013 r. przewidywano, że realny PKB Omanu wzrośnie o 5,0%, w porównaniu z docelowym poziomem 7,0%. Szacowano, że sektor naftowy i gazowy zwiększy swój PKB o 87,0%, głównie za sprawą wyższych cen ropy (średnia cena 105 USD za baryłkę w porównaniu z budżetową ceną 85 USD za baryłkę), przewidywanych wydatków publicznych w wysokości 12,2 mld RUB (w porównaniu z wydatkami budżetowymi 12,9 mld RUB) oraz nadwyżki budżetowej w wysokości 1,0 mld RUB w porównaniu z deficytem budżetowym 1,7 mld RUB.

W oparciu o budżet sułtanatu na 2014 r. przewidywano, że wydatki i dochody publiczne wyniosą odpowiednio 13,5 mld OMR i 11,7 mld OMR, a deficyt budżetowy wyniesie 1,8 mld OMR. Zapisany w budżecie deficyt został oparty na zakładanej cenie ropy naftowej w wysokości 85 dolarów za baryłkę, co oznacza 15,4% dochodów Omanu i 5,7% jego PKB. Poniżej znajdują się najważniejsze elementy budżetu na rok 2014:

- Prognozowany wzrost PKB na poziomie 5%
- Cena ropy naftowej 85 USD za baryłkę i 945.000 baryłek jako średnia dziennej produkcji ropy naftowej
- 5% wzrost przychodów w stosunku do budżetu na 2013 r.
- 82% łącznych przychodów dodanych przez sektor naftowy i gazowy
- Wydatki budżetowe wzrosną o 5,0% w porównaniu z 2013 r.
- Wydatki inwestycyjne zapisane w budżecie na OMR 3,2 mld EUR
- Przewiduje się, że inflacja ustabilizuje się na poziomie od 1,5% do 2,0%.

Budżet na 2014 r. obejmował wypłatę 9,2 mld OMR (8,7 mld OMR w 2013 r.) na pokrycie wydatków sektora socjalnego obejmujących edukację (2,6 mld OMR), opiekę zdrowotną (1,3 mld OMR), mieszkalnictwo (2,8 mld OMR), szkolenia (0,1 mld OMR), dotacje i inne usługi społeczne. Prognozuje się, że składki na ubezpieczenie społeczne i opiekę społeczną wyniosą 0,1 mld OMR na emerytury i świadczenia socjalne. Subsydia i zwolnienia dotyczące odsetek od kredytów mieszkaniowych, energii elektrycznej, wody, paliwa i niektórych podstawowych artykułów żywnościowych zostały przewidziane na poziomie 1,6 mld OMR.

Projekty inwestycyjne dają szanse na zainspirowanie działalności sektora prywatnego, a pomoc generuje możliwości pracy dla obywateli Omanu. Niektóre z istotnych planów obejmują następujące elementy:

- Projekt rafinerii i petrochemii w Strefie Ekonomicznej Duqm,
- Projekt rozbudowy rafinerii Sohar,
- Projekt montażu i produkcji autobusów we współpracy z Qatari Transportation Company,
- Zakończenie Oman Convention and Exhibition Centre oraz innych projektów turystycznych.

Główne inwestycje w infrastrukturę obejmują następujące elementy:

- Pierwsza faza projektu kolejowego, której koszt wyniesie około 1,0 mld OMR, ma się rozpocząć w 2014 r,
- Projekty drogowe obejmujące dualizację drogi Bidbid-Sur i drogi Barka-Nakhal wraz z budową drogi Diba-Lima-Khasab projektowane na 0,8 mld OMR.
- Projekty w zakresie opieki zdrowotnej obejmujące zakładanie szpitali w Muscat, Suwaiq i Salalah, których przewidywany koszt wynosi 0,4 mld OMR. [90]

3.10 Realny i nominalny wzrost PKB w Omanie

W śródrocznym przeglądzie gospodarki Omanu w 2015 r. stwierdzono, że nieregularne międzynarodowe ożywienie gospodarcze, dotknięte kilkoma przeszkodami, uległo w tym roku dalszemu osłabieniu, odtwarzając wolniejszy wzrost gospodarczy w gospodarkach wschodzących i rozwijających się (EMDE), pomimo niewielkiego ożywienia w gospodarkach rozwiniętych (AE).

Na spowolnienie międzynarodowego wzrostu gospodarczego wpływ miało przywrócenie równowagi chińskiej aktywności gospodarczej, zdecydowanie niższe ceny produktów oraz niedawny wzrost stawek funduszu federalnego. [132]

MFW w swojej aktualizacji prognozy World Economic Outlook (WEO) ze stycznia 2016 r. przewidział, że w 2015 r. wzrost gospodarczy na świecie wyniesie 3,1%, czyli mniej niż 3,4% wzrostu udokumentowanego w 2014 roku. Na rok 2016 prognoza wzrostu międzynarodowego wynosiła 3,4%, czyli mniej niż przewidywano w październiku 2015 roku. Oczekiwano, że działania agrośrodowiskowe osiągną w 2015 r. postęp na poziomie 1,9% w porównaniu z 1,8% w 2014 r. Prognozuje się, że wzrost PKB w przypadku EMDE wyniesie 4,0% w 2015 r., czyli nieco mniej niż 4,6% w roku 2014. Przewidywano, że w 2015 r. stopa wzrostu w krajach RWPZ wyniesie 3,3% w porównaniu z 3,4% w 2014 r. Inflacja w krajach RWPZ utrzymywała się na niskim poziomie około 2,4% w 2015 r. i miała nieznacznie wzrosnąć do 2,5% w 2016 r.[132]

Jednak gospodarka Omanu utrzymała swój dynamiczny wzrost i utrzymała wysoki profil wzrostu do 2014 r., kiedy to ceny ropy nadal utrzymywały się średnio na poziomie ponad 100 USD za baryłkę. Mimo to, wraz ze spadkiem cen węglowodorów spowodowanym głównie nadmierną podażą, nastąpił gwałtowny spadek cen petrodolarów otrzymywanych przez Oman, co ostatecznie doprowadziło do spadku ogólnej sytuacji finansowej gospodarki. W związku z tym przewidywano, że nominalny PKB w 2016 r. spadnie o 6,9% w porównaniu z 2015 r., podczas gdy realny PKB miał wzrosnąć o 1,8% w 2016 r. w wyniku wzrostu wydajności. [135]

Zgodnie z szacunkami zawartymi w najnowszym raporcie MENA Economic Monitor (wiosna 2016 r.), wzrost realnego PKB Omanu w 2016 r. miał wynieść 1,6%, czyli mniej niż w 2015 r., w wyniku obniżenia cen ropy naftowej, spadku wydatków i popytu wewnętrznego.

Najnowsze sprawozdanie MENA Economic Monitor (wiosna 2016 r.) wykazało, że stopa wzrostu realnego PKB ma w 2015 r. wynieść 3,3%: nowe metody wydobycia ropy naftowej i lepsza wydajność pomogły osiągnąć poziom produkcji w Omanie w 2015 r., osiągając najwyższy poziom 0,98 mln baryłek dziennie. W 2015 r. PKB węglowodorów wzrósł o 4%, podczas gdy w 2014 r. skurczył się o 0,8%, natomiast w 2015 r. spodziewano się wzrostu PKB bez węglowodorów o 3%. Bank centralny prowadził ekspansywną politykę pieniężną poprzez obniżanie stóp procentowych w celu utrzymania wzrostu gospodarczego. W pierwszej połowie 2015 r. na rachunku obrotów bieżących odnotowano deficyt. Ponadto, inflacja cen konsumpcyjnych w 2015 r. wynosiła średnio 0,1%.

Przewidywano, że w 2015 r. deficyt fiskalny osiągnie 17,7 % PKB. Dochody generowane przez gospodarkę węglowodorową spadły o 45% w 2015 r., co zdezorientowało wydatki rządowe, a w konsekwencji opóźniło potencjalny wzrost gospodarczy i zmniejszyło wpływy z podatków. Około 50 % deficytu w 2015 r. zostało sfinansowane z rezerw, a pozostała część została rozliczona poprzez pożyczki ze źródeł wewnętrznych i zewnętrznych. Oman rozpoczął emisję swoich pierwszych państwowych obligacji islamskich (Sukuk) za 519,5 mln USD oraz, z pomocą pożyczki konsorcjalnej, 1 mld USD. Standard & Poor's obniżył rating zadłużenia kraju do BBB-/A-3 w lutym 2015 roku. Bank centralny promuje obecnie obligacje pięcioletnie o wartości 100 mln OMR i deklaruje plany zwiększenia pożyczek na rynku światowym o 5-10 mld USD, aby uniknąć dalszego ograniczania płynności banków krajowych. [135]

3.11 Makroekonomiczna prognoza Omani

Perspektywy makroekonomiczne są bardzo wrażliwe na zachowanie się cen ropy naftowej i zależą od osiągnięcia i powodzenia wysiłków rządu na rzecz wykorzystania dochodów nie zawierających węglowodorów. Oczekiwano, że wzrost realnego PKB wyniesie 1,6% w 2016 r., czyli mniej niż w 2015 r., ze względu na niższe dochody z ropy naftowej i związane z tym zmniejszenie wydatków i popytu wewnętrznego. Szacuje się, że począwszy od 2017 roku wzrost będzie ponownie rosnąć; w miarę wzrostu sektora nie naftowego, niezależnie od niższego poziomu wydatków inwestycyjnych, wzrost sektora naftowego stanie się ograniczony. Mniej ważne projekty prawdopodobnie zostaną zawieszone. Rząd będzie w dalszym ciągu wymieniał inwestycje w infrastrukturę w najważniejszych sektorach, w tym w turystyce, portach lotniczych, kolejach i portach. Nowe prawo górnicze prawdopodobnie zmodernizuje i scentralizuje procesy koncesjonowania w celu poprawy wydajności przemysłu górniczego. Ponieważ Oman stale utrzymuje dobre stosunki z Iranem, oczekuje się, że nowe otwarcia handlowe i inwestycyjne pociągną za sobą budowę gazociągu między tymi dwoma gospodarkami. Z drugiej strony, w związku z przewidywanym poziomem cen ropy naftowej, na rachunkach budżetowych i bieżących prognozowano deficyt, który w 2016 r. wyniesie odpowiednio 16,8 i 14,1% PKB Omanu. Oczekiwano, że Oman utrzyma swoje stanowisko w stosunku do dolara amerykańskiego pomimo presji i podniesie stopy procentowe w późniejszym okresie 2016 roku.

Jeśli chodzi o dywersyfikację, gospodarka Omanu nadal jest zdominowana przez działalność naftową, która stanowi 28,2% jego nominalnego PKB w ciągu 9 mln16 , wobec 36,4% w ciągu 9 mln15 i 34,1% w 2015 roku. Podczas gdy średnia dzienna produkcja ropy naftowej w 2016 roku była wyższa w porównaniu z poprzednimi latami, załamanie się światowych cen ropy naftowej, które rozpoczęło się w 2014 roku, spowodowało spadek nominalnego PKB o 29,4% w stosunku do 9M16 , do czego przyczynił się sektor naftowy i gazowy, w porównaniu z 9M15. Jednak oczekiwania MFW co do nominalnego i realnego PKB Omanu wzrosły odpowiednio o 10,3% i 2,6%, głównie ze względu na oczekiwanie wyższych średnich cen ropy naftowej, a także ze względu na wzrost poziomu produkcji z różnych źródeł gospodarczych.

Poza tym władze Omanu podjęły odważne działania w celu ograniczenia wpływu spadku cen ropy naftowej na deficyt budżetowy: ograniczając wydatki na wynagrodzenia, świadczenia, dotacje, obronę i inwestycje kapitałowe ministerstw cywilnych. Środki te prawdopodobnie spowodują cięcia wydatków w latach 2017-18. Ciągły efekt tych środków, zgodny z planowanym zwiększeniem podatku dochodowego od osób prawnych od 2017 r. i wprowadzeniem VAT w 2018 r., miał na celu zmniejszenie deficytu budżetowego w perspektywie średnioterminowej. Szacuje się, że deficyt na rachunku obrotów bieżących Omanu, który w 2016 r. ma stanowić 21,3% jego PKB, również będzie się utrzymywał, choć z tendencją spadkową, w perspektywie średnioterminowej. Oczekiwano, że w 2017 i 2018 r. deficyt na rachunku obrotów bieżących, wyrażony jako procent PKB Omanu, spadnie odpowiednio do 17,6% i 14,8% jego PKB. [135]

Rys.3.2 - Wzrost realnego PKB (roczna zmiana procentowa) - (1980-2019)

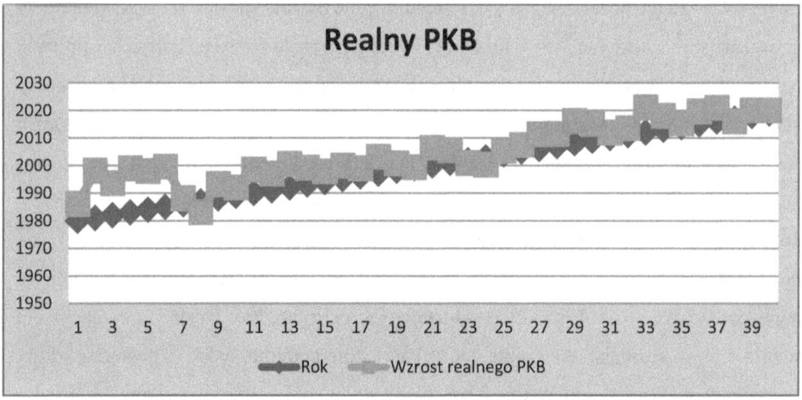

***Źródło**: MFW-DataMapper-(kwiecień 2019) - https://www.imf.org/en/Countries/OMN*

3.12 Definicja

"Produkt krajowy brutto jest najczęściej stosowaną jednostkową miarą ogólnej aktywności gospodarczej danego kraju. Reprezentuje on całkowitą wartość w cenach stałych towarów i usług końcowych wyprodukowanych w danym kraju w określonym okresie, np. jednego roku. "[69]

Rys. 3.3 - PKB, waluta krajowa, nominał roczny (2005-2017)

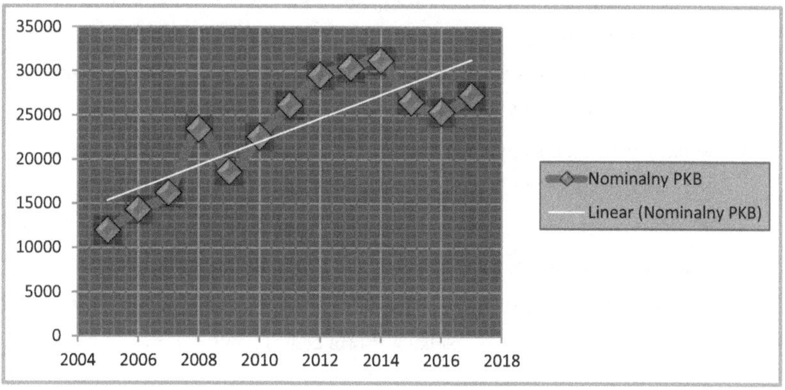

Źródło: Międzynarodowa statystyka finansowa (IFS)

3.13 Wskaźniki rachunków narodowych

Poniżej przedstawiono najważniejsze wskaźniki rachunków narodowych:

- PKB,
- rachunek produkcyjny,
- rachunek towarów i usług,
- krajowe i krajowe oszczędności,
- nakłady brutto na środki trwałe

Oman korzystał z nowego systemu rachunków narodowych (SNA) akceptowanego przez Radę Gospodarczą i Społeczną ONZ od 1993 roku. Zastosowanie tego systemu w Omanie podzielono na dwie fazy: pierwsza zawierała podstawy serii Rachunków Narodowych w latach 1980-1997 dotyczących Rachunków Produkcji i Rachunków Generacji Przychodów, zgodnie z międzynarodowymi referencjami. Drugi etap rozpoczął się bezpośrednio po opublikowaniu dobrze przeprowadzonych ustaleń pierwszego etapu. Na tych etapach dane zostały skategoryzowane i zakodowane zgodnie z kategoryzacją określoną w SNA:

- W porównaniu z rokiem poprzednim, wzrost PKB w cenach stałych w 2016 roku wyniósł 5,4%.
- W porównaniu z rokiem poprzednim, całkowity PKB w cenach bieżących w 2016 roku wyniósł 25,7 mld OMR, co oznacza spadek o 3%.

- PKB per capita w roku 2016 wynosił OMR 5821, w tym odpowiednio osłabienie w czwartym roku.
- W porównaniu z rokiem poprzednim, oszczędności krajowe brutto osiągnęły 8,3 mld OMR w roku 2016, co oznacza spadek o 8,6%.
- W porównaniu z ubiegłym rokiem, spadek dochodu narodowego brutto Omanu w 2016 roku wyniósł 2,7%, osiągając 24,9 mld OMR.
- W porównaniu z rokiem poprzednim, spadek łącznej wartości dodanej działalności naftowej w roku 2016 wyniósł 20,7%, osiągając 7 mld OMR.
- W porównaniu z rokiem poprzednim, spadek wartości dodanej działalności naftowej nastąpił na skutek spadku wartości dodanej ropy naftowej o około 24,4% w 2016 roku.
- W porównaniu z rokiem poprzednim wzrost wartości dodanej gazu ziemnego w roku 2016 wyniósł 2,6%, dotykając 1,2 mld OMR.
- W porównaniu z 60% w 2014 r. udział działalności pozanaftowej w produkcie krajowym brutto w cenach bieżących w roku 2016 wyniósł 76,7%.
- 2,9% to spadek zagregowanej wartości dodanej czynów przemysłowych w 2016 r., spowodowany spadkiem wartości dodanej przemysłu o około 14,6%.
- 4,7% to wzrost łącznej wartości dodanej działalności usługowej w roku 2016, podobnie jak w roku poprzednim, sięgający 13,8 mld OMR.
- 32% to udział oszczędności wewnętrznych w PKB w cenach bieżących w 2016 r., zbliżony do 44,4% w 2014 r.[95]

ROZDZIAŁ CZWARTY

Sektor naftowy i gazowy

"Uzależnienia nigdy nie są łatwe do pokonania. Ekonomiczne nie różnią się niczym od siebie. "(Ennis i Ra'id, 2014; p3)

4.1 Wprowadzenie

4.1.1 Ropa naftowa

Oil wydaje się być boskim słowem, które często chwyta nagłówki wiadomości. Niewiele jest narodów, które nie polują na ten niezbędny zasób naturalny. Kraj, który już ma ropę naftową, chce więcej. Każdy naród ciężko pracuje, aby odkryć więcej źródeł ropy naftowej za wszelką cenę [26]. Istotnie, ropa naftowa jest siłą napędową współczesnych gospodarek. Wraz z urbanizacją i modernizacją państw, ich zapotrzebowanie na ropę naftową rośnie znacząco. Przyszłe zapotrzebowanie na ropę naftową jest trudne do przewidzenia, jednak ogólnie rzecz biorąc, jest ono znacznie skorelowane z rosnącą produkcją przemysłową. Dlatego też kraje przeżywające szybki wzrost gospodarczy są najbardziej skłonne do radykalnego zwiększenia zapotrzebowania na ropę naftową. [23]

Wykorzystanie ropy naftowej lub ropy naftowej jest dobrze zdefiniowane w różnych dziedzinach. Geolodzy definiują ją inaczej niż chemicy, rafinerzy, inżynierowie i prawnicy. Oznacza to, że nie znajdujemy pod tym względem jednolitości wartości ropy naftowej. Definicja geologiczna zyskuje bardziej powszechną akceptację, ponieważ jest to produkt naturalny, stanowiący część skał. Słowo "ropa naftowa" pochodzi od dwóch łacińskich słów: "petra," to znaczy skała, i "oleum," to znaczy olej. Ropa naftowa jest stanowczo nazywana "olejem skalnym" lub "ropą naftową". "Jest to termin ogólny, który obejmuje szeroki zakres substancji zawierających węglowodory, które są naturalnie występującymi cząsteczkami zbudowanymi z atomów węgla i wodoru. [23]

4.1.2 Znaczenie ropy naftowej

Od czasu poszukiwania lub odkrycia ropy naftowej w XIX wieku, ropa naftowa jest uważana za źródło energii i stała się centralnym elementem międzynarodowej gospodarki. Jego znaczenie wzrosło do tego stopnia, że w świecie nagle pozbawionym ropy naftowej wszystkie krytyczne systemy dystrybucji, które pozwalają na międzynarodowe transakcje gospodarcze, okazałyby się nieskuteczne, a gospodarka światowa upadłaby. [96]

Ropa naftowa jest prawdopodobnie jednym z najważniejszych produktów we współczesnej gospodarce uprzemysłowionej, ponieważ służy jako centralne źródło energii dla wielu narodów. Jego cena była narażona na różne zmiany w czasie, począwszy od lat 70-tych, kiedy to świat zaczął się borykać z początkowymi znacznymi wahaniami cen ropy naftowej, co stworzyło zależność między dwoma zmiennymi: ceną ropy naftowej i wzrostem gospodarczym. [141, 27]

Energia jest najważniejszym wkładem w proces produkcji. Ze względu na wzrost gospodarczy konieczne jest zachowanie równowagi między podażą energii a przyszłym popytem. Jakiekolwiek opóźnienie we wdrażaniu odpowiednich środków mających na celu doprowadzenie tych dwóch czynników (podaży i popytu) do równowagi opóźniłoby rozwój. W oparciu o taką perspektywę historia cen ropy naftowej jest fascynująca, żywa i pełna akcji, z nieprzewidzianymi zmianami. Pierwszy szok cenowy ropy naftowej w XX wieku nastąpił w latach 1973-74, kiedy arabscy członkowie OPEC ogłosili embargo na ropę naftową wobec Stanów Zjednoczonych. Cena ropy naftowej osiągnęła poziom 9,35 USD za baryłkę, co stanowi wzrost o 96,84% w stosunku do ceny z roku poprzedniego. [137]

4.1.3 Czynniki warunkujące wahania cen ropy naftowej

Ostatnio zidentyfikowano kilka czynników, które powodują wahania cen ropy naftowej; na przykład wstrząsy w dostawach wynikające z wydarzeń politycznych, takich jak wojny i rewolucje w krajach członkowskich OPEC w zakresie postępu technologicznego wydobycia ropy naftowej oraz odkrycia nowych złóż. Również tajwański "plan rozwoju energetyki odnawialnej" wykorzystujący moc zainstalowaną do produkcji energii słonecznej, planowany do realizacji w latach 2002-2020, zakładał osiągnięcie 10%. Takie wstrząsy popytu na ropę naftową wynikają z nagłych ruchów w światowym cyklu koniunkturalnym. [4]

4.1.4 Gospodarka Omanu i ropa naftowa

Sułtanat Omanu jest znaczącym producentem ropy naftowej i gazu. Ropa naftowa po raz pierwszy pojawiła się na rynku w Jibalu w kwietniu 1962 r., a w lipcu 1967 r. Oman rozpoczął eksport ropy. Ropa naftowa jest obecnie wydobywana z ponad 130 różnych pól i blisko 6000 odwiertów. Oman stosuje ulepszone metody odzyskiwania ropy naftowej, aby przyspieszyć wydobycie. Przemysł naftowy i gazowy nadal odgrywa znaczącą rolę w tym kraju; sektor ten pozostaje największy w Omanie i stale się rozwija. Ostatnio Oman ustanowił również udany program zwiększenia wydobycia ropy naftowej w celu zaspokojenia rosnącego popytu krajowego, co zmotywowało i przyciągnęło inwestycje zagraniczne i partnerstwa. [84,116]

Gospodarka Omanu jest rozwijającą się, niewielką i otwartą gospodarką na Bliskim Wschodzie, z cennymi zasobami ropy naftowej i gazu oraz znaczną nadwyżką handlową. [140] W oparciu o węglowodory gospodarka Omanu jest klasyfikowana jako gospodarka o średnim i górnym dochodzie. Pierwszy eksport ropy naftowej miał miejsce w 1967 roku. Następnie jej gospodarka szybko się rozwinęła, rezygnując z tradycyjnej działalności rolniczej i rybołówstwa. [54]

Oman jest mocno uzależniony od eksportu ropy naftowej. W kraju tym istnieje jednak kilka zasobów naturalnych, które można by wykorzystać. Oman może wykorzystać te zasoby i skupić się na poprawie komplementarnych gałęzi przemysłu w dziedzinie metali, niemetali, petrochemii i produkcji żywności. Łańcuch produkcji Omanu w zakresie eksportu często zatrzymuje się w pierwszych fazach produkcji lub w środkowych fazach produkcji, bez koncentracji na działalności przemysłowej, która może spowodować wzrost PKB. Ponadto sektor wytwórczy wymaga wykorzystania nietradycyjnych źródeł energii (energii zastępczej). Ostatnie dostawy gazu są niewielkie i nie zapewniają wystarczająco wysokiego poziomu produkcji, aby wspierać zarówno przemysł przetwórczy, jak i badania przemysłowe. Istotnie, pomoc obu tych elementów ma zasadnicze znaczenie dla trwałych innowacji i rozwoju. [84,119]

4.2 Rozwój sektora innych niż naftowy

Obecnie, ropa naftowa i gaz ziemny napędzają gospodarkę Omanu, a przychody z produktów ropopochodnych umożliwiły mu osiągnięcie wyjątkowego rozwoju na przestrzeni ostatnich czterech dekad. Mając świadomość, że Oman jest wyjątkowo uzależniony od sektora węglowodorowego i że wykorzystanie ropy naftowej i gazu zostanie w przyszłości zakończone, administracja Omanu skoncentrowała się ostatnio na rozwoju sektorów innych niż naftowy, takich jak przemysł, handel i turystyka. Sułtanat

Omanu był świadkiem spadku wzrostu gospodarczego w 2016 r. z powodu niższych inwestycji w sektorze naftowym i ogólnie niższych wydatków publicznych. Pomimo wysiłków na rzecz konsolidacji budżetowej w celu zmniejszenia deficytu, pozostał on na wysokim poziomie, częściowo z powodu niskich cen ropy naftowej. Następnie Oman uciekł się do swoich rezerw i pożyczek. Spodziewany wzrost cen ropy naftowej oraz ekspansja gospodarki pozanaftowej ożywią i rozwiną perspektywy makroekonomiczne kraju. [54]

4.3 Ministerstwo Ropy i Gazu

Ministerstwo Ropy i Gazu jest odpowiedzialne za przemysł naftowy w Omanie i kontroluje dochody generowane przez ministerstwo finansów państwa. Rząd uzyskuje dochody z ropy naftowej z dwóch źródeł: bezpośredniego i pośredniego. Pierwszym źródłem jest bezpośrednio działalność Oman Oil Company S.A.O.C. (OOC). OOC jest spółką handlową, w całości należącą do rządu Omanu. Drugie źródło (pośrednie), czyli rząd, wydając koncesje spółkom naftowym, korzysta z ich opłat licencyjnych. [86]

4.4 Wzrost produkcji gazu w Omanie

W latach 1990-2011 produkcja gazu w Omanie wzrosła z 99 mld stóp sześciennych do 936 mld stóp sześciennych (źródło: EIA). Około całość gazu w Omanie jest wytwarzana przez Petroleum Development Oman (PDO). Kontrola nad krajowym systemem gazociągów znajduje się w rękach Oman Gas Company (OGC), a OGC zleciła kontrolę nad tą siecią grupie spółek prywatnych. Omańska sieć gazu ziemnego przebiega przez około 1100 mil, transportując dostawy z centrów produkcyjnych do krajowych terminali LNG, elektrowni i innych krajowych odbiorców końcowych. [54]

Bogactwo ropy naftowej Omanu zostało uznane za staromodny filar rozwoju jego gospodarki. Stanowi on około 90% dochodów Omanu i przyczynia się do ponad 50% jego PKB, chociaż biuro Muscat chętnie dąży do dywersyfikacji gospodarczej, zwracając większą uwagę na uprzemysłowienie, prywatyzację, turystykę i inne obiecane sektory nie związane z ropą naftową. Wizja Sułtanatu2020 ma na celu zwiększenie rozwoju przemysłowego w kraju, zainspirowanie społeczeństwa do aktywnego udziału w działalności gospodarczej Omanu oraz zwiększenie podaży nowych zawodów, które są uważane za podstawowe determinanty wzrostu gospodarczego. W poprzednich latach Oman ustanowił odpowiednie platformy poprawy mające na celu postęp i uwolnienie narodu od uścisku zależności od ropy naftowej poprzez zwiększenie wydatków publicznych w głównych obszarach i motywowanie prywatnych inwestycji w najważniejszych sektorach, takich jak turystyka, rolnictwo, akwakultura i produkcja. [84,112]

4.5 Oman jako eksporter ropy naftowej spoza OPEC

Oman jest stałym członkiem Rady Współpracy Państw Arabskich, która jest unią gospodarczą obejmującą sześć krajów Zatoki Perskiej: Bahrajn, Irak, Kuwejt, Katar, K.S.A., U.A.E. i Oman. Sułtanat Omanu podpisał również umowę o wolnym handlu z niektórymi państwami, w tym z USA, która weszła w życie w 2009 r.[86]

Sułtanat Omanu jest największym na Bliskim Wschodzie eksporterem ropy naftowej spoza OPEC. Ropa naftowa jest działalnością na lądzie; pierwsza franszyza została przyznana Irackiej Spółce Naftowej (IPC) na około 75 lat i obejmowała pięciu akcjonariuszy. Rząd Omanu posiada 60% udziałów w IPC i zmienił nazwę na Petroleum Development Oman (PDO). PDO to krajowa firma Oman zajmująca się poszukiwaniem i wydobyciem ropy naftowej. Odpowiada on za około 70% wydobycia ropy naftowej przez państwo i prawie całość dostaw gazu ziemnego. Oprócz rządu, Royal Dutch Shell dostaje udział w wysokości 34%, Total - 4%, a Partex - 2% w PDO. Ostatnie lata były świadkami rozmów o PDO dotyczących kilku umów o podziale produkcji i koncesji ze światowymi koncernami naftowymi. Ponadto Ministerstwo Ropy i Gazu potrzebuje ulgi z tytułu ChNP na każdym terenie, na którym jest ona obecnie nieaktywna, a który może zostać poddany przetargowi.

W 2013 roku przychody Omanu z węglowodorów miały wynieść około 31 mld USD. Stanowiły one 66% całkowitego eksportu Omanu i 39% jego PKB, zgodnie z danymi Banku Centralnego Omanu. Oman stał się bardziej otwarty w kwestii rezerw ropy i gazu w porównaniu z niektórymi swoimi sąsiadami. Zachowanie to może częściowo wynikać z faktu, że kraj ten nie jest członkiem Organizacji Krajów Eksportujących Ropę Naftową (OPEC); z tego samego powodu nie dbał o kontyngenty OPEC. Innym czynnikiem jest istnienie korporacji zagranicznych, które rezerwują rezerwy Omanu, a nie działają wyłącznie jako korporacje usługowe. Ponadto, w przeciwieństwie do sąsiednich krajów, zasoby ropy naftowej w Omanie są często głębokie i wąskie, co powoduje znacznie wyższe koszty wydobycia na lądzie. W ostatnich latach niepokojące stało się również szerokie stosowanie wzmożonego wydobycia ropy naftowej (EOR). Według U.S. Energy Information Administration, udokumentowane zasoby ropy naftowej w Omanie wynoszą około 5,5 mld baryłek. [54]

Rys. 4.1 - Eksport paliw (% eksportu towarów)-(1980-2016)

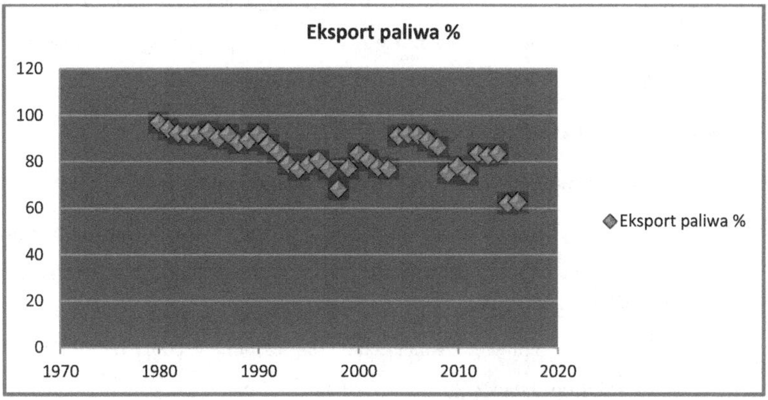

Źródło: Światowe wskaźniki rozwoju (WDI)

4.6 Wyzwania Omanu dotyczące produkcji ropy naftowej

Zgodnie z raportem Banku Światowego (2010), Oman stanął w obliczu wyzwań związanych z rosnącym wydobyciem ropy naftowej, w związku z trudnościami w jej wydobyciu i dojrzewaniem pól naftowych, co doprowadziło do wyczerpania zasobów ropy naftowej w Omanie. Dlatego też, 20-25 lat to przewidywana długość życia zasobów ropy naftowej Omanu. Wynik ten jest wiarygodny w stosunku do poprzedniego raportu opartego na przeglądzie statystycznym British Petroleum (2009), w którym stwierdzono, że potwierdzone zasoby ropy naftowej w Omanie spadły z 6,2 mld baryłek do 5,6 mld baryłek w okresie od 1996 do 2008 roku, co jest wartością znacznie niższą niż zasoby sąsiednich krajów. [14]

Podobnie, ponieważ przewidywane zasoby ropy naftowej wygasną do połowy tego stulecia, dywersyfikacja gospodarki jest ukierunkowana, przy czym należy zwrócić uwagę na następujące kwestie:

- Handel,
- produkujący,
- turystyka,
- technologia informacyjna. [54]

Oman stosuje ulepszone metody wydobycia ropy naftowej w celu zwiększenia produkcji, ale jednocześnie realizuje plan rozwoju, który koncentruje się na dywersyfikacji, industrializacji i prywatyzacji, w celu zmniejszenia udziału sektora naftowego w PKB z 46% obecnie do 9% do 2020 roku, zgodnie z dziewiątym pięcioletnim planem rozwoju Omanu. Turystyka i przemysł gazowy są podstawowymi elementami rządowej strategii dywersyfikacji. [73]

4.7 Rola sektora naftowego i gazowego

4.7.1 Znaczenie ropy naftowej i gazu ziemnego z Omanu

Pomimo wysiłków Omanu na rzecz dywersyfikacji, jego sektor naftowy i gazowy nadal odgrywa główną rolę w jego gospodarce. Sułtanat Omanu jest największym producentem ropy naftowej spoza OPEC na Bliskim Wschodzie, z produkcją ropy naftowej i kondensatów na poziomie 1 004,3 tys. bbl/d w 2016 roku z 981,1 tys. bbl/d w 2015 roku i 944,0 tys. bbl/d w 2014 roku. Na przestrzeni lat wzrost produkcji ropy naftowej w latach 2011-2016 był spowodowany przede wszystkim stosowaniem ulepszonych metod wydobycia ropy naftowej, takich jak wtrysk polimerów, mieszanek mieszalnych i pary wodnej (gazowej lub słonecznej), dla których Oman jest znaczącym zwolennikiem na obszarze MENA. Jednak w styczniu 2017 roku Oman zaczął zmniejszać produkcję ropy o 5% (około 45 000 baryłek), zgodnie z obietnicami uzgodnionymi na spotkaniu OPEC w Austrii w grudniu 2016 roku. [135]

Główny nurt zasobów ropy naftowej i gazu ziemnego w Omanie jest stosunkowo konsekwentnie rozproszony pomiędzy południowym Omanem, omańskim Forelandem, Centralnym Omanem i zachodnim Omanem. Całkowite potwierdzone zasoby ropy naftowej i kondensatu w Omanie na 2015 r. wzrosły do 5,37 mld baryłek w porównaniu do 5,30 mld baryłek w 2014 r.

Z drugiej strony, jego potwierdzone zasoby gazu zmniejszyły się do 23,0 tcf w 2015 roku z 24,4 tcf w 2014 roku. Spadek ten spowodowany był wydobyciem gazu i kategoryzacją jego ilości oraz wahaniami w liczbie odwiertów i badań poszukiwawczych. Prawie 85% zaległych zasobów gazu w Omanie znajduje się na dziesięciu polach eksploatowanych przez PDO. [135]

4.7.2 Niskie ceny ropy naftowej i działalność gospodarcza w Omanie

W wyniku zdecydowanie niskich cen ropy naftowej na rynkach międzynarodowych oraz powolnego wzrostu gospodarczego na świecie, Oman ujawnił spowolnienie działalności gospodarczej w pierwszych trzech kwartałach (styczeń-wrzesień) 2015 roku. Nominalny PKB Omanu spadł o 14,2% w okresie styczeń-wrzesień 2015 roku w porównaniu z 4,3% wzrostem w analogicznym okresie poprzedniego roku. PKB sektora naftowego znacznie spadł o 38,5%, podczas gdy w sektorze nie naftowym odnotowano niewielki wzrost o 4,7%. Średnia cena ropy naftowej w Omanie spadła do 59,8 USD za baryłkę w okresie styczeń-wrzesień 2015 roku z 105,8 USD za baryłkę w tym samym okresie w roku poprzednim. Średnia dzienna produkcja wzrosła o 3,2% do 978,2 tys. baryłek, przy czym skumulowana produkcja ropy naftowej w okresie styczeń-wrzesień 2015 r. wyniosła 267,1 mln baryłek w porównaniu z 258,8 mln baryłek w analogicznym okresie w 2014 roku.

Działalność związana z ropą naftową pozostała kluczowym czynnikiem przyczyniającym się do rozwoju całego sektora węglowodorów, z 30,1 % wartości dodanej do nominalnego PKB Omanu wobec skromnego 4,5 % wartości dodanej z sektora gazu ziemnego. [36]

4.7.3 Niskie ceny ropy naftowej i salda podatkowe Omanu

Uznając omański sektor węglowodorowy za kluczowy dla swojej gospodarki, spadek cen ropy naftowej regularnie przesuwał salda budżetowe Omanu do stanu deficytu od 2014 roku. Dalsze wysiłki na rzecz dywersyfikacji gospodarczej wydają się być bardziej dotkliwe w warunkach obniżonych cen ropy naftowej. Saldo budżetowe Omanu zmieniło się z nadwyżki w deficyt z powodu spadających cen ropy naftowej. W okresie od stycznia do września 2015 roku Oman odnotował deficyt budżetowy w wysokości 2 934,3 mln OMR, w porównaniu z nadwyżką w wysokości 136,1 mln OMR w tym samym okresie w 2014 roku.

W ciągu pierwszych dziewięciu miesięcy 2015 r. dochody rządowe poważnie spadły o 35,9% do 6.711,6 mln OMR, podczas gdy wydatki rządowe spadły tylko o 6,6% do 9.645,9 mln OMR. Łączny dług publiczny Omanu na koniec września 2015 r. wynosił 2 758,7 mln OMR, w porównaniu z 1526,3 mln OMR w grudniu 2014 r.[36]

4.7.4 Produkcja ropy naftowej

Wydobycie ropy naftowej spadło w 2017 roku o 3,6% w stosunku do roku poprzedniego, przy średniej dziennej produkcji 970,6 tys. baryłek. Oman zmniejszył produkcję ropy naftowej w następstwie porozumienia OPEC i innych podmiotów, które zawarły porozumienie o ograniczeniu produkcji ropy naftowej. Łączna średnia dzienna produkcja w roku 2017 wyniosła 884 tys. baryłek ropy naftowej i 86,6 tys. baryłek kondensatu z 239 pól naftowych na terenie całego Sułtanatu. W 2017 roku Ministerstwo Ropy i Gazu podpisało cztery umowy o podziale wpływów z wydobycia (EPSA) z firmami energetycznymi w celu rozbudowy bloków naftowych w kilku częściach Omanu. Umowa z Tethys Oil Montasar Limited została zawarta w celu zagospodarowania Bloku 49 na lądzie, natomiast umowa z ARA Petroleum Oman B31 Limited miała na celu poszukiwanie ropy naftowej w Bloku 31. Umowa dotycząca Bloku 30 została zawarta z Occidental Hafar LLC. Pakt dotyczący bloku 52 został zawarty z ENI Oman B.V. [30].

4.8 Ceny ropy naftowej i kontrakcja ekonomiczna (2015-2016)

Niezależnie od kurczenia się gospodarki w latach 2015-2016, przewiduje się, że w 2018 r. gospodarka Omanu wzrośnie o 3% w wyniku wzrostu cen ropy, poprawy kondycji fiskalnej rządu i rozpoczęcia dywersyfikacji gospodarczej. Ostatni deficyt na rachunku obrotów bieżących wyniósł 18,8% w 2016 roku. Ponieważ wartość eksportu ropy z Omanu miałaby ponownie wzrosnąć, spodziewano się, że do końca 2018 roku deficyt na rachunku obrotów bieżących spadnie do zaledwie 3-4% PKB. Budżet Omanu na rok 2018 został ukształtowany na podstawie średniej ceny ropy naftowej w wysokości 50 USD za baryłkę (dobrą wiadomością było to, że dotychczas w tym roku ceny ropy w Omanie wynosiły średnio 65 USD za baryłkę), wykazując 25% wzrost w stosunku do średniej z 2017 roku, która wynosiła 52 USD za baryłkę. Jeżeli ceny ropy naftowej pozostaną stabilne i zbliżone do ostatnich poziomów, będą one miały głównie pozytywny wpływ na krytyczne wskaźniki ekonomiczne Omanu i jego perspektywy na przyszłość. Deficyt budżetowy albo skurczy się do małych jednocyfrowych wartości (pomiędzy 3-4% PKB), albo może całkowicie zniknąć, jeśli cena ropy w Omanie wyniesie średnio około 70 USD za baryłkę, co stanowi próg rentowności fiskalnej Omanu. [98]

4.9 Ceny ropy naftowej i ożywienie gospodarcze (2017 r.)

Gospodarka Sułtanatu odrobiła straty po dwóch latach ciągłego kurczenia się i w ciągu pierwszych dziewięciu miesięcy 2017 roku odnotowała pozytywny wzrost. Pozytywna i szeroka poprawa sytuacji gospodarczej została przede wszystkim przypisana odbudowie cen ropy naftowej i wysiłkom na rzecz dywersyfikacji, które przyniosły pewne wymierne rezultaty.

Średnia cena ropy w Omanie znacznie wzrosła do 50,6 USD za baryłkę w okresie styczeń-wrzesień 2017 roku, z 38,3 USD za baryłkę w tym samym okresie w roku poprzednim (tabela 4.1). I odwrotnie, jego dzienna średnia produkcja spadła w tym okresie o 3,4%, z 1 003,2 tys. baryłek do 969,3 tys. baryłek. Jeśli chodzi o sektor węglowodorowy, dominującym graczem pozostała ropa naftowa, której wartość dodana do nominalnego PKB Omanu wynosi 25,9%, podczas gdy wartość dodana przez sektor gazu ziemnego 4,8%. [31]

Tabela 4.1 - Ropa naftowa (ceny, produkcja i wywóz)

Rok	Ceny ropy naftowej (USD za baryłkę)	% Zmiana	Produkcja ropy naftowej (mln baryłek)	% Zmiana	Eksport ropy naftowej (Million Barrels)	% Zmiana
2008	101.1	55.1	277.0	6.8	216.7	-2.4
2009	56.7	-43.9	296.6	7.1	242.9	12.1
2010	76.6	35.1	315.6	6.4	268.7	10.6
2011	103.0	34.5	323.0	2.3	266.4	-0.9
2012	109.6	6.4	336.2	4.1	279.8	5.0
2013	105.5	-3.7	343.8	2.3	304.2	8.7
2014	103.2	-2.2	344.4	0.2	292.2	-3.9
2015	56.5	-45.3	358.1	4.0	308.1	5.5
2016	40.1	-28.9	367.6	2.6	321.9	4.5
2017						
Jan-Mar	50.4	45.0	87.2	-4.1	74.8	-10.9
Jan-Jun	51.8	47.8	175.3	-3.7	146.5	-11.0
Jan-wrzesień	50.6	32.2	264.6	-3.7	219.8	-9.0

Źródło: CBO

4.10 Kluczowe odtwarzacze oleju

Rząd Omanu organizuje swój sektor naftowy i gazowy z pomocą dwóch strategicznych firm, OOC i PDO. PDO jest jedną z głównych firm poszukiwawczo-wydobywczych w Omanie, odpowiadającą za ponad 70,0% wydobycia ropy naftowej i całość dostaw gazu. [90]

a. Petroleum Development Oman (PDO)

Rząd Sułtanatu jest właścicielem 60,0% udziałów w PDO, podczas gdy pozostałe udziały należą do Dutch Shell (34,0%), Total (4,0%) i Partexu

Portugalii (2,0%). CHNP pracuje na obszarze koncesjonowanym o powierzchni około 100 000 km2 , stanowiącym jedną trzecią całkowitego obszaru geograficznego Omanu, na którym znajduje się nie mniej niż 126 pól naftowych, ponad 5 000 odwiertów, z których wydobywa się ropę naftową, a siłę roboczą szacuje się na około 41 000 osób, w tym zarówno pracowników, jak i wykonawców.

b. Oman Oil Company SAOC (OOC)

OOC jest odpowiedzialna za inwestycje energetyczne wewnątrz i na zewnątrz Sułtanatu, który jest w całości własnością jego rządu. W portfelu inwestycyjnym firmy znajdują się: Poszukiwania, Produkcja i usługi powiązane, Infrastruktura, Spedycja, Rafinacja, Marketing, Petrochemia, Aluminium i Energetyka. OOC odgrywa aktywną rolę w różnicowaniu gospodarki Omanu i zachęca do inwestycji w krajowym i odległym sektorze prywatnym. [90]

4.11 Wyzwania gospodarcze

4.11.1 Rola GCC w gospodarce światowej

Wraz ze wzrostem cen ropy naftowej po 2003 r. kraje członkowskie RWPZ były świadkami dynamicznego rozwoju gospodarczego, co zwiększyło ich rolę w gospodarce międzynarodowej jako inwestorów i partnerów handlowych. Wzrost realnego PKB był elastyczny, a działania niezwiązane z ropą naftową rosły szybciej niż PKB ropy naftowej. Duże nadwyżki na rachunku obrotów bieżących i w rachunku obrotów bieżących również skategoryzowały rozwój sytuacji makroekonomicznej ze względu na rosnące dochody z ropy naftowej, niemniej jednak wzrost na rachunku obrotów bieżących i szybki wzrost importu. Największym poważnym wyzwaniem makroekonomicznym, przed którym stoją gospodarki krajów Rady Współpracy Państw Zatoki Perskiej, jest eskalacja inflation w środowisku, w którym systemy kursów walutowych ograniczają wkład polityki pieniężnej w utrzymanie presji inflationary. Ogólna korzystna sytuacja makroekonomiczna w obecnych latach dała gospodarkom RWPZ szansę na atak na długotrwałe wyzwania strukturalne, takie jak dywersyfikacja gospodarek nastawionych na ropę naftową i reforma rynków pracy. [113]

Z drugiej strony, 70-procentowy spadek cen ropy, rozpoczynający się w połowie 2014 roku, uwypuklił ryzyko nadmiernego uzależnienia się Muscatu od omańskiego sektora naftowego. Ze wszystkich sześciu państw GCC gospodarka Omanu najbardziej ucierpiała na skutek spadających cen ropy. Polegając na węglowodorach, które stanowią 84% jego przychodów, tania ropa naftowa wprowadziła Oman w erę oszczędności. W ostatnich miesiącach urzędnicy z Muscat wdrożyli na przykład środki mające na celu zaciskanie pasa; zwiększenie podatków od osób prawnych, wzrost cen paliw, wzrost opłat za wizy dla emigrantów, likwidację dotacji na usługi komunalne oraz bezterminowe wstrzymanie wypłat premii dla pracowników publicznych. Obecne obniżenie oceny państwowości Omanu ze Standard and Poor's, które obniżyło ocenę Omanu o dwa stopnie z BBB+ do BBB- stabilnego, co obniżyło ocenę Omanu o dwa punkty do A3, ujawnia rosnące napięcie finansowe, jakie na kraj ten nałożyły obniżające się ceny ropy naftowej, który będzie dalej dotykać sektorów innych niż naftowy. Innym elementem jest wielkość omańskich rezerw finansowych w stosunku procentowym do wielkości populacji, która jest anormalnie mniejsza niż w Kuwejcie, Katarze i U.A.E. [29]

4.11.2 Oman's Oil Reserve

Wraz z obecnością w latach 90. ubiegłego wieku Omanis dowiedziało się, że ich zasoby ropy naftowej są mniejsze niż myśleli, co zachęciło omańskich urzędników do przyspieszenia realizacji planów przejścia na gospodarkę po ropie naftowej.

Z pewnością Oman ma tylko 5,15 mld baryłek ropy naftowej w swoich udokumentowanych zasobach, które są tak daleko w tyle za 268 mld K.S.A., 104 mld Kuwejtu, 98 mld U.A.E., czy 25 mld Kataru. Oman plasuje się również na dwudziestym pierwszym miejscu na świecie pod względem dziennego wydobycia ropy naftowej na poziomie 943 500 baryłek dziennie (bbl/dobę), dość daleko za K.S.A., zajmując drugie miejsce, z 9,7 mln bbl/dobę, a U.A.E. i Kuwejt odpowiednio 8 i 9 miejsce, z 2,6 i 2,9 mln bbl/dobę. (Tabela 4.2).

Tabela 4.2 - Omańskie rezerwy ropy naftowej wraz z KSA, ZEA i Katarem

Kraj	Rezerwy ropy naftowej (bbl)
Sułtanat Omanu	**5,15 mld EUR**
Arabia Saudyjska (K.S.A.)	268 mld EUR
Zjednoczone Emiraty Arabskie (U.A.E.)	98 mld
Katar	25 mld EUR

4.11.3 Ogłoszenie oman's Vision2020

W 1995 roku Oman zdecydował się podjąć wyzwania, ogłaszając Wizję 2020. Oman był jednym z pierwszych krajów Rady Współpracy Państw Zatoki Perskiej, który rozpoczął wdrażanie solidnej, obfitej i zdrowej wizji długoterminowej. Wizja2020 to mapa drogowa przedstawiająca plany Omanu w zakresie realizacji wyraźnych celów gospodarczych i społecznych na okres 25 lat. Główne cele obejmują osiągnięcie stabilności gospodarczej i finansowej, zwiększenie udziału sektora prywatnego w całej gospodarce Omanu, zwiększenie i zwiększenie dochodów poza sektorami węglowodorowymi, integrację gospodarki Omanu z gospodarką międzynarodową oraz rozwój potencjału kapitału ludzkiego pracowników Omanu.

Bez względu na to, kiedy do władzy dojdzie następca sułtana Qaboosa, przyszły sułtan musi nadal motywować i wspierać krajowe wysiłki na rzecz dywersyfikacji gospodarki z dala od sektora naftowego. Sektory, które wydają się najkorzystniejsze dla wspólnego ratowania i ochrony Omanu przed tanią ropą naftową to: skroplony gaz ziemny (LNG), turystyka, logistyka morska i lądowa, rolnictwo i rybołówstwo. Zakładając, że Oman ma około 20 lat, zanim wyczerpie swoje udokumentowane rezerwy ropy naftowej, te reformy gospodarcze muszą być pilnie, celowo i ze stałą pomocą w ostatnim środowisku fiskalnym i gospodarczym. Następne cztery lata są krytyczne, jak również trzeźwe.

4.11.4 Uzależnienie Omanu od gazu (LNG) i ropy naftowej

Pozytywne nastawienie do sektora gazowego w Omani sprawiło, że wiele osób uznało skroplony gaz ziemny (LNG) za utorowaną drogę, która ma wystarczającą zdolność, by odeprzeć gospodarkę Omanu od gospodarki zależnej od ropy naftowej. W chwili obecnej projekt "Dolphin" rozpoczął się około dekady temu, Oman jest jednym z importerów katarskiego gazu ziemnego, który uwolnił Oman w celu zwiększenia sprzedaży skroplonego gazu ziemnego (LNG) na ogromnych rynkach azjatyckich, takich jak Chiny, Indie, Japonia i Korea Południowa. Kiedy Oman zacznie kupować irański gaz ziemny, będzie w stanie sprzedać więcej LNG na Daleki Wschód. W tym roku sektor gazowy w Omani stanowi około 20 % dochodów krajowych. [29]

4.11.5 Udział Omanu w gospodarce międzynarodowej

Aby dalej uczestniczyć w globalnej gospodarce i wejść do niej, Oman stara się wykorzystać swoje położenie geograficzne, z którego chce stać się coraz ważniejszym centrum handlowym. Omani planuje budowę głównego węzła tranzytowego w al-Duqm (położonego wzdłuż południowego wybrzeża Omanu na Oceanie Indyjskim), zawierającego rafinerię o wartości 6 mld USD, obiekty i usługi związane z transferem produktów petrochemicznych, suchy dok oraz, między innymi, port kontenerowy, który połączyłby pięć pozostałych krajów GCC z Oceanem Indyjskim, omijając Cieśninę Hormuz. W oparciu o lokalne źródła, inne porty takie jak Sohar powiększą się w najbliższym czasie, aby obsłużyć większy ruch. Rozbudowywane są również miejsca postojowe dla statków handlowych i morskich z różnych krajów. Ten geoprzestrzenny trend podkreśla historyczną rolę Omanu łączącego handlarzy z Azji i Europy wzdłuż starożytnego Jedwabnego Szlaku Morskiego. [29]

4.11.6 Wzrost gospodarczy Omanu w latach 2015 i 2016

Oczekuje się, że gospodarka Omanu wzrośnie o 4,4% w 2015 roku i 2,8% w 2016 roku. Wzrost gospodarki Omanu będzie powolny w 2016 roku, ponieważ spadek produkcji i cen ropy zaczyna wpływać na zależną od niej aktywność gospodarczą. Niedawny spadek cen ropy naftowej może znacznie uszczuplić budżet fiskalny, powodując tym samym zmniejszenie wydatków rządowych na projekty inwestycyjne. Większa redukcja cen ropy naftowej może spowodować negatywne zmiany w nadwyżkach fiskalnych i na rachunku obrotów bieżących, a także spowodować deficyty w sektorach zewnętrznym i fiskalnym. Zarówno Oman, jak i Bahrajn są najbardziej mile widziane w przypadku wstrząsów cenowych ropy naftowej w porównaniu z innymi gospodarkami RWPZ, a to z powodu niższego poziomu buforów fiskalnych i wyższego poziomu cen progu rentowności. [1]

4.12 Oman Vision2020 i Oil Dependency

Chociaż gospodarka Omanu prawdopodobnie nadal by się rozwijała, zwracając większą uwagę i zwracając większą uwagę na sektory inne niż naftowe, ponieważ kraj ten poważnie myśli o dywersyfikacji swojej gospodarki od uzależnienia od ropy naftowej oraz o zwiększeniu inwestycji w sektory inne niż naftowe. Oman Vision 2020 koncentruje się na sposobach motywowania do tworzenia efektywnego i konkurencyjnego sektora prywatnego oraz tworzenia korzystnych warunków i środowiska dla zrozumienia i świadomości zróżnicowania gospodarczego.

Liczbowym celem "Wizji Omańskiej 2020" jest pomoc w zwiększeniu udziału sektora nie naftowego do 15% PKB. Pozostałe cele to zmniejszenie udziału ropy naftowej w PKB do 9% w 2020 r. oraz zwiększenie udziału gazu do 10%. Naszym głównym poglądem jest to, że średniookresowe perspektywy mogą liczyć na zdolność rządu do zmiany gospodarki z uzależnienia od ropy naftowej i budowy samowystarczalnego przemysłu. Jesteśmy bardzo optymistyczni, że rząd będzie nadal inwestował w projekty spoza sektora naftowego. Jeżeli rząd ograniczy swoje wydatki i nakłady kapitałowe w celu zrównoważenia budżetu, zaszkodzi to zaufaniu przedsiębiorców i konsumentów oraz doprowadzi do podtrzymania działalności gospodarczej, ponieważ gospodarka musi zrekompensować straty, które poniosła, przy produkcji w sektorze innym niż naftowy. Sektory infrastruktury i budownictwa, wraz z usługami takimi jak turystyka i sektor bankowy, będą prawdopodobnie głównymi podmiotami wspomagającymi działalność gospodarczą w zastępstwie ropy naftowej w perspektywie średnioterminowej. [88]

4.13 Przegląd sektora gazu ziemnego w Omani

4.12.1 Odkrycie gazu Omani

Odkrycie Omani Gas nastąpiło w 1978 r. na polu Yibal/ Natih. PDO udało się odkryć Saih Nihayda w 1989 r. i Saih Rawl w 1991 r. W celu zaspokojenia zapotrzebowania na gaz, generowanego przez wytwarzanie energii elektrycznej i oczyszczanie wody, rozpoczęto korzystanie ze złóż gazu. Rząd pojmował znaczenie gazu jako bardziej ekologicznego źródła energii i próbował ulepszyć rodzimy przemysł dla dalszego zrównoważonego wzrostu gospodarczego. [90]

4.13.2 Omańskie Przedsiębiorstwo Gazu Płynnego (OLNG)

W związku z poszukiwaniem gazu w celu zaspokojenia zapotrzebowania Sułtanatu, w 2000 r. odbyło się utworzenie Oman Liquefied Natural Gas Company (OLNG) z dwoma pociągami o pojemności 6,6 mln ton rocznie, która została znacznie zwiększona do 10,0 mln ton rocznie (poprzez wprowadzenie trzeciego pociągu), zorganizowanego i prowadzonego przez Qalhat Liquefied Natural Gas Company (QLNG). Wzrosło zapotrzebowanie sektora energetycznego i krajowego sektora przemysłowego. W ten sposób zapotrzebowanie na gaz zostało zwiększone. Aby zaspokoić takie zapotrzebowanie, w 2006 r. Ministerstwo Ropy i Gazu (MOG) współpracowało z British Gas Oman przy poszukiwaniach Abu Butabul (w bloku 60), a w 2007 r. z British Petroleum przy poszukiwaniach pól gazowych Khazzan-Makarem (w bloku 61)...).

4.13.3 Produkcja gazu ziemnego

W 2013 r. łączne wydobycie gazu ziemnego, zarówno skojarzone, jak i niestowarzyszone, wyniosło 39.114MNCM, co oznacza wzrost wydobycia gazu ziemnego o 3,2% w stosunku do roku 2012. Wykorzystanie tego gazu ziemnego było zróżnicowane w zależności od projektu przemysłowego, złoża ropy naftowej, energetyki i regionu przemysłowego. Jeśli chodzi o Ministerstwo Ropy i Gazu, gaz ziemny jest produkowany przez pięć firm zawierających PDO, Occidental Oman, DNO, PTTEP Oman Company oraz Daleel Petroleum.

Sułtanat posiadał 30 bilionów stóp sześciennych (TCF) potwierdzonych zasobów gazu ziemnego na początku 2013 roku, zgodnie z "Dziennikiem Ropy i Gazu". W 2011 roku kraj ten był piątym największym producentem suchego gazu ziemnego na Bliskim Wschodzie i 26. producentem na świecie. W 2012 roku, zgodnie z IHS Global Insight, kraj ten doświadczył znacznego udziału gazu ziemnego w wydobyciu ropy naftowej, reinjectując 22,0% swojego suchego wydobycia.

Na podstawie danych United States Energy Information Administration, produkcja gazu ziemnego w Sułtanacie znacznie wzrosła w 2011 roku, podobnie jak jego zużycie. W związku ze wzrostem krajowego popytu na gaz ziemny, gospodarka planuje do świtu 2024 r. odwrócić całkowity eksport LNG na rynek krajowy.[90]

4.13.4 Omani LNG Eksport

W 2013 r. cały eksport Omani LNG został przeniesiony do Japonii i Korei Południowej, choć w 2012 r. niewielka jego ilość również została przeniesiona do Chin. Zgodnie z Middle East Economic Survey, w 2012 roku sułtanat wyeksportował łącznie 131 ładunków LNG oraz 45 ładunków NGL (ang. Natural Gas Liquids). W 2013 roku rozpoczął się proces łączenia korporacji Oman LNG i Qalhat LNG w jeden podmiot pod szyldem Sultanate LNG. Dzięki temu ujednoliceniu Oman LNG przejmie kontrolę nad wszystkimi trzema pociągami, o łącznej przepustowości 10,4 mln ton rocznie (ok. 500 BCF). W 2012 r. Sułtanat wyprodukował i wyeksportował blisko 395 BCF, co stanowi 79,0% ogólnych mocy produkcyjnych kraju.

4.13.5 Oman-Iran i gaz ziemny

Wraz z obecnością w sierpniu 2013 r. Oman zawarł z Islamską Republiką Iranu protokół ustaleń w sprawie umowy o imporcie gazu ziemnego. Jeśli to zrozumiemy, będzie to 60,0 mld USD, 25-letnia transakcja dostaw, która rozpocznie się w 2015 roku i połączy oba kraje rurociągiem przez Zatokę Omańską. Sułtanat rzekomo postanawia wykorzystywać rocznie ponad 350,0 BCF zakontraktowanych zdolności do celów politycznych oraz przetwarzać dodatkowe zdolności irańskiego gazu na eksport ze swoich terminali LNG.

4.13.6 Wykorzystanie gazu ziemnego

Zgodnie z danymi Ministerstwa Ropy i Gazu w Omani, gaz ziemny jest wykorzystywany głównie w projektach branżowych (56,0%), a następnie na polach naftowych, które zużywają około 23% łącznego zużycia, w firmach energetycznych (19%) oraz w obszarze przemysłowym, gdzie zużycie w 2013 r. jest najmniejsze, bo 2%.[90]

4.14 Wskaźniki omańskiej ropy naftowej, gazu ziemnego i minerałów

W tej części przedstawiono niektóre dane i wskaźniki związane z ropą naftową, gazem i minerałami w Omanie, w szczególności wielkość produkcji dziennej i rocznej, średnie dwunastomiesięczne ceny baryłek oraz eksport ropy i gazu z Omanu dotyczący różnych gospodarek.

- 2,6% to wzrost całkowitej rocznej produkcji ropy naftowej w Omani w 2016 roku do 367,6 mln baryłek, w porównaniu z 358,1 mln baryłek w roku ubiegłym.
- Około 1 mln baryłek to średnia dzienna produkcja ropy naftowej w Omani w 2016 roku, która wzrosła o 2,4% w porównaniu z rokiem ubiegłym.
- W roku 2016 średnia roczna cena ropy naftowej w Omani wynosiła 40,1 USD za baryłkę, co oznacza spadek o 29% w porównaniu z rokiem ubiegłym.
- W roku 2016 wzrost całkowitego eksportu ropy naftowej z Omanu wyniósł 4,5%, osiągając poziom 321,9 mln baryłek w porównaniu z 308,1 mln baryłek w roku ubiegłym.
- Eksport ropy omańskiej stanowił 87,6% łącznego wydobycia w 2016 roku w porównaniu z około 86% w roku ubiegłym.
- Chiny stanowiły 78% całkowitego eksportu ropy omańskiej i jej kondensatu w 2016 roku, Tajwan - 5,8%, a Japonia - 4,4%.
- Spadek o 2,9% miał miejsce w Omani produkcja z przemysłu rafineryjnego i naftowego w 2016 roku do 83,5 mln baryłek, podobnie jak około 86 mln baryłek w roku poprzednim.
- 55,4% to całkowita sprzedaż Omanu z rafinerii i przemysłu naftowego w 2016 roku w porównaniu z 57,2% w roku poprzednim.
- 44,1 mln baryłek to całkowita sprzedaż towarów naftowych w Omani w 2016 roku, która wzrosła o 28,1% w porównaniu z rokiem poprzednim.
- Wzrost całkowitej produkcji gazu ziemnego w Sułtanacie w 2016 r. wyniósł 2,6%, w sumie 1,45 mln metrów sześciennych, w porównaniu z około 1,41 mln metrów sześciennych w roku poprzednim.
- Projekty przemysłowe stanowiły 56% całego zużycia gazu ziemnego w Omanie w 2016 roku.
- Łączna wartość wydobycia minerałów z Omanu w roku 2016 zmniejszyła się w stosunku do roku poprzedniego.

- Materiały budowlane stanowiły około 48,6% całkowitej produkcji minerałów w Omani w 2016 r., z czego 14,8% stanowiły wapienie, a 12,6% marmury. [95]

Rozdział piąty
Konsumpcja gospodarstw domowych w Omani Wydatki na konsumpcję

Najważniejsze wartości życia nie są redukowalne do poziomu satysfakcjonującego wynikającego z konsumpcji dóbr i usług wymiennych. Pragnienia ludzi dotyczące towarów i usług nie są ich własnymi pragnieniami w żadnym oryginalnym sensie, ale są produktem społecznych wpływów... w dużej mierze wytwarzanych przez sam konkurencyjny system. Frank Knight1924 - (Paavola, 2001, p2)

5.1 Wydatki gospodarstw domowych na spożycie ostateczne

Hydatki na spożycie ostateczne w gospodarstwie domowym (wcześniej spożycie prywatne) stanowią wartość rynkową wszystkich towarów i usług, w tym dóbr trwałych (samochodów, pralek, komputerów domowych) kupowanych przez gospodarstwa domowe. Nie obejmuje to jednak zakupów lokali mieszkalnych, ale obejmuje czynsz za domy zamieszkane przez właścicieli. Obejmuje ona również płatności i opłaty na rzecz rządu za świadectwa i licencje. W tym przypadku wydatki konsumpcyjne gospodarstw domowych obejmują wydatki instytucji niekomercyjnych działających na rzecz gospodarstw domowych, nawet jeżeli są one zgłaszane oddzielnie przez państwo narodowe. [53, 72,131]

5.2 Średnia wielkość gospodarstwa domowego w Omani

Sułtanat Omanu, położony w południowo-wschodniej części Półwyspu Arabskiego, jest jednym z rozwijających się krajów Zatoki Perskiej. Na dzień 27 maja 2015 r. łączna liczba ludności sułtanatu wynosiła około 4 187 516 osób, z czego 44,2% to emigranci. [76]

Badanie przeprowadzone przez NCSI-Muscat \2012 wykazało, że średnia wielkość gospodarstwa domowego w Omani wynosi około 8,1 osoby na poziomie sułtanatu, z 7,9 osobami znajdującymi się w miejscowościach miejskich w porównaniu z 8,6 osobami w miejscowościach wiejskich. Tymczasem przeciętne gospodarstwo domowe (omańskie i zagraniczne gospodarstwa domowe łącznie) osiągnęło 6,1 osoby na poziomie omańskim, 5,8 osoby w miastach i 7,0 osoby na obszarach wiejskich. Wydatki gospodarstw domowych na spożycie ostateczne (obecny USD) w Sułtanacie Omanu zostały oszacowane na 23,032,352,146 USD w 2015 roku. [53, 72,131]

5.3 Średnie wydatki okresowe gospodarstw domowych w Omani

The Results of the Household Expenditure and Income Survey" (2010-2011) carried by NCSIMuscat\2012 show that the average periodic spending of Omani households has reached OMR.605, OMR.631 for urban households and OMR.513 for rural households. Gospodarstwa sułtanckie zazwyczaj wydają 38% całkowitego dochodu gospodarstwa domowego na żywność, co stanowi około OMR.240. Średni wydatek męskiego gospodarstwa domowego wiodącego wynosi OMR.745, podczas gdy średni wydatek gospodarstw domowych kontrolowanych przez kobiety wynosi OMR.581. Z drugiej strony, średnie miesięczne wydatki sułtanckiego gospodarstwa domowego na kredyty mieszkaniowe i konsumpcyjne (wraz z 4-9% odsetkami) wynoszą OMR.30. Ponadto, średnie miesięczne wydatki na ubezpieczenie społeczne wynoszą około 3,4% lub OMR.28. Transport i łączność stanowią nieco ponad jedną piątą całego budżetu domowego Omanu. Średni miesięczny koszt opieki medycznej i edukacji w sułtanckim gospodarstwie domowym jest tak niski jak odpowiednio OMR.8 i OMR.19.

5.4 Konsumpcja gospodarstw domowych w Omani od 1975 r. do 2017 r.

Według danych Banku Światowego dotyczących konsumpcji gospodarstw domowych w Omani (mld USD) w latach 1967-2017, średnia wartość tej zmiennej w tym samym okresie wynosiła 7,79 mld USD, przy minimum 0,05 mld USD w 1968 r. i maksimum 28,24 mld USD w 2017 r. (tabela 5.1).

Tabela 5.1 - Konsumpcja gospodarstw domowych ogółem w mld USD

Gospodarstwo domowe Łączna konsumpcja w mld USD					
Rok	Wartość	Rok	Wartość	Rok	Wartość
1975	**0.33**	1990	**5.34**	2005	**9.5**
1976	**0.53**	1991	**5.84**	2006	**11.06**
1977	**0.71**	1992	**6.24**	2007	**12.89**
1978	**0.9**	1993	**6.51**	2008	**17.09**
1979	**0.98**	1994	**6.6**	2009	**17.64**
1980	**1.66**	1995	**7.1**	2010	**18.73**
1981	**1.87**	1996	**7.42**	2011	**20.78**
1982	**2.41**	1997	**7.55**	2012	**22.44**
1983	**2.49**	1998	**8.15**	2013	**23.2**
1984	**2.72**	1999	**7.89**	2014	**24.97**
1985	**3.26**	2000	**6.9**	2015	**26.35**
1986	**2.67**	2001	**7.25**	2016	**27.07**
1987	**2.42**	2002	**7.28**	**2017**	**28.24**
1988	**3.07**	2003	**8.13**		
1989	**3.34**	2004	**9.2**		

Źródło: TheGlobalEconomy.com. Bank Światowy

5.5 Konsumpcja gospodarstw domowych w Omani jako procent PKB

Według danych Banku Światowego dotyczących konsumpcji gospodarstw domowych w Omani jako odsetka PKB w latach 1967-2017, jej średnia wartość w tym samym okresie wynosiła 34,41%, przy minimum 8,72% w 1974 r. i maksimum 57,9% w 1998 r.

Tabela 5.2 - Omańskie gospodarstwa domowe Konsumpcja ogółem jako procent PKB

Gospodarstwo domowe Ogółem Konsumpcja % PKB					
Rok	**%**	**Rok**	**%**	**Rok**	**%**
1967	**53.09**	1985	**32.57**	2003	**37.59**
1968	**27.19**	1986	**36.46**	2004	**37.17**
1969	**22.9**	1987	**30.95**	2005	**30.57**
1970	**19.38**	1988	**36.59**	2006	**29.71**
1971	**17.11**	1989	**35.65**	2007	**30.62**
1972	**24.93**	1990	**45.73**	2008	**28.06**
1973	**23.97**	1991	**51.54**	2009	**36.45**
1974	**8.72**	1992	**50.07**	2010	**31.93**
1975	**15.89**	1993	**52.08**	2011	**30.58**
1976	**20.54**	1994	**51.12**	2012	**29.26**
1977	**26**	1995	**51.46**	2013	**29.45**
1978	**32.85**	1996	**48.58**	2014	**30.79**
1979	**26.13**	1997	**47.67**	2015	**38.24**
1980	**27.7**	**1998**	**57.9**	2016	**41.05**
1981	**25.81**	1999	**50.19**	2017	**39.89**
1982	**31.9**	2000	**35.36**		
1983	**31.37**	2001	**37.26**		
1984	**30.8**	2002	**36.16**		

Źródło: TheGlobalEconomy.com. Bank Światowy

5.6 Średnie miesięczne wydatki gospodarstw domowych

Zgodnie z informacjami przekazanymi przez (NCSI/2012), w okresie od 20 maja 2010 r. do 19 maja 2011 r. średnie miesięczne wydatki gospodarstw domowych w Omani są następujące:

- Wyniki badania wskazują, że średnie miesięczne wydatki omańskich gospodarstw domowych osiągnęły OMR.605, podczas gdy miesięczne wydatki omawianych miejskich gospodarstw domowych wyniosły OMR.631, w porównaniu do OMR.513 w miejscowościach wiejskich.
- Omańskie wydatki gospodarstw domowych na żywność osiągnęły 32,8% całkowitych wydatków, OMR.240.

- Średni wydatek omańskiego gospodarstwa domowego kierowanego przez mężczyznę osiągnął OMR.745, podczas gdy średni wydatek gospodarstw domowych kierowanego przez kobietę wyniósł OMR.581.
- Średnie wydatki gospodarstw domowych w Omani na oprocentowanie kredytów mieszkaniowych i konsumpcyjnych wynosiły (OMR.30) po stopie procentowej wahającej się od 4%t do 9%.
- Miesięczne wydatki gospodarstw domowych na ubezpieczenie społeczne w Omani osiągnęły około 3,4%, OMR.28.
- Udział transportu i komunikacji osiągnął ponad jedną piątą budżetu domowego Omanu, 21,7%t, OMR.158,5.
- Średnie wydatki omańskich gospodarstw domowych na opiekę medyczną OMR.8 i edukację OMR.19 były niskie ze względu na bezpłatne świadczenie tych usług.

5.7 Związek między cenami ropy naftowej a konsumpcją gospodarstw domowych

W celu określenia dietetycznych zachowań ludności arabskiej, w szczególności ludzi z GCC, ujawniono kilka wpływów. Niektóre arabskie wzorce konsumpcji żywności uległy radykalnej zmianie ze względu na nagły wzrost dochodów z ropy naftowej [93]

Szoki cenowe ropy naftowej są generalnie postrzegane jako podstawowy czynnik determinujący państwo makroekonomiczne kraju, głównie kraje eksportujące ropę naftową [61]. Od lat 70. w znacznej liczbie badań badano związek pomiędzy szokami cen ropy naftowej a zmiennymi makroekonomicznymi [50, 48]. Hipotetycznie, wstrząsy cen ropy naftowej mogą mieć wpływ na działalność makroekonomiczną poprzez dwa kanały transmisji (podaż i popyt). Po stronie podaży, szok cenowy ropy naftowej powoduje wzrost kosztów krańcowych produkcji, a w konsekwencji spadek wykorzystania mocy produkcyjnych i produkcji. Wzrost kosztów produkcji zmniejsza wydatki inwestycyjne, wykorzystując kanał niepewności, a popyt na konsumpcję spada, co z kolei powoduje wzrost cen produktów. [50]

Między lipcem 2014 roku a lutym 2016 roku ceny ropy spadły z 104 USD do 30 USD za baryłkę. Ten gwałtowny spadek ponownie wywołał obawy dotyczące makroekonomicznych skutków zmian cen ropy naftowej. Konserwatywna mądrość naukowców, decydentów i praktyków rynkowych jest taka, że spadek cen ropy naftowej ma tendencję do zwiększania powszechnej aktywności gospodarczej, ponieważ wzrost konsumpcji, szczególnie w krajach importujących ropę naftową, może zrównoważyć negatywny wpływ na producentów ropy.

Mądrość ta została ostatnio wyrażona m.in. przez (Arezki i Blanchard, 2014; Bernanke, 2016), a nawet Warrena Buffett. Istnieje jednak wiele badań nad międzynarodowym wpływem wahań cen ropy naftowej, choć tylko w kontekście mniejszych gospodarek (Jimenez-Rodrıguez i Sanchez, 2005; Kilian, 2008) lub przy użyciu ograniczonego zestawu wskaźników, takich jak produkcja przemysłowa lub rachunki bieżące itp., które mogą nie odzwierciedlać rzeczywistego PKB i konsumpcji (Aastveit, Bjrnland i Thorsrud, 2015; Kilian, Rebucci i Spatafora, 2009). [81]

Stosując model (VAR), w badaniu stwierdzono, że cena ropy naftowej ma bezpośredni wpływ na konsumpcję gospodarstw domowych w Szwecji, a wzrost światowych cen ropy naftowej jest związany ze spadkiem konsumpcji gospodarstw domowych. Ponadto, wpływ cen ropy naftowej na konsumpcję był bardziej znaczący przed połową lat 90. w porównaniu z obecną. Wydatki gospodarstw domowych na konsumpcję końcową stanowią zazwyczaj najbardziej znaczący element PKB. Około 50% całego PKB w Szwecji w ciągu ostatnich pięciu dekad było związane z konsumpcją. [16]

Szok cenowy ropy naftowej może być uważany przede wszystkim za szok popytowy. Biorąc pod uwagę realne dochody, gospodarstwa domowe (konsumenci) mające do czynienia z wyższymi cenami energii mogą uznać za konieczne ograniczenie wydatków na produkty i usługi, a nie na energię Poprzez kompresję szoków naftowych w standardowy makroekonomiczny model teorii konsumpcji, identyfikuje się reakcję konsumpcji na zmiany w globalnej cenie ropy. Wyniki empiryczne pokazują, że wstrząsy olejowe mają wpływ na zużycie i pojawiają się asymetryczne skutki.

Ponieważ Oman jest w dużym stopniu uzależniony od ropy naftowej, wszelkie wahania jej cen niewątpliwie spowodują niestabilność gospodarki (zmienne makroekonomiczne), co świadczy o istnieniu silnej korelacji pomiędzy konsumpcją a cenami ropy. Test wiązany podejścia ARDL pokazuje tę zależność. [81]

Rozdział szósty

Omańskie wydatki inwestycyjne

A inwestycje są do pewnego stopnia ryzykowne, ponieważ ich wartość zależy od przyszłych strumieni dochodów, a przyszłość jest niepewna". (Lipsey & Chrystal, 2007, p250)

6.1 Wprowadzenie

Inwestycje typu ggregate są obliczane poprzez odjęcie sprzedaży aktywów o wyjątkowej wartości dla jednostki lub sektora od całkowitej wartości nakładów brutto na środki trwałe oraz zmian w zapasach i nabyciach. [70]

Według danych z rachunków narodowych, nakłady brutto jako procent produktu krajowego brutto wzrosły do 33,8% w 2015 roku z 28,8% w roku ubiegłym. Średnia stopa inwestycji w okresie pięciu lat 2011-2015 wyniosła 28,6% PKB, podczas gdy średni wzrost realnego PKB wyniósł 4,1%, co odzwierciedla średni przyrostowy stosunek kapitału własnego do produkcji w wysokości 7,0. Nakłady kapitałowe w formie "budownictwo i budowa" wzrosły o 8,w %6 ciągu 2015 roku w porównaniu do średniego wzrostu o 10,w %0 ciągu ostatnich czterech lat. Nakłady kapitałowe w zakresie "maszyn i urządzeń" spadły jednak w 2015 r. o 12,w %3 porównaniu ze średnim wzrostem o 12,%6 w ciągu ostatnich czterech lat. Rozwój inwestycji publicznych w zakresie produkcji infrastruktury fizycznej w gospodarce oraz ogólny dobrobyt w sektorze budowlanym znacznie przyczyniły się do wzmocnienia tworzenia kapitału w gospodarce. Rządowe wydatki inwestycyjne stanowiły znaczną część łącznych nakładów kapitałowych w 2015 r. i wyjaśniają wiodącą rolę, jaką rząd odgrywa w podtrzymywaniu wzrostu inwestycji w gospodarce. [30]

6.2 Tworzenie kapitału brutto

Tworzenie kapitału brutto w Omani jest zazwyczaj finansowane z oszczędności krajowych, uzupełnianych przez oszczędności zewnętrzne, tj. napływ kapitału na pokrycie deficytu na rachunku bieżącym. W przypadku gospodarek eksportujących ropę naftową, takich jak Sułtanat, oszczędności krajowe zazwyczaj przewyższają inwestycje ze względu na nadwyżkę na rachunku obrotów bieżących, co powoduje odpływ kapitału na tworzenie aktywów za granicą. Omańskie oszczędności krajowe brutto w stosunku do PKB wyniosły w 2015 r. 39,5% w porównaniu ze średnią 51,9% w ciągu ostatnich czterech lat. Spadek wskaźnika oszczędności brutto w Sułtanacie w ciągu 2015 r. wynikał głównie z dużego deficytu budżetowego wynikającego z niskich cen ropy naftowej. Duża część oszczędności krajowych brutto została rozesłana z gospodarki w formie transferów bieżących, tj. przekazów pieniężnych dokonywanych przez pracowników zagranicznych w Sułtanacie (około 4 mld OMR) oraz dochodów z inwestycji, tj. odsetek netto i dywidendy wypłacanej od zobowiązań zewnętrznych. Udział oszczędności brutto Omanu w PKB spadł do 20,1% w 2015 r. w porównaniu ze stopą oszczędności krajowych brutto wynoszącą 39,5%, co oznacza wycofanie oszczędności z gospodarki w stopniu 19,4% PKB. Stopa oszczędności brutto na poziomie 20,1% była niższa od krajowej stopy inwestycji (33,8%), co spowodowało dezinwestycję aktywów zagranicznych poza granicami kraju, ponieważ wpływy netto z kapitału i rachunków finansowych zmniejszyły się poniżej deficytu na rachunku bieżącym. Sułtanat był eksporterem netto kapitału w latach bieżących, co jest weryfikowane przez nadwyżkę odnotowaną w rachunku bieżącym bilansu płatniczego gospodarki. Kwestia ta stanowiła wyzwanie, ponieważ szacunki dotyczące salda na rachunku obrotów bieżących wskazywały na deficyt w wysokości 4,7 mld OMR w 2016 r. w porównaniu z deficytem w wysokości 4,2 mld OMR w ostatnim roku. [84]

Sytuacja inwestycyjna, która pogorszyła się w okresie zacieśnienia, wydaje się pozostawać niereagująca, jak wynika ze spowolnienia wzrostu kredytów w kraju. Rozwój wskaźników makroekonomicznych w połączeniu z odzyskaniem cen ropy naftowej przyczynił się jednak do pewnego stopnia do zabicia niepewności, co jest niebezpieczne dla wzmocnienia zaufania inwestorów w przyszłości. Jednocześnie popyt konsumpcyjny zyskał na energii w wyniku ogólnego ożywienia w gospodarce. Popyt zewnętrzny zyskał również na trakcji, co odzwierciedla zdrowy wzrost międzynarodowej działalności gospodarczej i handlu towarami. [30]

Rys. 6.1

Inwestycje - Tworzenie kapitału brutto w stałych cenach LUC z 2010 r. (1980-2016)

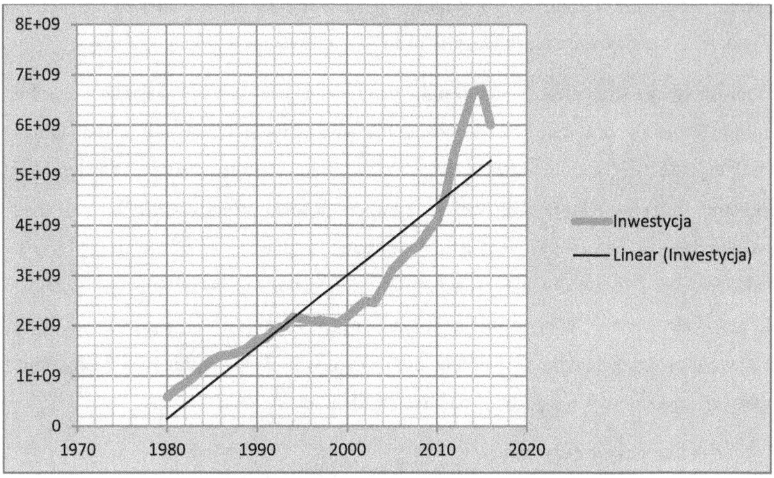

Źródło: Światowe wskaźniki rozwoju (WDI)

6.3 Ropa naftowa i inwestycje

(Tak samo jak ogień, olej może działać jako przyzwoity sługa i zły pan, w zależności od tego, jak się z nim postępuje)

Ropa naftowa może przyjąć wiele inwestycji i rozwoju w gospodarce, ale gdy nie ma właściwego zarządzania może spowodować ruinę i starcia. Tak samo jak ogień, olej może działać jako przyzwoity sługa i zły pan, z zastrzeżeniem sposobu, w jaki się z nim postępuje. Z drugiej strony, dostępność zasobów naturalnych (ropy naftowej) i jej zdolność do generowania znacznie większych inwestycji zagranicznych nigdy nie zapewnia ekspansji gospodarczej. Stworzenie odpowiednich organizacji, mechanizmów i programów zagwarantowałoby praktyczne wykorzystanie dochodów z ropy naftowej dla trwałego rozwoju gospodarczego. [45, 84]

6.4 Rola inwestycji w Omani

Inwestycje mają istotną rolę do odegrania w gospodarkach rozwijających się, takich jak Oman; ponieważ inicjują one rozwój i reformy strukturalne. Niezależnie od istniejącej sytuacji gospodarczej, politycznej i społecznej w renesansie sułtanatu w 1970 r., skoncentrowane platformy inwestycyjne w ciągu ostatnich czterech dekad w towarzystwie jego majestatycznych rozsądnych strategii były w stanie przekazać skromne wpływy z wydobycia ropy naftowej na rzecz zaawansowanej infrastruktury gospodarczej i społecznej, niezbędnej do prowadzenia zrównoważonego rozwoju. [102]

Oprócz swojej strategicznej lokalizacji, Oman posiada korzystną infrastrukturę, która inspiruje i ułatwia krajowe i zagraniczne inwestycje w Sułtanacie. Ponadto, Oman charakteryzuje się stabilną gospodarką, niezawodną infrastrukturą i dostępnymi zasobami ludzkimi, które zapewniają łatwość inwestowania w Sułtanacie. Nie wspominając o przepisach wydanych w celu wsparcia tego otwartego kursu gospodarczego i motywowania inwestycji zagranicznych, które powoli rosną dzięki zaangażowaniu Omanu w organizacje globalne, międzynarodową organizację handlową i umowę o wolnym handlu ze Stanami Zjednoczonymi. Sułtanat dąży do zapraszania inwestycji zagranicznych z pomocą pewnych zachęt, na *przykład*:

- Konkurencyjne ceny usług.
- Ulga podatkowa na pięć lat i w szczególnych okolicznościach może być dłuższa.
- Nie ma podatku dochodowego dla osób.
- Bezpłatny transfer kapitałów i walut obcych.
- Pełne zagraniczne prawo własności: Stawka za nieruchomość zaczyna się od 70% do 100% po uzyskaniu zgody rady ministrów.
- Serwis One-Stop Shop: Pomaga on inwestorom w przeprowadzeniu wszystkich wymaganych dochodzeń i transakcji, gdy tylko jest to możliwe.
- Otwarcie nowego biura lub przedstawicielstwa dla odległych firm w Sułtanacie: Korporacje, które zarządzają swoimi firmami wraz z rządem, mogą otwierać nowe biura lub przedstawicielstwa handlowe na terenie Sułtanatu.
- Różne rodzaje jednostek biznesowych i ich znaczące korzyści: Inwestorzy mogą tworzyć więcej niż jedną legalną jednostkę w celu zorganizowania swojej działalności. Jednostki te są spółkami akcyjnymi, zamkniętymi spółkami publicznymi, spółkami z ograniczoną odpowiedzialnością i holdingami.

W ramach dywersyfikacji gospodarczej, opartej na eksporcie, Oman dąży do wykorzystania i uprzemysłowienia swoich zasobów naturalnych; w szczególności gazu ziemnego i wzrostu wartości dodanej tych zasobów, ponieważ rząd skoncentrował swoje wysiłki na promowaniu tych zasobów. Ciągłe działania doprowadziły do podpisania kontraktów na uruchomienie kilku dużych projektów przemysłowych z udziałem kapitału zagranicznego, *np. projektów dotyczących* polipropylenu, mocznika i amoniaku, metanolu, huty aluminium, stali i żelaza, a także innych projektów, np. nawozów w Sur i Qalhat Company for Natural Liquid Gas. [102]

Tabela 6.1 - Program inwestycyjny dla 9. planu (2016-2020)

Szczegóły	2015	2016	2017	2018	2019	2020	Ogółem za okres objęty planem	Średnia roczna realizacji planu
				(mln R.O.)				
Łącznie lokalne inwestycje:	7217	7011	7752	8120	8747	9182	40811	8162
Inwestycje w sektorze prywatnym	2997	3376	3592	4015	4627	5453	21063	4213
Inwestycje w sektorze publicznym, w tym:	4220	3635	4160	4105	4120	3729	19749	3950
Wydatki na rozwój dla ministerstw cywilnych	1650	1200	1400	1500	1650	1700	7450	1490
Nakłady inwestycyjne na wydobycie ropy naftowej	780	700	720	750	780	710	3660	732
Nakłady inwestycyjne na wydobycie gazu ziemnego	740	600	780	700	615	485	3180	636
				(% z PKB)				
Łącznie lokalne inwestycje:	27.5	28	28	28	28	28	28	28
Inwestycje w sektorze prywatnym	11.4	13.5	13.0	13.8	14.8	16.6	14.3	14.3
Inwestycje w sektorze publicznym, w tym:	16.1	14.5	15.0	14.2	13.2	11.4	13.7	13.7
W ydatki na rozwój dla ministerstw cywilnych	6.3	6.6	4.3	4.8	4.8	5.0	5.1	5.1
Nakłady inwestycyjne na wydobycie ropy naftowej	3.0	2.8	2.6	2.6	2.5	2.2	2.5	2.5
Nakłady inwestycyjne na wydobycie gazu ziemnego	2.8	2.4	2.8	2.4	2.0	1.5	2.2	2.2

Źródło:https://www.scp.gov.om/PDF/NinthFiveYearPlan.docx

6.5 Wzrost inwestycji zagranicznych w Omani

Inwestycje zagraniczne w Omanie rosną, ponieważ firmy międzynarodowe są świadkami rosnących szans i perspektyw związanych z ogromnym programem inwestycji infrastrukturalnych w Omanie. Otoczenie inwestycji jest cywilizujące i postępuje, a główna promocja i kampania antykorupcyjna rozpoczyna się latem 2013 roku, w ramach której kontrolowano i skazywano niezrównane poziomy wysoko postawionych lokalnych urzędników i kadry kierowniczej, wcześniej uznawane za "nietykalne". Wzrost gospodarczy niezwiązany z produkcją ropy naftowej wyniósł w poprzednich latach osiem %t, co odzwierciedla główne działania związane z infrastrukturą oraz sukcesy i osiągnięcia Omanu w promowaniu produkcji na dalszych poziomach łańcucha produkcyjnego w jego wolnych obszarach celnych. [136]

Według wstępnych danych, inwestycje zagraniczne w Omanie wyniosły w 2012 roku około 6479,4 mln OMR w porównaniu do 5909,6 mln OMR w 2011 roku lub wzrosły o 9,6%. W 2011 r. wyniosła ona około 7,12 mld OMR w porównaniu z 5,11 mln OMR w 2010 r. lub wzrosła o 4,10% w porównaniu z rokiem 2010. Wzrost ten został głównie przypisany wzrostowi innych inwestycji zagranicznych, w tym kredytów komercyjnych, pożyczek i depozytów. Łączna liczba przedsiębiorstw inwestycji zagranicznych notowanych w Omanie w 2011 r. wyniosła 565; większość z nich to przedsiębiorstwa bezpośredniego inwestowania zagranicznego obejmujące 75,4% ogółu, reprezentujące przedsiębiorstwa z kapitałem zagranicznym w wysokości 10% lub więcej. Przedsiębiorstwa bezpośrednich inwestycji zagranicznych dysponowały 78,6% wartości inwestycji na koniec 2011 r. w porównaniu do około 84,5% w 2010 r. i 83,5% w 2009 r. Łączna wartość inwestycji w przedsiębiorstwach bezpośredniego inwestowania zagranicznego w 2011 r. wyniosła 9993,7 mln OMR.

Oman nie gwarantuje, że inwestorzy spełniają wymogi prawne niezbędne do wejścia do branży, ale nigdy nie monitoruje zagranicznych inwestycji. Przypuśćmy, że zwiększyły się obawy o dostęp konkretnego inwestora do branży, Ministerstwo Handlu i Przemysłu (MOCI) mogłoby być organizacją publiczną, której zadaniem byłoby zweryfikowanie rekomendowanego inwestora. Inwestycje nie są narażone na problemy w zakresie konkurencji, a Sułtanat nigdy nie ma żywej prowizji od konkurencji. W ciągu 2014 r. MOCI zadeklarowało strategie oceny dominujących firm w celu zapewnienia posłuszeństwa z minimalnymi wartościami kapitalizacji i celami polityki Omanizacji.

Sułtanat przeniósł niektóre przedsiębiorstwa parapaństwowe do sektora prywatnego i zmierza do prywatyzacji innych, jednak w niektórych sektorach zachowuje kontrolę rządu. W 2011 r. urząd zmienił prawo, uzgadniając partnerstwo publiczno-prywatne w publicznych klinikach i szpitalach, czyszcząc ścieżkę dla kluczowych indywidualnych inwestycji w planowanych "miastach medycznych" w całym Maskacie, a także w Salali. Inwestorzy zagraniczni mają szansę w pełni uczestniczyć w programach prywatyzacyjnych, nawet przy wcielaniu struktur partnerstwa publiczno-prywatnego. Dotychczasową bardzo owocną polityką prywatyzacyjną była energia elektryczna i oczyszczanie. Również sektor telekomunikacji jest coraz bardziej sprywatyzowany. [136]

6.6 Bezpośrednie inwestycje zagraniczne (BIZ)

Bezpośrednie inwestycje zagraniczne w Sułtanacie i innych gospodarkach odzwierciedlają własność zagraniczną zakładów produkcyjnych. Aby zostać zaklasyfikowanym jako BIZ, udział własności zagranicznej musi być równy co najmniej 10% wartości przedsiębiorstwa (Firmy). Inwestycje mogą dotyczyć sektora produkcyjnego, usług, rolnictwa lub innych sektorów. Mogła ona powstać jako inwestycja typu greenfield (budowa czegoś nowego), jako przejęcie (kupno istniejącej firmy) lub jako wspólne przedsiębiorstwo (partnerstwo). [58]

Jak w przypadku Hussein (2009) oraz Alfaro, Chanda, Kalemli-Ozcan i Sayek (2002), dowody eksperymentalne wskazują, że (BIZ) odgrywają znaczącą rolę we wspieraniu wzrostu gospodarczego. Ponadto, Alfaro, Chanda, Kalemli-Ozcan i Sayek (2010) twierdzą, że istnieje wspólna wiara w to, że BIZ poprawiają wydajność państw przyjmujących i wspierają ekspansję gospodarczą. Pogląd ten wynika z faktu, że BIZ nie tylko dostarczają bezpośredniego finansowania kapitałowego, ale również wywołują oszałamiające efekty zewnętrzne poprzez akceptację zagranicznego know-how.

Według Banku Światowego, średnia wartość BIZ dla Omanu w okresie od 1970 do 2017 roku wynosiła 0,5 mld USD, przy minimum -2,17 mld USD w 2015 roku i maksimum 3,33 mld USD w 2007 roku (tabela 6.2). [58]

Tabela 6.2 - Oman - BIZ, mld USD (1974-2017)

Rok	Wartość	Rok	Wartość	Rok	Wartość	Rok	Wartość	Rok	Wartość
1974	**-0.06**	1983	**0.15**	1992	**0.1**	2001	**0.00**	2010	**1.24**
1975	**0.11**	1984	**0.16**	1993	**0.14**	2002	**0.11**	2011	**1.63**
1976	**0.08**	1985	**0.16**	1994	**0.08**	2003	**0.00**	2012	**1.36**

1977	0.05	1986	0.14	1995	0.05	2004	0.11	2013	1.61
1978	0.09	1987	0.00	1996	0.06	2005	1.54	2014	1.29
1979	0.12	1988	0.09	1997	0.06	2006	1.6	2015	-2.17
1980	0.1	1989	0.11	1998	0.1	2007	3.33	2016	2.27
1981	0.06	1990	0.14	1999	0.00	2008	2.95	2017	2.92
1982	0.18	1991	0.14	2000	0.08	2009	1.49		

Źródło: TheGlobalEconomy.com - Bank Światowy

6.6.1 Znaczenie BIZ

Poszukując rozwiązań mających na celu podniesienie wzrostu gospodarczego w gospodarkach rozwijających się, bezpośrednie inwestycje zagraniczne (BIZ) są doceniane jako istotna zachęta do poprawy wydajności poprzez wprowadzanie innowacyjnych procesów i know-how, umiejętności menedżerskich, szkolenia pracowników i dostęp do rynków światowych. Endogeniczna teoria wzrostu dba o ideę mechanizmu mnożnikowego przenikania BIZ do lokalnych przedsiębiorstw, co ma pozytywny wpływ na ogólną produktywność i wzrost gospodarczy. Ponieważ kraje rozwijające się często suffer z powodu ograniczeń płynności, BIZ odgrywają również rolę "standby" dla rodzimych inwestycji w proces akumulacji kapitału. [43]

6.6.2 Kluczowe czynniki decydujące o BIZ:

1. <u>Ogólne czynniki polityczne</u>

   Stabilność gospodarcza sprzyja długoterminowym inwestycjom i zachęca wielu inwestorów, ponieważ zapewnia pewność w środowisku biznesowym.

   Niestabilne politycznie gospodarki prawdopodobnie będą przyciągać stosunkowo niewielkie ilości BIZ. Głównym zwolnieniem z tego kanonu są gospodarki bogate w zasoby naturalne, którym udało się przyjąć znaczne ilości BIZ bez względu na często niestabilne środowisko.

Rozwijające się gospodarki stopniowo tworzą przyjazną dla rynku atmosferę (przyjazny klimat inwestycyjny), aby sektor prywatny mógł działać. Narody, które osiągnęły ten cel regularnie, zaprosiły również znacznie więcej bezpośrednich inwestycji zagranicznych.

Wraz z liberalizacją handlu i systemami inwestycyjnymi oraz technologicznymi oznakami postępu w dziedzinach, *na przykład* technologii informacyjnych i komunikacyjnych, gospodarki coraz bardziej troszczą się o konkurencyjność swoich gospodarek. Konkurencyjność tych gospodarek wymaga zwrócenia większej uwagi na tworzone aktywa, na *przykład* umiejętności i infrastrukturę. Istnieje rozbieżność w dysponowaniu takimi podstawowymi źródłami konkurencyjności we wszystkich gospodarkach, a tym samym w ogólnych uwarunkowaniach działalności inwestycyjnej. [121]

2. Polityka w zakresie BIZ

Generalnie, od lat 90. kilka krajów stało się bardziej otwartych na BIZ. Kraje uwalniają systemy BIZ, ponieważ łączą one BIZ z pozytywnym wpływem na ich rozwój gospodarczy.

Liberalizacja inwestycji została zharmonizowana ze zwiększonym naciskiem na ochronę i promocję BIZ. Obecnie narody aktywnie starają się zapraszać BIZ i tworzyć w tym celu agencje promujące BIZ. Natomiast ograniczenia dotyczące BIZ osłabły w miarę wzrostu konkurencji o BIZ.

3. Czynniki makroekonomiczne

Polityka w zakresie bezpośrednich inwestycji zagranicznych (ogólna i szczegółowa) musi być mniej restrykcyjna w stosunku do wewnętrznych inwestycji zagranicznych. Mniej przeszkód politycznych sprawia, że inne elementy stają się bardziej znaczące jako czynniki decydujące. Wśród takich czynników znajdują się na *przykład* podstawowe ekonomiczne czynniki przyciągające:

- ✓ Godna jakość i odpowiednie zasoby ludzkie i infrastruktura, po stronie podaży. A strona popytowa obejmuje wielkość rynku i jego potencjał. Polityki makroekonomiczne, które stanowią podstawowe zasady konkurencyjności kosztowej, z czasem zyskałyby na znaczeniu przy przyjmowaniu ruchomych BIZ, w związku z czym czynniki te nakładają się na siebie, co poprawia ich przenoszenie na przedsiębiorstwa krajowe.
- ✓ Decyzje o lokalizacji BIZ będą stopniowo podlegały czynnikom ekonomicznym i nie będą zbytnio tymczasowe interwencje polityczne.
- ✓ Edukacja jest w coraz większym stopniu powiązana z wewnętrznymi BIZ, szczególnie umiejętności techniczne i inżynieryjne są cenne dla przyciągania inwestycji intensywnie korzystających z know-how, wskazując na osiągnięcia niektórych krajów Azji Wschodniej.

4. **Czynniki specyficzne dla firmy**

Kluczowym motywem dla BIZ jest know-how lub aktywa specyficzne dla firmy (przewaga własnościowa). Stwierdzenie, że to technologia, a nie różne czynniki dofinansowania i ceny leżą u podstaw BIZ, może również wyjaśnić, dlaczego handel i BIZ mogą być raczej towarzyszeniem niż alternatywą. Na *przykład,* firmy inwestują za granicą, aby wykorzystać nazwę marki. [121]

6.6.3 Wpływ BIZ na wzrost gospodarczy

Przeprowadzono wiele badań dotyczących związku pomiędzy BIZ a wzrostem gospodarczym. Poniżej przedstawiono kilka głównych obszarów oddziaływania pokazujących, w jaki sposób BIZ wiążą się ze wzrostem gospodarczym:

- ✓ zatrudnienie i dochody
- ✓ tworzenie kapitału, dostęp do rynku,
- ✓ struktura rynków,
- ✓ technologia i umiejętności,
- ✓ wpływy z podatków,

✓ kwestie polityczno-kulturalne i społeczne

Wspomniane oddziaływania mogą być statyczne lub dynamiczne, a także pozytywne lub negatywne. [121]

6.6.4 Oman's Performance and FDI

W 2014 roku Oman dobrze poradził sobie z zaproszeniem **BIZ** o wartości 1180 mln USD, według szacunków UNCTAD, które w tym samym roku stanowiły około 2,7% arabskiego agregatu. W tym samym roku 2014 Oman z powodzeniem zrealizował eksport FDI o wartości 11664 mln USD w oparciu o szacunki UNCTAD, co stanowi około 3,5% agregatu arabskiego w tym samym okresie. Salda zewnętrznych BIZ z Omanu wyniosły 7453 mln USD do końca tego samego roku 2014, co stanowiło 3% arabskiego zagregowania w tym samym czasie. [122]

Na podstawie danych Banku Światowego dotyczących omańskich BIZ jako odsetka PKB w latach 1970-2017, ich średnia wartość wynosiła 1,61%, przy minimum -3,71% w 1974 roku i maksimum 7,92% w 2007 roku (tabela 6.3). [58]

Tabela 6.3 - Omańskie BIZ jako procent PKB (1970-2017)

Rok	Wartość	Rok	Wartość	Rok	Wartość	Rok	Wartość	Rok	Wartość
1970	1.18	1980	1.65	1990	1.22	2000	0.42	2010	2.12
1971	- 0.09	1981	0.86	1991	1.19	2001	0.00	2011	2.4
1972	0.47	1982	2.41	1992	0.84	2002	0.54	2012	1.78
1973	0.31	1983	1.95	1993	1.14	2003	0.12	2013	2.05
1974	-3.71	1984	1.79	1994	0.59	2004	1.45	2014	1.59
1975	5.07	1985	1.61	1995	0.34	2005	4.95	2015	-3.15
1976	3.18	1986	1.92	1996	0.4	2006	4.29	2016	3.44
1977	1.75	1987	0.45	1997	0.41	2007	7.92	2017	4.12
1978	3.15	1988	1.09	1998	0.72	2008	4.85		
1979	3.15	1989	1.2	1999	0.26	2009	3.07		

Źródło: TheGlobalEconomy.com - Bank Światowy

6.7 Profil ryzyka Omanu

Zgodnie z analizą Global Insight dotyczącą profilu ryzyka kraju Sułtanatu w 2013 roku, pozytywny trend jest narażony na ożywienie biznesu w kraju. Zgodnie z rankingiem BDO Connect dotyczącym prowadzenia działalności gospodarczej w 2013 roku, Oman ocenił 46 spośród 185 krajów. Sułtanat zajmuje 3. miejsce w GCC w porównaniu z pozycją K.S.A. na 22. i U.A.E. na 26. miejscu, podczas gdy średnie rankingi dla krajów regionu Bliskiego Wschodu i Afryki Północnej (MENA) wynoszą średnio 98. Sułtanat przeszedł wiek przemyślanej liberalizacji, mającej na celu rozwój środowiska biznesowego. [90]

- **Środowisko polityczne** - Stabilność polityczna jest solidnie zabezpieczona i wspierana przez Jego Wysokość Sułtana Qaboosa Al Saida, który cieszy się powszechnym podziwem i nadzwyczajnym poziomem legalności. Sułtan Qaboos owocnie przekształcił wcześniej odizolowany naród w naród współczesny, przyszłościowy, stosując powolne reformy polityczne i znacznie uwalniając gospodarkę. Podsumowując, kontrolowany przez Omani program rozwoju gospodarczego wygenerował pozytywny wzrost i ekspansję. Przejrzysta atmosfera biznesowa, stabilny klimat polityczny i dywersyfikacja gospodarki prawdopodobnie przyniosą pozytywne rezultaty w zakresie rozwoju gospodarki Omanu.
- **Środowisko prawne** - System prawny w Omanie jest bardzo rozsądny i jest uważany za stosunkowo przejrzysty, głównie przez standardy regionalne. System ten oparty jest na prawie szariatu. Ustawa Zasadnicza z 1996 r. była pierwszą pisemną konstytucją narodu i daje ramy konstytucyjne, które zapowiadają niezależność sądownictwa, oddzielając sądy religijne od sądów państwowych w oparciu o angielskie prawo zwyczajowe .
- **Podatek** - Omański system podatkowy jest uważany za korzystny dla inwestorów. W obecnych latach zyskała ona na spójności, ponieważ prawo podatkowe zostało poddane szeregowi modyfikacji w ramach trwających działań Omanu mających na celu uwolnienie prawa podatkowego i zachęcenie do inwestycji zagranicznych. Podatki od osób prawnych są nakładane według zryczałtowanej stawki 12%, która zastąpiła nową ustawę podatkową obowiązującą od 1 stycznia 2010 r., która w znaczący sposób unowocześniła system podatkowy i wyrównała warunki konkurencji pomiędzy zagranicznymi korporacjami, zagranicznymi oddziałami i

firmami lokalnymi, eliminując istniejące wcześniej niespójności pomiędzy firmami lokalnymi i GCC a zagranicznymi oddziałami i firmami.

- **Infrastruktura** - Omańska infrastruktura jest zadowalająca, głównie w świetle ciągłej poprawy w stosunku do tego, co nabrało tempa podczas obecnie zakończonych rozmów o wolnym handlu pomiędzy Omanem a Stanami Zjednoczonymi. Nadal istnieją biurokracja, nieuczciwość i utrudnienia regulacyjne; nie są one jednak zbyt trudne do przecenienia. Regulamin pracy jest stosunkowo elastyczny, a zatrudnianie i zwalnianie pracowników nie jest nadmiernie trudne. Inwestycje zewnętrzne są silnie stymulowane i chcą pomóc Omani w trwałym dążeniu do dywersyfikacji wydobycia ropy naftowej, jak to przedstawiono w "Wizji Sułtanatu 2020".
- **Bezpieczeństwo** - Zagrożenia dla bezpieczeństwa w Sułtanacie są niskie w porównaniu z najbliższymi sąsiadami kraju, głównie Jemenem i K.S.A. Zakres drastycznego islamu w Sułtanacie został ograniczony, a incydenty terrorystyczne zdarzają się rzadko, ponieważ, jak w przypadku reszty obszaru, istnieje ryzyko takich ataków. [90]

6.8 Możliwości inwestycyjne w Omanie

Podkreślając znaczenie dewiacji gospodarczej i rozszerzając korzyści płynące ze strategicznej pozycji Omanu, oprócz poszanowania korzyści płynących z inwestycji zagranicznych, rząd zgodził się na pomysł uruchomienia niektórych wolnych stref w różnych częściach Omanu. Takie strefy wolnocłowe są następujące:

- Strefa Wolna Salalah.
- Salalah Port.
- Sohar Industrial Port.
- Sohar Free Zone.
- Mazyona Free Zone.
- Strefa wolna Masandam. [102]

Rozdział siódmy

Omańska polityka fiskalna

F polityka iscal ma dwie możliwe role. Pierwszym z nich jest usunięcie wszelkich poważnych luk deflacyjnych lub inflacyjnych. Drugą rolą jest łagodzenie wahań związanych z cyklem koniunkturalnym. "(Sloman, 2003, p543)

7.1 Wydatki rządu Omanu

7.1.1. Oman Wydatki fiskalne

Fiscal expenditure refers to the aggregate government expenditure, comprising expenditures on products and services, investment and transfer payments such as social security and unemployment benefits. Wydatki fiskalne są częścią kalkulacji salda budżetowego rządu. [42]

Wydatki Sułtanatu zostały określone na 1.124.300 mln OMR w sierpniu 2018 roku. Dane te odnotowują wzrost z ostatniej liczby OMR 898.700 mln w sierpniu 2018 roku. Dane dotyczące wydatków rządowych Sułtanatu są aktualizowane raz w miesiącu i wynoszą średnio 651.800 mln OMR od czerwca 2003 r. do września 2018 r., przy 182 obserwacjach. Dane dotknęły rekordową ilość 2.908.500 mln OMR w grudniu 2016 r. oraz rekordową ilość 181.900 mln OMR w styczniu 2006 roku. Dane dotyczące wydatków rządu Omanu pozostają aktywne w CEIC i są określane przez Ministerstwo Finansów. [128]

7.1.2 Oman i Program Modernizacji

W latach 70. i 80. Sułtanat Omanu celowo rozpoczął program modernizacji, który przeniósł gospodarkę w nową erę ekonomiczną, wspierany przez dochody z eksportu ropy naftowej i rosnące ceny ropy naftowej. Etap ten wymagał zdrowej interwencji państwa w działalność gospodarczą, co doprowadziło do dużych wydatków rządowych w całym tym okresie. Na *przykład*, wydatki rządowe wyleciały z 46 mln OMR w 1975 r., by przekroczyć 1,9 mld OMR w 1985 r. Duże inwestycje publiczne przyczyniły się do pobudzenia wzrostu gospodarczego i stworzyły możliwości dla młodzieży z Omanu. Stopniowe tempo wzrostu gospodarczego zmusiło rząd do kontynuowania strategii ekspansji wydatków związanych z ropą naftową, pomimo dużego ryzyka związanego z jego dużą zależnością od jednego źródła dochodów. [86]

Rys.7.1 - Wydatki rządowe Omanu (1990-2017)

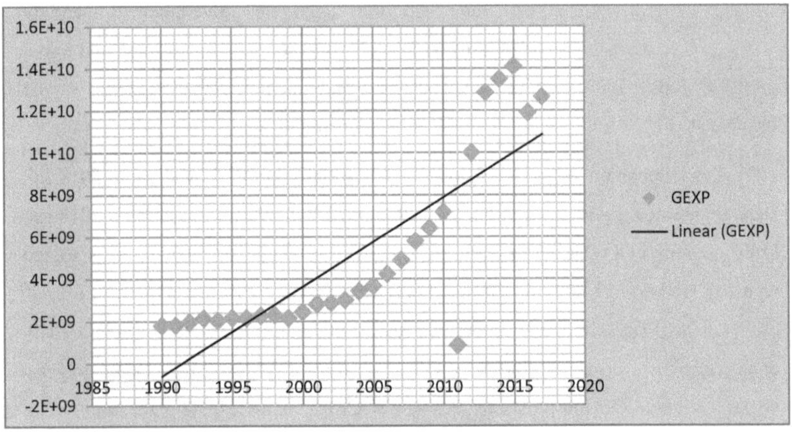

Źródło: Bank Światowy

Kryzys cen ropy z 1986 r. wywarł znaczący wpływ na gospodarkę Omanu i ujawnił słabość wyżej wymienionej strategii, a także obnażył jej słaby system podatkowy. Od początku lat 90-tych XX wieku władze zaczęły rozważać reformy gospodarcze, mające na celu zmianę struktury gospodarczej i zmniejszenie zależności od dochodów z ropy naftowej. Ta nowa strategia nie doprowadziła do nieznacznego obniżenia stawek wydatków publicznych, a ich wielkość podwoiła się z 2,2 mld OMR w 1993 r. do 4,2 mld OMR w 2005 r.

Wzrost wydatków publicznych wynika głównie ze znacznej ekspansji usług rządowych i opieki społecznej. W ciągu tego okresu wzrost cen ropy naftowej zapewnił rządowi pewne rezerwy finansowe. Wysiłki mające na celu wykorzystanie innych źródeł dochodów zmierzają w kierunku dalszej ekspansywnej polityki fiskalnej w związku z dużą skalą wydatków publicznych w celu wsparcia ich rozwoju. Tendencja ta jest zgodna z keynesistowską polityką fiskalną mającą na celu stymulowanie zagregowanego popytu poprzez inspirowanie głównych publicznych projektów inwestycyjnych. Ta polityka fiskalna w znacznym stopniu przyczyniła się do poprawy wskaźników ekonomicznych, w tym przede wszystkim do realnego wzrostu gospodarczego, który w 2001 r. wyniósł 7%.[86]

7.1.3 Wydatki rządowe i ceny ropy naftowej (2005 - 2012)

W okresie od 2005 do 2012 r. obserwuje się stały wzrost wielkości wydatków rządowych w Omani, ze względu na stale wysokie ceny ropy naftowej i zwiększoną wydajność ropy naftowej. Dlatego też przychody z ropy wzrosły z 4,2 mld OMR w 2005 roku do około 7,9 mld OMR w 2010 roku. Z rządowego punktu widzenia te wydatki publiczne stale rosną, ponieważ są znaczne w skali działalności gospodarczej.

W okresie od 2010 do 2012 r. wydatki rządowe utrzymywały swój wzrost, osiągając w 2012 r. wartość 13,5 mld OMR. Przyczyną tego wzrostu jest przede wszystkim wzrost wydatków stałych, zwłaszcza w postaci wynagrodzeń/płac i świadczeń socjalnych. Rząd został zmuszony przez protesty młodzieży w czasie arabskiej wiosny 2011 r. do zatrudnienia dużej liczby osób poszukujących pracy w kilku sektorach publicznych. Prawdziwym problemem, przed którym stoi rząd, jest to, że większość tych kosztów jest stała i nie może być szybko i łatwo zmniejszona przy okazji spadku dochodów z ropy naftowej. [86]

7.1.4 Spadek wydatków rządowych w 2015 r.

Rząd zmniejszył wydatki w 2015 r., uciekając przed jeszcze większym deficytem, i przedstawił szeroko zakrojony plan oszczędnościowy na rok 2016. Zmiany polegały na podwojeniu cen gazu dla operatorów przemysłowych, modyfikacji przepisów prawa pracy oraz oznakowaniu biura w celu szybkiego przeprowadzenia procesu wydawania koncesji. Budżet na rok 2016 wskazuje na dalsze reformy; przewiduje się, że wydatki na dotacje spadną w roku 2016 o 64%, a ceny oleju napędowego i benzyny wzrosną o około 33%. Dochody prawdopodobnie wzrosną dzięki wyższemu podatkowi dochodowemu od osób prawnych (z 12% do 15%), likwidacji niektórych zwolnień podatkowych oraz wprowadzeniu podatku VAT w całej Wspólnocie Gospodarczej i Rozwoju. Inne środki przedstawione w celu wzbogacenia dochodów obejmują: zegląd opłat za energię elektryczną i wodę oraz podniesienie opłat za usługi rządowe. [139]

7.1.5 Konsolidacja fiskalna

Rząd konsekwentnie dążył do konsolidacji fiskalnej, argumentując wydatki, dążąc do ograniczenia deficytu i ostatecznie do przywrócenia równowagi fiskalnej. W związku z tym łączne wydatki rządowe spadły o 4,9% w 2017 r., choć w porównaniu ze spadkiem o 5,8% w 2016 r. i 9,7% w 2015 r., były one niższe. Do spadku wydatków publicznych przyczyniło się ograniczenie zarówno wydatków bieżących, jak i inwestycyjnych w roku 2017. Obecne wydatki spadły o 4,3% w roku 2017 w porównaniu do wzrostu o 1,7% w roku 2016. Jednakże w 2017 r. stanowiły one nadal największy udział w łącznych wydatkach publicznych i wynosiły 72,7%.[30]

Wpływ polityki fiskalnej na wzrost gospodarczy przejawia się nie tylko w wielkości rządu, ale również w dwóch innych kanałach: te dwa kanały są:

- Po pierwsze, struktura wydatków publicznych, która wyraźnie wskazuje na wybór elity politycznej, aby dużą część czynszu za zasoby przeznaczyć na różne cele publiczne;
- Po drugie, sposób finansowania wydatków, które rzucają światło na stopień, w jakim rząd jest fiskalnie zależny od zasobów naturalnych.

Głównym argumentem jest to, że wybory w zakresie polityki fiskalnej mogą sprawić, że nieoczekiwane zyski z ropy naftowej staną się w niektórych krajach przekleństwem, a w innych błogosławieństwem. Polityka wydatków rządowych może ograniczyć gospodarkę w obliczu niekorzystnych szoków naftowych, podtrzymując tym samym wzrost gospodarczy. [19]

7.1.6 PKB, wydatki rządowe i dochody z tytułu ropy naftowej

Przyglądając się okresowi między 1980 a 2012 rokiem, można zauważyć, że wydatki publiczne w Omani rosły wraz z dochodami z ropy naftowej, ale nigdy nie spadły wraz ze spadającymi cenami ropy. Nieelastyczność powtarzających się wydatków może to tłumaczyć dużą presją społeczną przeciwko obniżaniu wynagrodzeń. Inną cechą wyróżniającą budżet publiczny Omanu jest to, że łączne wydatki rosły szybciej, w szybszym tempie w porównaniu ze wzrostem dochodów z ropy. Na przykład, w latach 1980-1985 dochody z ropy naftowej poprawiły się o 57%, podczas gdy wydatki rządowe wzrosły o około 103%, co spowodowało deficyt budżetowy w 1984 roku (około 18% całkowitych dochodów). Takie deficyty wywierają presję na zwiększenie produkcji ropy naftowej i eksportu w celu zwiększenia dochodów na pokrycie deficytów budżetowych. [1]

Od 1987 r. do 2006 r. dochody z ropy naftowej powoli rosły. Następnie dochody z ropy naftowej gwałtownie wzrosły, podobnie jak wydatki rządowe i PKB, ściśle podążając za tą tendencją i wzrastając w porównywalnym tempie, aż do momentu, gdy wszystkie trzy zmienne osiągnęły najwyższy poziom w roku 2008. Następnie, w ciągu 2009 roku, zmienne te odnotowały podobny spadek w wyniku skutków międzynarodowego kryzysu finansowego, który wpłynął na światowy popyt na ropę, powodując spadek cen. Począwszy od 2010 r., dochody z ropy naftowej ponownie zaczęły wykazywać tendencję wzrostową i podobnie, zarówno wydatki rządowe, jak i PKB, rosły w coraz szybszym tempie. [86]

Ogólnie rzecz biorąc, wzrost wydatków rządowych jest stały, przy wzroście cen ropy naftowej na świecie i wzroście produkcji ropy w Omanie. Dzięki takim zastrzykom PKB osiągnął w 2013 r. wartość 80,57 mld USD. Asertywnie można powiedzieć, że istnieje pozytywna korelacja między dochodami netto z ropy naftowej, łącznymi wydatkami i PKB. Relacja między wydatkami i przychodami publicznymi będzie jednak prawdopodobnie niestabilna w okresie spadku przychodów z ropy naftowej, ponieważ niektóre krytyczne elementy wydatków publicznych można uznać za wydatki ściśle stałe, takie jak wynagrodzenia pracowników. Podsumowując, choć dowody graficzne sugerują pozytywną korelację pomiędzy wszystkimi trzema zmiennymi, przegląd literatury w następnym rozdziale pokazuje, że asymetryczne dostosowanie jest wiarygodne, gdy weźmiemy pod uwagę strategie przyjęte przez rząd Omanu. Podczas gdy wzrost dochodów z ropy naftowej prawdopodobnie zwiększy wydatki rządowe; spadek dochodów z ropy naftowej jest mniej prawdopodobny, aby spowodować podobny spadek wydatków.

W 2017 r. odnotowano znaczne postępy w zakresie dochodów rządowych, które wyniosły 11,9%, głównie z powodu wzrostu dochodów z ropy naftowej. Ceny ropy naftowej gwałtownie wzrosły od drugiej połowy 2017 r. i znacznie zwiększyły łączne dochody rządowe w 2017 r. Średnia cena ropy wzrosła do 51,3 USD za baryłkę (notując najwyższą cenę w grudniu przy 55,6 USD za baryłkę) z 40,1 USD za baryłkę w ubiegłym roku. W związku z tym przychody netto z ropy naftowej wzrosły o 28,2%, niezależnie od spadku produkcji o 3,6% i w 2017 roku dotowały około 55% do łącznych przychodów, w porównaniu z 48% w 2016 roku. Przychody netto z ropy naftowej utrzymały się na poziomie zapewniającym utrzymanie kluczowego udziału w łącznych przychodach, przy 113,8% udziale w przyrostowym rozwoju w 2017 r.[86.]

7.1.7 Polityka fiskalna, ceny ropy naftowej i cykl gospodarczy bez ropy naftowej

Kraje eksportujące ropę naftową doświadczyły wielu wstrząsów naftowych w ciągu ostatnich 50 lat. To zjawisko wahań cen ropy naftowej i jego wpływ na PKB cieszyły się zainteresowaniem wielu ekonomistów, którzy starali się wyjaśnić wpływ szoków naftowych i zachowań wydatków rządowych na wzrost gospodarczy. [3]

Dochody z ropy naftowej są głównym źródłem finansowania wydatków rządowych oraz importu towarów i usług. Rosnące ceny ropy naftowej w obecnych latach spowodowały wzrost wydatków publicznych na cele społeczne i infrastrukturalne. [63]

Oceniając wpływ szoku cenowego ropy naftowej na pierwotny nienaftowy cykl gospodarczy u eksporterów ropy naftowej przy pomocy analizy panelowej VAR i związanych z nią reakcji impulsowych, stwierdzono, że w gospodarkach, w których dominuje sektor naftowy, zmiany cen ropy naftowej wpływają na cykl gospodarczy jedynie poprzez ich wpływ na politykę fiskalną. Po usunięciu zmian w polityce fiskalnej szoki cenowe ropy nie będą miały istotnego niezależnego wpływu na cykl gospodarczy. [66]

Dla krajów GCC dochody z ropy naftowej przekraczają 50% łącznych dochodów rządowych. Ponieważ gospodarki RWPZ są w dużym stopniu uzależnione od ropy naftowej, uważa się, że są one bardzo wrażliwe na zewnętrzne wstrząsy cenowe ropy naftowej, co z kolei wywiera presję na rynki finansowe i stabilność systemu bankowego. Biorąc pod uwagę ich zależność od ropy naftowej, wszelkie wahania cen ropy naftowej na świecie mogą mieć wpływ na wzrost ich PKB, budżety rządowe, dochody fiskalne, programy rozwoju i eksport. [15]

7.1.8 Wskaźniki finansów publicznych w Omanie

Poniżej przedstawiono niektóre wskaźniki finansów publicznych w Omanie, na przykład: wydatki i dochody rządu rozdzielone przez kilka ministerstw, władz i innych jednostek administracyjnych.

- W 2016 r. całkowity deficyt fiskalny odnotowany w Omanie wyniósł 5,3 mld OMR, co oznacza wzrost o 14,4% w porównaniu z rokiem ubiegłym.
- 16% to spadek dochodów publicznych w Omanie w 2016 roku, w sumie 7,6 mld OMR w porównaniu z 9,1 mld OMR w ubiegłym roku.
- Spadek przychodów z ropy naftowej o 27,3% w 2016 roku przyczynił się do spadku całkowitych przychodów rządowych, które wyniosły 5,2 mld OMR w porównaniu z 7,1 mld OMR w 2015 roku.
- 26% to wzrost dochodów pozanaftowych w 2016 r., osiągający 2,4 mld OMR w porównaniu z 1,9 mld OMR w 2015 r.
- OMR 243,2 mln to wzrost spłaty kapitału w roku 2016 w porównaniu z rokiem ubiegłym, osiągający łącznie 291 mln OMR.

- Podatki zostały opodatkowane w pierwszej kolejności w formie udziału w łącznych przychodach pozanaftowych w 2016 r., przy czym 38,5% zsumowało 932,3 mln OMR.
- 41,7% stanowi udział podatku dochodowego od osób prawnych w łącznych przychodach podatkowych w 2016 r., pomniejszony o opłaty celne - 32,5%.
- Łączne wydatki rządowe w Omanie w 2016 roku wyniosły 12,9 mld OMR, co oznacza spadek o 5,8% w porównaniu z rokiem poprzednim.
- Wynagrodzenia i płace stanowią 72,8% nowych zagregowanych wydatków ministerstw cywilnych i innych jednostek rządowych w 2016 r., co daje 3,3 mld OMR. [95]

7.1.9 Budżet ogólny Omani na 2019 r.

7.1.9.1 Utrzymanie poziomu podstawowych usług

Rząd przywiązuje dużą wagę do podstawowych usług socjalnych dla Omanis. Tak więc, budżet dąży do utrzymania wysokiego poziomu usług społecznych dla ludzi.

Wydatki przewidziane w budżecie na rok 2019 na podstawowe usługi, np. edukację, opiekę zdrowotną, mieszkalnictwo i opiekę społeczną, stanowiły 39% wydatków publicznych, co stanowi najbardziej znaczący odsetek budżetu. Poniższa tabela przedstawia wydatki rządowe na wyżej wymienione usługi w całym okresie (2015-2019):

Tabela 7.1 - Wydatki roczne

Roczne wydatki na podstawowe usługi socjalne jako procent całkowitych wydatków publicznych (2015-2019)					
Szczegóły	**2015**	**2016**	**2017**	**2018***	**2019***
Edukacja	15	16	16	16	17
Zdrowie	6	6	7	10	11
Mieszkalnictwo	8	7	9	7	6
Opieka społeczna	4	3	4	5	5
% całkowitych wydatków publicznych	**33%**	**32%**	**36%**	**38%**	**39%**

*2018 *cyfr zgodnie ze wstępnymi wynikami.* *2019 *dane zgodnie z danymi budżetowymi.*

Źródło: (Budżet ogólny Omanu na rok 2019-https://timesofoman.com/article/674400

1. **Rekrutacja**

Sułtanat Omanu poświęca więcej uwagi wydatkom inwestycyjnym w celu poprawy klimatu inwestycyjnego i umożliwienia sektorowi prywatnemu odgrywania bardzo istotnej roli w projektach inwestycyjnych i tworzenia większej liczby miejsc pracy. Przewidywane wydatki inwestycyjne wynoszą 3,7 mld OMR w 2019 r., z czego 1,2 mld OMR przeznaczono na programy infrastrukturalne nadzorowane przez różne jednostki rządowe; oraz kwota 2,5 mld OMR, która ma zostać wykorzystana przez niektóre przedsiębiorstwa państwowe na realizację projektów w sektorze przemysłowym i usługowym. Wydatki inwestycyjne przyczynią się do zwiększenia wzrostu gospodarczego i tworzenia większej liczby miejsc pracy. Z drugiej strony, rząd kontynuuje; realizuje inicjatywy sugerowane przez Krajowy Program Zwiększania Dywersyfikacji Gospodarczej.[120]

Jeśli chodzi o zatrudnienie w sektorze publicznym w 2019 r., budżet zawiera podział na 5000 miejsc pracy. Zatrudnienie w sektorze publicznym w dalszym ciągu odbywa się w zależności od potrzeb, głównie w sektorze edukacji i zdrowia. Sektor prywatny chciałby jednak odegrać znaczącą rolę w tworzeniu większej liczby miejsc pracy, ponieważ jest zaangażowany we wszystkie działania gospodarcze w Omani.[124]

2. **Szkolenia związane z zatrudnieniem**

Aby poprawić zdolności, umiejętności i talenty omańskich osób poszukujących pracy, Narodowy Fundusz Szkoleniowy będzie kontynuował swoją strategię polegającą na zapewnieniu 6170 stażystom odpowiednich szkoleń i pomocy w wypełnieniu luki w zakresie umiejętności pomiędzy edukacją a wymaganiami rynku pracy. Ponadto wzmocniona zostanie współpraca między sektorami o wysokim priorytecie w celu określenia ofert pracy w przedsiębiorstwach o obecnych i przyszłych wymaganiach.

3. **Pomoc mieszkaniowa, program mieszkalnictwa socjalnego i kredyty mieszkaniowe**

Rząd kontynuuje wdrażanie Programu Mieszkalnictwa Społecznego i Programu Pomocy Mieszkaniowej dla godnych obywateli. Na ten cel przeznaczono kwotę 90 mln OMR, z czego 60 mln OMR przeznaczono na kredyty mieszkaniowe udzielane przez Oman Housing Bank, a pozostałe 30 mln OMR na kredyty mieszkaniowe i rozwojowe.

4. **Dotacja do ropy naftowej**

   W ramach działań rządu mających na celu złagodzenie skutków zniesienia dotacji do ropy naftowej, Krajowy System Subwencji (KSS) został wyposażony w niezbędne przepisy. Liczba osób wymienionych w tym systemie dotknęła około 325 000.[124]

7.1.9.2 Szacunki dotyczące budżetu na rok 2019: Poniżej przedstawiono dochody, wydatki i przewidywany deficyt publiczny w budżecie na rok 2019:

Tabela 7.2 Dochody publiczne, wydatki i szacowany deficyt budżetu na rok 2019 (Billion OMR)			
	Zatwierdzony budżet na rok 2018	**Zatwierdzony budżet na 2019 r.**	**Stopa wzrostu**
Dochody	9.5	10.1	6%
Wydawanie	12.5	12.9	3%
Deficyt	(3)	(2.8)	(7%)

Źródło: (Budżet ogólny Omanu na rok 2019-https://timesofoman.com/article/674400

1. **Dochody publiczne**

   Szacowane łączne przychody wyniosły 10,1 mld OMR i wzrosły o 6% w porównaniu z szacowanymi przychodami w 2018 roku. Przychody te obejmują wpływy z ropy i gazu w wysokości 7,4 mld OMR, co stanowi 74% całego przychodu. Przewiduje się, że dochody z działalności niezwiązanej z olejem wyniosą 2,7 mld OMR, tj. 26% całego dochodu. Szacunki dochodów opierają się na następujących aspektach:

   Zobowiązanie Sułtanatu do ograniczenia produkcji ropy naftowej w następstwie decyzji OPEC o zmniejszeniu wielkości produkcji.

   - Dochody gazowe ze złoża gazowego Khazzan-Makarem.
   - Wpływy z podatku akcyzowego.
   - Przychody generowane z Programu Prywatyzacji.

- Poprawa skuteczności poboru podatków i opłat. Rozszerzamy zakres świadczonych usług specjalistycznych.
- Standardowe opłaty za usługi komunalne.
- Zmienione opłaty za usługi świadczone przez Ministerstwo Rolnictwa i Rybołówstwa oraz Ministerstwo Zdrowia.

2. Wydatki publiczne

Łączne wydatki publiczne wynoszą około 12,9 mld OMR, co oznacza wzrost o 400 mln OMR, tj. 3%, w porównaniu z budżetem na rok 2018: Wydatki bieżące ministerstw i jednostek rządowych.

Takie wydatki prognozowane są na 4,5 mld OMR. Na bieżące wydatki składają się wynagrodzenia, dodatki roczne, uprawnienia pracowników oraz koszty promocji zestawu 2010 pracowników publicznych Sułtanatu w wysokości 3,5 mld OMR, a także koszty operacyjne w wysokości 0,6 mld OMR. Wynagrodzenia, dodatki roczne i należności stanowią 76% ogółu wydatków bieżących urzędów i jednostek administracyjnych. [124]

2.1 Wydatki inwestycyjne:

Wydatki inwestycyjne, niezbędne do realizacji projektów rozwojowych, są przewidywane w budżecie na 2019 r. na poziomie 1,2 mld OMR, co stanowi przewidywaną kwotę, która zostanie sfinansowana w tym roku zgodnie z rzeczywistymi postępami w realizacji projektów. Wydatki na projekty rozwojowe nie są zmniejszane w celu zagwarantowania realizacji wszystkich trwających projektów bez opóźnień, a także w celu zagwarantowania, że odpowiednie płatności zostaną dokonane niezwłocznie.

Jeśli chodzi o wydatki inwestycyjne, to koncentrują się one na zastosowaniu i realizacji sumy projektów strategicznych, na którą składają się następujące elementy:

- Budynek szpitali w Salalah, Khasab i Suwaiq. Oprócz wykonania kilku ośrodków zdrowia w niektórych z wilajów.
- Projekty sieci wodnych w kilku wilajatach.

- Budowa obiektów gastronomicznych, lotniczych stacji towarowych i hangarów obsługi samolotów na lotnisku Muscat International Airport oraz Salalah Airport.
- Realizacja projektu drogi ekspresowej Al Sharqiyah
- Chodnik kilku wewnętrznych ulic.
- Realizacja projektu dualizacji drogi Adam-Thumrait.
- Realizacja projektów infrastrukturalnych dla Zespołu Mieszkaniowego Liwa City.
- System płatności ustalony dla osób, których domy zostały dotknięte skutkami projektu Batinah Coastal Road.
- Budowa zastępczych jednostek mieszkaniowych dla osób, których domy zostały dotknięte skutkami projektu Batinah Coastal Road.
- Budynek 400 mieszkań w Khor Souly (Salalah).
- Budowa kilku nowych szkół, a także wdrożenie dodatkowych obiektów w niektórych istniejących szkołach.

2.2 Wydatki na wydobycie ropy naftowej i gazu ziemnego

W budżecie na rok 2019 wydatki te wyceniono na 2,2 mld OMR, czyli o 6% więcej niż szacowano w budżecie na rok 2018. Wydatki te obejmują wydatki operacyjne i inwestycyjne związane z produkcją ropy naftowej i gazu ziemnego oraz koszty niezbędne do utrzymania przyszłego wydobycia ropy naftowej i gazu ziemnego, a także do wzbogacenia rezerw ropy naftowej i gazu ziemnego.

2.3 Subsydia

Środki przeznaczone na dotacje szacuje się na 745 mln OMR, czyli więcej niż 20 mln OMR w bieżącym budżecie na 2018 r., tj. 3 %. Ten wzrost dotacji wynika z podwyższenia dotacji na energię elektryczną w celu zaspokojenia wzrostu zużycia. Ta dotacja na energię elektryczną obejmuje dotacje na towary naftowe, kredyty mieszkaniowe i rozwojowe oraz wsparcie operacyjne dla spółek będących własnością skarbu państwa.

2.4 Pozostałe wydatki

Wydatki te obejmują obsługę długu publicznego, wydatki na rozwój spółek będących własnością skarbu państwa oraz rządowe oferty pieniężne dla stolic krajowych i światowych firm i organizacji. Rezerwy na takie wydatki przewiduje się w wysokości 785 mln OMR, czyli o 100 mln OMR więcej niż szacowano w budżecie na rok 2018. Wzrost ten w budżecie na rok 2018 wynika z rosnących kosztów obsługi długu publicznego o 150 mln OMR oraz ze spadku wydatków na rozwój przedsiębiorstw będących własnością skarbu państwa i wkładów pieniężnych rządu do stolic krajowych i światowych firm i instytucji o 50 mln OMR.

3. Deficyt

Zgodnie ze wstępnymi wynikami rzeczywisty deficyt budżetowy w roku budżetowym 2018 został oszacowany na 2,9 mld OMR, natomiast deficyt budżetowy w roku budżetowym 2019 został oszacowany na 2,8 mld OMR, tj. 9 % PKB. W miarę wyrównywania się deficytu w ciągu trzech lat (2016, 2017 i 2018), staje się oczywiste, że deficyt ten maleje. Prognozowany deficyt na rok 2019 jest mniejszy niż deficyt w roku 2017 o 1 mld OMR, tj. 26%.

4. Deficyt finansowania

Niezależnie od niejasności dotyczących rynku długu, wywołanych przez dezaprobatę dla ogólnych warunków gospodarczych, rząd był w stanie zabezpieczyć przyjęty deficyt budżetu na rok 2018 poprzez zaciąganie pożyczek głównie ze źródeł zewnętrznych, przy zastosowaniu obowiązujących rynkowych stóp procentowych. Zaciągnięte pożyczki zewnętrzne stanowiły 69% całości finansowania, podczas gdy pożyczki krajowe stanowiły 17%, aby uniknąć wypierania sektora prywatnego w zaspokajaniu jego potrzeb finansowych, a także aby zwiększyć przepływy pieniężne i rezerwy walutowe. Pozostała część deficytu, tj. 14%, została sfinansowana poprzez wykorzystanie rezerw.

Jeśli chodzi o deficyt budżetowy w 2019 r., będzie on finansowany z pożyczek zagranicznych i krajowych w wysokości 86 %, tj. 2,4 mld OMR. Pozostałaczęść deficytu, przewidywana na około 400 mln OMR, zostanie pokryta poprzez wykorzystanie rezerw. Zaciąganie pożyczek odbywa się zgodnie z określoną przez rząd zasadą przewodnią dotyczącą utrzymywania państwowych funduszy rezerwowych oraz uzależnienia od zaciągania pożyczek, głównie zewnętrznych, w celu sfinansowania deficytu. [124]

7.2 System podatkowy Omanu

Tnajważniejszą motywacją dla emigrantów do przeniesienia się do Sułtanatu jest status raju podatkowego Omani. Powszechnie w niektórych gospodarkach RWPZ nie ma podatku dochodowego. W Sułtanacie podatki od osób fizycznych są bardzo nieliczne, ponieważ większość dochodów podatkowych kraju pochodzi z dochodów przedsiębiorstw. Choć stopniowo się to zmienia, ponieważ Oman w ostatnim czasie przedstawił podatek od sprzedaży pewnych rzeczy, ponieważ starają się one zróżnicować źródła dochodu narodu. Poniżej znajduje się obraz wymagań podatkowych w Sułtanacie dla emigrantów. [123]

7.2.1 Omani Podatek dochodowy

W Sułtanacie Omanu brak jest podatku dochodowego od wynagrodzeń. Ten brak podatku dochodowego ma zachęcić emigrantów do pozostania i oddania swojej pracy w gospodarce. Z drugiej strony, bez podatku dochodowego, pracownicy prawdopodobnie będą płacić składki na ubezpieczenie społeczne, które jest udzielane przez przedsiębiorstwo. Takie zabezpieczenie społeczne jest w stanie pokryć koszty emerytur i usług publicznych oraz koszty leczenia urazów w miejscu pracy. Niektórzy pracownicy mogą również zdecydować się na odliczenia od pensji do emerytury lub planu emerytalnego, ale nie jest to obowiązkowe i nie byłoby opodatkowane przez rząd Omanu. Ekspatriant nie musi składać żadnych formularzy dotyczących podatków w Ministerstwie Finansów. Brak podatku dochodowego i niskie koszty utrzymania zapraszają znaczną liczbę emigrantów do Omanu.

7.2.2. Omani Cło stemplowe

Ten rodzaj podatku istnieje dla osób w Sułtanacie, jest to 3% podatek nakładany na zakupy nieruchomości w kraju. Ponadto, ze względu na wiele ograniczeń nałożonych na emigrantów nabywających nieruchomości, wielu emigrantów preferuje wynajem, a więc nie są oni uzależnieni od opłaty skarbowej.

7.2.3 Inne podatki w Omanie

Na osoby w Sułtanacie Omanu prawie nie nakłada się podatku. W przypadku braku podatku od zysków kapitałowych lub podatku od spadków oraz rocznego podatku od nieruchomości. W przypadku większości pozycji brak jest podatku od sprzedaży lub podatku od wartości dodanej (VAT), co pomaga w utrzymaniu kosztów utrzymania na niskim poziomie. Ostatnio jednak Oman wprowadził podatek VAT na niektóre towary luksusowe oraz na konkretne towary (towary Demerit), które są niebezpieczne dla zdrowia publicznego, takie jak alkohol, tytoń, napoje energetyczne, napoje gazowane i gazowane.

7.2.4 Omani Podatki od osób prawnych

Najważniejszym źródłem dochodów kraju jest podatek dochodowy od osób prawnych. Aktualna stawka podatku dochodowego od osób prawnych wynosi 15%. [123]

7.2.5 Podatek od wartości dodanej (VAT) w Omanie

Co rozumiesz pod pojęciem VAT? Podatek od wartości dodanej (VAT) jest jednym z rodzajów podatków pośrednich opartych na konsumpcji. Stosowanie podatku VAT w odniesieniu do wszystkich produktów i usług, które są nabywane i sprzedawane do użytku, produktów, które są eksportowane i usług oferowanych za granicą, zwyczajowo nie jest uzależnione od podatku VAT. Wręcz przeciwnie, przywóz jest opodatkowany. Jest to podatek, który jest stosowany do wszystkich działań marketingowych związanych z produkcją i dystrybucją produktów oraz świadczeniem usług. W każdym systemie VAT ostateczne obciążenie podatkowe jest ponoszone przez ostatniego konsumenta.

7.2.5.1 Jak działa podatek VAT?

Klasycznie, VAT jest nakładany, pobierany i płacony przez dostawcę podlegającego opodatkowaniu na kredyt danego rządu. Podatek VAT pobrany od odbiorcy podlegającego opodatkowaniu zazwyczaj podlega zwrotowi na podstawie faktury płatnej wystawionej przez dostawcę podlegającego opodatkowaniu. W pewnych szczególnych przypadkach podatek VAT ma być płacony przez odbiorcę "konsumenta" jako domniemanego dostawcę, który jest znany jako mechanizm odwrotnego obciążenia (ang. Reverse Charge Mechanism, RCM). VAT zapłacony w ramach RCM może zostać odzyskany przez dostawcę podlegającego opodatkowaniu.

7.2.5.2 Podatek VAT na świecie

Zgodnie z zasadami Organizacji Współpracy Gospodarczej i Rozwoju (OECD), VAT obowiązuje w 166 państwach narodowych na całym świecie w takiej czy innej formie (tj. VAT, GST, SST, podatek konsumpcyjny, podatek pośredni). Niezależnie od tego, że pojęcie podatku VAT jest proste, jego wdrożenie stało się niezwykle trudne ze względu na sytuację demograficzną kraju, politykę itp. Podatek VAT na całym świecie znajduje się w ciągłym rozwoju i jest przedmiotem postępowania sądowego. [25]

Tabela 7.3 - Stawki podatkowe i źródła przychodów w Omanie

Rok	Wartość dodana w przemyśle, $b	Wartość dodana do produkcji, $b	Stawka podatku dochodowego od osób prawnych, %	Stawka podatku od działalności gospodarczej, % zysków z działalności gospodarczej	Podatek dochodowy i podatek od zysków, % przychodów ogółem	Podatki od handlu międzynarodowego, % całkowitych dochodów	Podatki od towarów i usług, % całkowitych dochodów		Wpływy z podatków, % PKB
2005	19.75	-	-	19.5	1.78	1.99	Y	V	2
2006	23.71	-	12	20.3	1.74	2.33	1990	0.7	1.94
2007	25.72	-	12	21.6	3.2	2.73	1991	0.97	2.7
2008	40.77	-	12	21.6	3.13	2.99	1992	0.92	2.42
2009	28.84	-	12	21.6	5.44	2.32	1993	0.99	3.39
2010	37.58	33.22	12	21.6	3.01	1.98	1994	1.03	2.54
2011	48.68	33.85	12	22	2.25	1.29	1995	1.1	2.27
2012	54.04	34.78	12	22	2.39	1.69	1996	1.09	2.6
2013	53.23	41.9	12	23	2.63	1.45	1997	1.27	2.53
2014	51.99	40.46	12	22.9	-	-	1998	1.64	-
2015	37.1	26.42	12	23.4	-	-	1999	1.67	-
2016	31.51	21.98	12	23.9	-	-	-	-	-
2017	35.07	26.39	15	23.9	-	-	-	-	-
2018	-	-	15	27.4	-	-	-	-	-
2019	-	-	15	-	-	-	-	-	-

Źródło: GlobalEconomy.com - Bank Światowy

Rozdział ósmy

Omańskie warunki monetarne

T **Podaż pieniądza jest zapasem w danym momencie, choć przekazuje ideę przepływu w czasie."** (Jhimgan, 2004, p100)

8.1 Polityka pieniężna

MPolityka jednostronna jest uważana za istotny instrument polityki makroekonomicznej w zarządzaniu ogólnymi warunkami makroekonomicznymi.

Bank Centralny lub władza monetarna każdej gospodarki jest powszechnie upoważniona do prowadzenia krajowej polityki pieniężnej, co jest zasadniczo delikatnym aktem odkrywania równowagi pomiędzy popytem a podażą pieniądza, często dokonywanym poprzez zmianę wartości pieniądza, stopy procentowej. Ustawa o łagodnym bilansowaniu polega na unikaniu nie tylko nadmiernej podaży pieniądza jako przyczyny ryzyka wzrostu cen, ale także na zacieśnianiu sytuacji płynnościowych jako ograniczenia wzrostu gospodarczego.

W miarę upływu czasu, podczas gdy podaż pieniądza stopniowo zaspokajała głównie popyt, innowacje finansowe dodawały również niejednoznaczności konserwatywnym związkom między pieniądzem, produkcją i cenami. W związku z tym zmiany stóp procentowych stopniowo odzwierciedlały stanowisko polityki pieniężnej prowadzonej przez banki centralne.

Skurczowa polityka pieniężna ma na celu kontrolowanie inflacji i przegrzania gospodarki, ekspansywna polityka pieniężna ma na celu przeciwdziałanie spowolnieniu gospodarczemu.

Postawa stóp procentowych w dużym stopniu imituje zatem reakcję polityki pieniężnej banku centralnego na ekspansję gospodarczą w dowolnym momencie. Cele polityki pieniężnej, a także parametry zarządzania faktycznym prowadzeniem polityki, mogą się jednak różnić w zależności od gospodarki, w zależności od konkretnej sytuacji kraju i jego preferencji politycznych. W Sułtanacie polityka pieniężna CBO jest przyzwyczajona do stałego powiązania OMR z dolarem amerykańskim. [39]

8.2 Cele polityki pieniężnej

Głównym celem polityki pieniężnej jest zabezpieczenie stabilności kursu walutowego, która jest niezbędnym warunkiem wstępnym dla wspierania innych celów makroekonomicznych w otwartej gospodarce, na *przykład* wzrostu gospodarczego, stabilnej inflacji i stabilności finansowej.

Cel, jakim jest ochrona stałego powiązania OMR z dolarem amerykańskim, jest osiągany poprzez solidne zarządzanie płynnością na szczeblu lokalnym, wzmocnione wystarczającymi rezerwami walutowymi, a także solidnym, odpornym i dobrze uregulowanym systemem bankowym. Mądra polityka fiskalna rządu również wspomaga ten kołek. [39]

8.3 Zarządzanie płynnością

W Sułtanacie polityka pieniężna zasadniczo oznacza krajową administrację płynności w ramach systemu stałego kursu walutowego, ponieważ sam kołek ogranicza autonomiczne zachowanie polityki pieniężnej; ustalenie stopy LIBOR jako punktu odniesienia zapewnia większą elastyczność w regulacji krajowych stóp politycznych w połączeniu ze stopami polityki (LIBOR) Federacji. Wszelkie różnice w płynności krajowej (tzn. podaż płynności OMR w powiązaniu z popytem) muszą być korygowane poprzez skuteczne operacje zarządzania płynnością, aby powstrzymać kompensowanie przepływów kapitałowych, które w konsekwencji mogłyby wywierać presję na stały kołek.

Procesy zarządzania płynnością w Centralnym Banku Omanu (CBO) mają na celu zagwarantowanie przechwycenia płynności OMR, gdy system bankowy znajduje się w stanie nadwyżki, oraz zasilenie w płynność OMR, gdy system bankowy znajdzie się w stanie deficytu. Dobrze zdefiniowana jako Open Market Operations (OMO), nadwyżka płynności jest absorbowana głównie za pomocą:

- wydawanie narzędzi krótkoterminowych, takich jak Certyfikaty Depozytowe Banku Centralnego (CD),
- emisja instrumentów dłużnych, takich jak rządowe bony skarbowe i obligacje skarbowe

Instrumenty długu publicznego wspierają jednak absorpcję płynności, a także spełniają wymogi finansowe rządu. Zastrzyk płynności jest alternatywnie dokonywany poprzez umowy odkupu (Repo), z wykorzystaniem płyt CD CBO, rządowych obligacji rozwojowych i rządowych bonów skarbowych, z inicjatywy banków nastawionych na zysk z CBO. Oprocentowanie płyt CD i raportów CBO w głównej mierze pokrywa się z tendencją Target Rate funduszy federalnych USA, zakładając stały kurs, z marginalnymi odchyleniami w stopach, imitującymi konsekwencje aukcji płyt CD i oceny CBO na temat sytuacji płynnościowej.

Inne pośrednie narzędzia polityki, na *przykład* swapy i instrumenty redyskontowe, są również czasami wykorzystywane w prowadzeniu operacji zarządzania płynnością. Mając na uwadze zarządzanie strukturalnymi dysproporcjami w płynności, a także zmianę ogólnych warunków monetarnych i kredytowych w systemie, czasami stosuje się również narzędzia polityki bezpośredniej, głównie w formie zmiany zapotrzebowania na środki rezerwowe i współczynnika kredytowania. Szczegółowe regulacje ostrożnościowe dla banków utrzymują również operacje zarządzania płynnością CBO.

W całym procesie zarządzania płynnością krajową CBO dąży również do wspierania głębokiego i aktywnego rynku pieniężnego. [39]

8.4 Stały kołek OMR do USD

Sułtanat jest otwartą i zależną od ropy gospodarką. Biorąc pod uwagę strukturę ekonomiczną Sułtanatu, wysoki stopień otwartości, poziom wzrostu na rynkach finansowych oraz stosowanie polityki stałych kołków jako preferowanego systemu kursowego dla kraju.

Jako ostatnia zmiana parytetu w 1986 roku, stały kołek pozostał nietknięty na 2.6008 USD za OMR. Z zastrzeżeniem codziennych zmian kursu dolara amerykańskiego w stosunku do innych walut obcych, kursy OMR również ulegają konsekwentnym zmianom.

Stały kołek i związana z nim stabilność kursu walutowego znacząco przyczyniły się do stworzenia dobrej atmosfery dla stymulowania handlu, inwestycji i wzrostu w Sułtanacie. Pieniężna samokontrola symbolizująca w kołku wywołała również uporządkowane warunki pieniężne w systemie. [39]

8.5 Definicje

Jeśli chodzi o myślenie keynesistowskie, to podaż pieniądza można dobrze zdefiniować jako gotówkę z ludźmi plus depozyty na żądanie w bankach komercyjnych. Te razem oznaczone jako węższa podaż pieniądza **M1**.

Druga definicja jest szersza niż poprzednia i związana ze współczesnymi teoriami ilościowymi prowadzonymi przez Friedmana. Profesor Friedman podaje definicję podaży pieniądza w każdej sekundzie, jako "faktycznie liczba Riyals ludzie są w roamingu w towarzystwie, liczba Riyals oni dostać na kredyt w bankach lub Riyals oni mają do kredytu w bankach w rodzaju depozytów na żądanie, a ponadto, komercyjnych banków depozyty czasowe". Zatem dla Friedmana podaż pieniądza obejmuje M1 plus depozyty terminowe, oznaczone jako M2.[82]

8.6 Zachowanie polityki pieniężnej

Polityka pieniężna utrzymała swoją akomodacyjną pozycję w 2016 r., wspierając realną działalność gospodarczą, niezależnie od pewnego niewielkiego wzrostu inflacji. Pieniądz rezerwowy, czyli baza pieniężna, spadł w 2016 r. o 27,6% w wyniku poważnego spadku depozytów bankowych w CBO. Nawet przy poważnym spadku rezerwy pieniężnej, wzrost mnożnika pieniężnego pozwolił na wzrost szerokiego pieniądza o 1,8% na koniec 2016 roku. Rozsądny wzrost szerokiego pieniądza (M2) nastąpił jednak równolegle ze spowolnieniem gospodarczym. [30]

Wąski zasób pieniądza (M1) również odnotował spadek o 7,3% w stosunku do 2016 r., głównie z powodu zmniejszenia się depozytów popytowych w walucie krajowej i do pewnego stopnia; spadku ilości waluty przechowywanej przez ludzi.

W przeciwieństwie do wąskiego pieniądza, Quasi-money odnotował zdrowy wzrost o 6,8% w ciągu roku, a kluczowymi czynnikami pobudzającymi były zarówno wzrost depozytów terminowych w walucie lokalnej, jak i depozytów oszczędnościowych.

Niespłacony kredyt dla pozostałych Korporacji Depozytowych (ODC) wzrósł o 10,1% na koniec grudnia 2016 roku w stosunku do analogicznego okresu roku poprzedniego (w tym samym okresie kredyty dla sektora prywatnego również wzrosły o 10,1%). Wzrost akcji kredytowej był po części spowodowany większą elastycznością banków w zarządzaniu płynnością poprzez uwzględnienie inwestycji w publiczne papiery wartościowe jako części dostępnych rezerw do maksymalnie 2% depozytów.

Natomiast suma depozytów złożonych w bankach wzrosła w grudniu 2016 roku o 5,2% w stosunku do poziomu sprzed roku. Udział kredytów bankowych w PKB wzrósł do 86,8% w 2016 roku z 74,8% w 2015 roku, natomiast udział depozytów bankowych w PKB wzrósł do 80,1% w 2016 roku z 72,3% w roku ubiegłym.

Niższy rozwój depozytów w porównaniu ze wzrostem akcji kredytowej doprowadził do pewnego skurczenia się sytuacji płynnościowej, co z kolei spowodowało wzrost konkurencji między bankami w zakresie mobilizacji depozytów. W związku z tym oprocentowanie depozytów znalazło się w warunkach skrajnych, a średnie ważone oprocentowanie całych depozytów wzrosło w grudniu 2016 roku do 1,423% z 0,931% w grudniu 2015 roku. Średnie ważone oprocentowanie depozytów terminowych Rial Omani w grudniu 2016 r. znacznie wzrosło o 1,254% do 3,188% w porównaniu z rokiem poprzednim.

Natomiast średnia ważona stopa procentowa kredytów wzrosła w grudniu 2016 r. o 0,356 % do 4,827 %. Większa konkurencja w zakresie mobilizacji depozytów doprowadziła do marginalnego skurczenia się ogólnej rozpiętości stóp procentowych banków w bieżącym okresie. W 2016 r. krajowe stawki za połączenia międzybankowe z dnia na dzień również uległy stabilizacji z uwagi na pewne zawężenie sytuacji w zakresie płynności. Średnia liczba połączeń międzybankowych wzrosła z 0,189% w grudniu 2015 roku do 0,412% w czerwcu 2016 roku i dalej do 0,470% w grudniu 2016 roku.[30]

Z drugiej strony, podaż pieniądza w Omani M2 została określona na 42,37 mld USD w styczniu 2018 roku, co oznacza wzrost z ostatniej liczby 41,79 mld USD w grudniu 2017 roku. Dane dotyczące podaży pieniądza M2 w Omani są aktualizowane co miesiąc; ich średnia wartość wynosi 18,27 mld USD od stycznia 1999 r. do stycznia 2018 r., przy 229 obserwacjach. W pierwszym miesiącu 2018 r. dane te osiągnęły rekordowy poziom 42,37 mld USD, a w ósmym miesiącu 1999 r. zarejestrowano rekordowy poziom 5,36 mld USD.[41]

8.7 Wąska dostawa pieniądza (M1)

Rys. 8.1 - Omani M1 w OMR Milion (1970-2016)

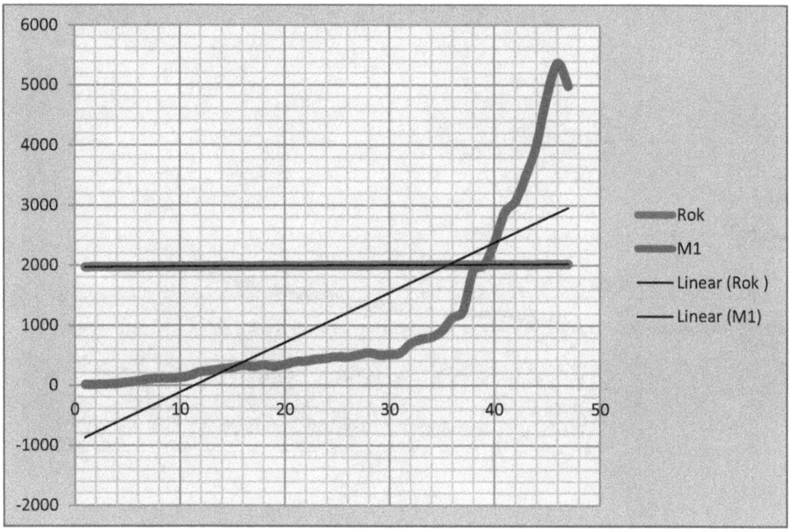

Źródło: CBO

M1 to depozyty walutowe i na żądanie. Podaż pieniądza w Omani rosła tak stopniowo do 1970 roku, a następnie zaczęła rosnąć mniej więcej do dziś. Wzrost ten wynika z ekspansji eksportu ropy naftowej, a co za tym idzie, udział jej waluty okazuje się przekraczać 50% jej podaży pieniądza w wąskim znaczeniu w latach 1973-2000. Jednak od 2001 r. proporcja ta zaczęła spadać w porównaniu z depozytami na żądanie.

Wskaźniki monetarne pokazały, że kredyt krajowy netto - dopuszczony dla sektora prywatnego - oraz aktywa zagraniczne netto systemu bankowego mają pozytywny wpływ na podaż pieniądza. Stwierdzono również, że quasi-pieniądze, takie jak (depozyty terminowe, depozyty oszczędnościowe, rachunek kapitałowy i rachunek rezerwowy), zaszkodziły podaży pieniądza w okresie 1974-2003. [74]

8.8 Szerokie zaopatrzenie pieniężne (M2)

Rys. 8.2 - Omani M2 w OMR Milion (1970-2016)

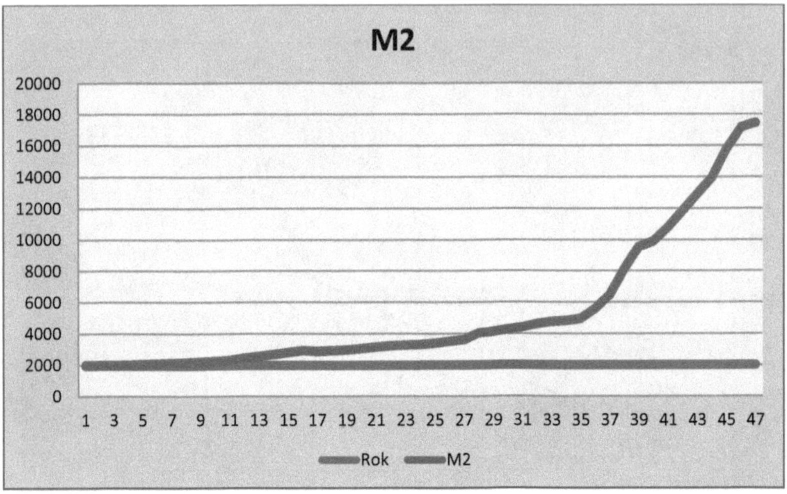

Źródło: CBO

Oman's M2 zostało określone na 42,37 mld USD w styczniu 2018 roku. Oznacza to wzrost z 41,79 mld USD w grudniu 2017 roku. Dane M2 są aktualizowane co miesiąc; ich średnia wynosi 18,27 mld USD od stycznia 1999 roku do stycznia 2018 roku.

Dane M2 w pierwszym miesiącu 2018 r. osiągnęły rekordowy poziom 42,37 mld USD, a w ósmym miesiącu 1999 r. - 5,36 mld USD. [42]

Polityka pieniężna utrzymała swoje akomodacyjne stanowisko w 2016 r. w celu wspierania rzeczywistej działalności gospodarczej, pomimo niewielkiego wzrostu inflacji.

Pieniądz rezerwowy (baza pieniężna) spadł w 2016 r. o 27,6% w wyniku gwałtownego spadku depozytów bankowych utrzymywanych w CBO.

Bez względu na gwałtowny spadek rezerw pieniądza, wzrost mnożnika pieniężnego spowodował wzrost szerokiego pieniądza o 1,8% do końca 2016 roku. Wąskie zapasy pieniądza (M1) zanotowały w 2016 r. spadek o 7,3%, głównie ze względu na spadek depozytów popytowych w walucie lokalnej oraz, do pewnego stopnia, ze względu na spadek wartości waluty posiadanej przez ogół społeczeństwa. [82]

8.9 Warunki monetarne i bankowe

Ożywienie wzrostu nominalnego, wzrost krajowych stóp procentowych oraz podwójne deficyty na rachunkach budżetowych i bieżących stanowią podstawę formułowania polityki pieniężnej w 2017 roku. Chociaż sytuacja pieniężna Stanów Zjednoczonych Ameryki jest mechanicznie przenoszona na sułtanat dzięki kołkowi walutowemu i otwartej gospodarce, CBO zazwyczaj stosuje akomodacyjną postawę pieniężną, której celem jest zagwarantowanie wystarczającej płynności w systemie i utrzymanie zorganizowanych warunków na rynkach, aby wspomóc wzrost. CBO stosuje zarówno bezpośrednie, jak i pośrednie mechanizmy zarządzania płynnością, powszechnie stosowane do zarządzania płynnością w oparciu o zapotrzebowanie, na które składają się instrumenty bezpośrednie:

- wymogu utrzymywania rezerwy gotówkowej oraz
- współczynnik kredytowania,

Instrumenty pośrednie obejmują:

- sprzedaż i zakup płyt CD CBO oraz
- aukcji bonów skarbowych,
- operacje repo, oraz swap i
- Operacje odwróconej wymiany

Oprócz opisanych powyżej, CBO może udzielić bankom komercyjnym kredytu dyskontowego w zamian za kwalifikowane papiery wartościowe.

Agregaty monetarne w Sułtanacie zazwyczaj rosły w ciągu roku 2017, choć z pewnym umiarkowaniem, a pieniądz szeroki (M2) wzrósł o 3,7% w stosunku do końca września 2017 r. (tabela 8.1). Z kolei wąski zasób pieniądza (M1) zanotował spadek, odzwierciedlający redukcję obu elementów, tj. waluty u odbiorców (2,5%) i depozytów na żądanie (2,2%), (tabela 8.2).

Natomiast Quasi-money (depozyty oszczędnościowe i terminowe OMR, certyfikaty depozytowe banków komercyjnych, depozyty zabezpieczające oraz depozyty denominowane w walutach obcych) znacząco wzrosły w analizowanym okresie o 6,6%, wspierając wzrost w M2. Choć wzrost depozytów zbiorczych spowodował wzrost M2, to jednak przesunięcie kompozycyjne z depozytów na żądanie do depozytów terminowych ze względu na wzrost stóp procentowych na tych ostatnich wspomagało ewolucję quasi-pieniądza, doprowadziło do rozbieżnych tendencji wzrostu M1 i M2.

Głównym źródłem ekspansji monetarnej w omawianym okresie był wzrost aktywów zagranicznych netto o 0,6 mld OMR (11,7%) na koniec września 2017 roku w stosunku do poziomu sprzed roku. Aktywa zagraniczne netto CBO zwiększyły się o 275 mln OMR, podczas gdy aktywa netto innych korporacji depozytowych (ODC) zwiększyły się o 301 mln OMR na koniec września 2017 roku. W aktywach krajowych odnotowano marginalny spadek o 6,9 mln OMR (0,1)% w całym okresie objętym przeglądem, głównie z powodu spadku roszczeń netto wobec władz publicznych o 787,5 mln OMR, zarówno z powodu spadku pożyczek udzielonych przez władze publiczne, jak i wzrostu depozytów władz publicznych w ODC. Lokalne roszczenia banku wobec sektora prywatnego i przedsiębiorstw publicznych wzrosły w tym okresie odpowiednio o 1,1 mld OMR (5,6%) i 0,12 mld OMR (6,2%), co zostało całkowicie skompensowane przez zaostrzenie roszczeń netto wobec rządu i wzrost zobowiązań niepieniężnych netto (pozostałe pozycje). Tak więc wzrost pieniężny został w pewnym stopniu złagodzony przez spadek krajowych aktywów netto systemu bankowego (Tabela 8.2). [31]

Tabela 8.1 - Wybór wskaźnika pieniężnego				Wrzesień	
Wskaźniki pieniężne	**2014**	**2015**	**2016**	**2016**	**2017**
1. Rezerwa Pieniądze W milionach RO Roczna stopa wzrostu	3,302.1 24.5	5612.4 70.0	4061.0 -26.7	3493.1 -39.7	3265.8 -6.5
2. Wąskie pieniądze M1 W milionach RO Roczna stopa wzrostu	4,808.0 20.4	5368.3 11.7	4978.8 -7.3	5154.0 -1.7	5037.2 -2.3
3. Szerokie pieniądze M2 W milionach RO Roczna stopa wzrostu	13,766.9 15.3	15145.7 10.0	15423.7 1.8	15539.7 5.6	16109.0 3.7
4. Aktywa zagraniczne CBO W milionach RO Roczna stopa wzrostu	6,276.9 2.3	6745.8 7.5	7791.0 15.5	7583.0 5.0	6579.3 -13.2

Uwaga: Obejmuje banki konwencjonalne i banki islamskie oraz Windows od 2013 roku. *Źródło: Central Bank of Oman CBO*

Tabela 8.2 - Czynniki wpływające na duże pieniądze (M2) (Rial Omani Million)

	Wrzesień 2016 r.	Wrzesień 2017 r.	Zmiana bezwzględna wrzesień 2017/2016 r.	% Zmiana wrzesień 2017/2016
1. Duże pieniądze (A+B)	15539.7	16109.0	569.3	3.7
A. Pieniądze (M1)	5154.0	5037.2	-116.8	-2.3
a) Waluta publiczna	1316.0	1282.7	-33.3	-2.5
b) Depozyty na żądanie	3837.9	3754.5	-83.4	2.2
B. Quasi Money 10385.7	0385.7	11071.8	686.0	6.6
(W tym zagraniczne depozyty cyj.)	1222.4	1313.9	91.5	7.5
2. Aktywa zagraniczne (netto)	4917.8	5494.0	576.2	11.7
Bank Centralny	5354.9	5630.0	275.1	5.1
Banki komercyjne	-437.1	-136.0	301.2	-68.9
3. Aktywa krajowe	10621.9	10615.0	-6.9	-0.1
A) Roszczenia wobec rządu (netto) (**i-ii**)	-4603.5	-5391.0	-787.5	17.1
i) Pożyczki rządowe	2372.5	2089.3	-283.2	-11.9
ii) Depozyty rządowe (-)	6976.0	7480.3	504.3	7.2
b) Roszczenia w sektorze PPvt.	19940.1	21062.3	1122.2	5.6
c) Roszczenia wobec przedsiębiorstw publicznych	1957.2	2079.3	122.1	6.2
d) Pozostałe pozycje (netto) (-)	6671.9	7135.7	463.7	7.0

Źródło: CBO

8.10 Operacje na rynku pieniężnym

System kołków walutowych wdrożony przez Omana ogranicza go do poszukiwania niezależnej polityki pieniężnej. Aby jednak skutecznie chronić powiązania walutowe, CBO musi utrzymywać wystarczające rezerwy walutowe i zabezpieczać odpowiednią płynność w walucie lokalnej w ramach programu, aby wspierać wzrost gospodarczy.

CBO często zabezpiecza wystarczającą płynność w systemie, przechwytując i wnosząc od czasu do czasu płynność, opierając się na okolicznościach za pośrednictwem różnych instrumentów, którymi dysponuje.

CBO korzysta z kolejnych narzędzi, aby doprowadzić do ukierunkowanych zmian w płynności:

- **Wymagania dotyczące rezerw:**

  Banki centralne wykorzystują to jako bezpośrednie narzędzie kontroli pieniężnej. CBO również korzysta z takiego mechanizmu i zatrzymuje część zasobów systemu bankowego, zalecając bankom przymusowe utrzymywanie części bazy depozytowej za pomocą sald gotówkowych i papierów wartościowych w CBO. Poprzez zwiększenie lub zmniejszenie wskaźnika rezerwy obowiązkowej, bank centralny Omanu będzie w stanie zablokować lub rozszerzyć system płynności.

- **Operacje Repo/Odwrotne Repo:**

  Banki centralne wydłużają terminy realizacji transakcji repo i reverse repo na rzecz banków, aby upoważnić je do pożyczania krótkoterminowych środków na inwestycje w krótkoterminowe nadwyżki w stosunku do dozwolonych papierów wartościowych, które są wykorzystywane jako zabezpieczenie. Narzędzia te są wykorzystywane przez znaczną liczbę banków centralnych na całym świecie w celu sprawowania kontroli nad płynnością systemową. CBO wydłuża kredyt repo tylko do banków na okres nie dłuższy niż 26 dni na zabezpieczenie *np.* zabezpieczenia CBO:

  - Świadectwa depozytowe,
  - Bony skarbowe rządu
  - Rządowe Obligacje Rozwoju.

  Stopa procentowa związana z takim instrumentem jest deklarowana co tydzień. Stopa procentowa polityki Banku Centralnego Omanu (Repo Rate) wynosi jednomiesięczną stopę LIBOR+ 50bps; lub 1%, w zależności od tego, która z tych stóp jest większa. Instrument ten jest dostępny dla certyfikowanych banków z własnej inicjatywy, zgodnie z przyznanym im limitem do wysokości posiadanych zabezpieczeń. [39]

- **Rabat/ Redukcja bonów handlowych:**

CBO rozkłada również na licencjonowane banki w Omanie instrument dyskontowania/redyskontowania papierów komercyjnych nadających się do określonych terminów zapadalności. Papiery handlowe powinny były powstać w wyniku rzeczywistych transakcji handlowych, takich jak import, eksport, magazynowanie, handel, produkcja, przetwarzanie, kondycjonowanie i wprowadzanie do obrotu oraz transport towarów przemysłowych i produktów rolnych. Każdemu licencjonowanemu bankowi przypisany jest limit, do wysokości którego może on korzystać z tego udogodnienia w CBO. Podobnie jak w przypadku Policy Rate CBO, również oprocentowanie kredytu dyskontowego jest ogłaszane co tydzień.

- **Świadectwa depozytowe:**

  Certyfikaty depozytowe (CD) wydawane przez CBO licencjonowanym bankom - certyfikaty te uznawane są za instrumenty krótkoterminowe, służące do absorpcji płynności, gdy CBO uzna to za stosowne. Podstawowym celem płyt CD jest uporządkowanie dodatkowej płynności w systemie bankowym oraz zagwarantowanie, że międzybankowy rynek pieniężny funkcjonuje w sposób stały i uporządkowany.

  - Emisja płyt CD ma różne krótkie terminy zapadalności, zgodnie z wolą CBO i w zakresie uznanym za odpowiedni do osiągnięcia celów polityki pieniężnej. Płyty CD są wydawane raz w tygodniu za pośrednictwem internetowego systemu aukcyjnego (Depox-SSS), w którym banki krajowe pragnące ubiegać się o płyty CD muszą złożyć swoje oferty (przewidywana stopa procentowa na płytach CD) za pośrednictwem interfejsu SSS między godziną 09.30 a 11.00 (czas lokalny Omanu).
  - Wydawanie płyt CD odbywa się rutynowo w środy poprzez obciążanie rachunków rozliczeniowych wybranych banków. W dniu zapadalności rachunki rozliczeniowe banków są przypisane do kwoty głównej i odsetek.

- **Dyskontowanie bonów skarbowych:**

  CBO wydłuża również możliwość dyskontowania bonów skarbowych w dowolnym momencie w całym cyklu życia **takich instrumentów. CBO TBs**

Discount Rate to jednomiesięczna stopa LIBOR+ 125bps; lub 1,75%, w zależności od tego, która z nich jest wyższa.

- **Swapy walutowe:**

  CBO udostępnia bankom instrument swapów walutowych, za pomocą którego banki mogą dokonywać wymiany dolara amerykańskiego na **Omani Riyal w celu spełnienia wymogów dotyczących ich płynności krótkoterminowej w OMR.** Swapy są udzielane na okres od jednej nocy do całego miesiąca. Kurs spot USD/OMR będzie średnim kursem pomiędzy ofertami i kursem ofertowym według notowań CBO, który wynosi 384,5 baize za USD. Do uzyskania kursu terminowego stosuje się odpowiednie stopy referencyjne zarówno dla USD, jak i OMR. Dodatkowo na kurs terminowy jest również nakładany element korygujący. [39]

- **Bezpośrednia pożyczka w USD dla lokalnych banków:**

  Ponadto, w celu realizacji swapów odwrotnych, CBO przedstawił system bezpośredniego kredytowania w USD certyfikowanym bankom lokalnym na okres od jednego do trzech miesięcy z odpowiednim spreadem w stosunku do rzeczywistych stóp LIBOR.

  Dostępność dwóch ostatnich instrumentów jest zapewniana przez CBO certyfikowanym bankom macierzystym w celu zaspokojenia ich zapotrzebowania na płynność w nietypowych czasach.

  W ramach tych udogodnień środki w USD są dozwolone w ramach łącznych z góry określonych limitów rozdzielanych między banki komercyjne. Ponieważ oba te instrumenty zostały w większym stopniu rozszerzone przez CBO jako środki łagodzące skutki kryzysu finansowego, nie przewiduje się, aby wspierały one jakiekolwiek cele polityki pieniężnej.

- **Operacje na rynku pieniężnym**

  Rola CBO w zarządzaniu długiem publicznym

  CBO odgrywa istotną rolę w funkcji zarządzania długiem rządu, po pierwsze, stoi na stanowisku kierownika emisji, a po drugie, jest agencją obsługującą kredyty. Rząd Omanu posiada dwie formy instrumentów dłużnych: są to

  - bony skarbowe
  - Rządowe Obligacje Rozwoju

- **Bony skarbowe rządu:** są krótkoterminowymi instrumentami finansowymi rządu Omanu na pokrycie bieżących wydatków bieżących. CBO został formalnie przydzielony przez rząd jako agent fiskalny w celu osiągnięcia roli kierownika emisji, agenta rozliczeniowego, agenta przyjmującego, agenta planowania we wszystkich kwestiach rachunków T-bills w ich imieniu.
- **Rządowe Obligacje Rozwoju:** Rząd Omanu emituje instrumenty finansowe zwane Rządowymi Obligacjami Rozwoju w celu zapewnienia kanału inwestycyjnego dla dostępności nadwyżek zasobów w gospodarce, a także w celu finansowania wydatków kapitałowych różnych projektów rozwojowych przewidzianych w pięcioletnich planach rozwoju lub/i w celu pokrycia deficytu fiskalnego. Obligacje te są bezpośrednimi i bezwarunkowymi zobowiązaniami rządu, dlatego też uznaje się je za wolne od ryzyka punkty odniesienia dla systemu.
- Obligacje te są uznawane za długoterminowe narzędzia o terminie zapadalności powyżej jednego roku, zwykle emitowane z terminem zapadalności od dwóch do dziesięciu lat, a odsetki są wypłacane półrocznie. Obligacje te są również emitowane w ramach ekonomicznego kursu aukcyjnego. Licytacja takich obligacji jest otwarta zarówno dla mieszkańców, jak i osób nie mieszkających w danym kraju.
- Wtórny obrót obligacjami może odbywać się na Rynku Papierów Wartościowych Muscat po cenach rynkowych.

8.11 Rynki walutowe

Chociaż gospodarka Omanu jest przede wszystkim zorientowana na sektor zewnętrzny, rynek walutowy jest częściowo obecny pod względem poziomu aktywności. Biuro Muscat, ze swoimi znacznymi dochodami z ropy naftowej, jest wiodącym dostawcą walut obcych, a banki komercyjne działają jako nabywcy walut przede wszystkim w najlepszym interesie swoich klientów.

CBO odgrywa znaczącą rolę na rynku walutowym w procesie kształtowania się systemu kursu sztywnego i jego trwałości. Podczas gdy Reżim sprzedaje dewizy do CBO w celu zaspokojenia potrzeb Omani Riyals, banki komercyjne zwracają się do banku centralnego o zaspokojenie ich codziennych potrzeb w zakresie wymiany walut, przede wszystkim w celu zaspokojenia potrzeb klientów. W celu skutecznego zabezpieczenia powiązania walutowego, CBO powinien zagwarantować, że posiada wystarczającą ilość rezerw walutowych, aby zaspokoić wszelkie pojawiające się potrzeby płynnościowe w systemie.

Popyt na import w gospodarce zasila przede wszystkim popyt walutowy na krajowym rynku walutowym. Popyt spekulacyjny na rynku Forex jest do pewnego stopnia ograniczony przez ograniczenia nałożone na limity otwartych pozycji banków. [39]

Rozdział dziewiąty

Omański rynek pracy

T przyszłość zaczyna się teraz, a ludzie z Omanu ją budują. Jest to wyzwanie, które żyje wewnątrz, aby nakreślić bezpieczną mapę drogową z dokładnymi współrzędnymi do dobrobytu Omanu i OmanisU . naszego boku stoi głęboka historia, cywilizacja zapisana spuścizną i wyjątkowe położenie geograficzne. Inspirują nas wspomnieniami o budownictwie, teraźniejszości renesansu i przyszłości rozwoju, dobrobytu i budowania nowoczesnego państwa, w którym urzeczywistniają się aspiracje. W tym celu posuwamy się naprzód z ufnością. "(OmanVision2040, 2013, p7)

9.1 Rynek pracy w Omanie

Tezwania związane z rynkiem pracy mają różne wymiary społeczne, ekonomiczne i polityczne, a wśród nich uzyskanie możliwości zatrudnienia, jest dobrze przemyślane jako jedna z najważniejszych kwestii, która stanowi sedno myśli i wysiłku rozwojowego wielu gospodarek na całym świecie. Co więcej, pomimo różnic pomiędzy państwami pod względem kultury, cywilizacji i ideologii, kwestie związane z rynkiem pracy pozostają takie same i powtarzalne, jednak w przeciwieństwie do szczegółów. W związku z tym, absorpcja siły roboczej poprzez zabezpieczenie możliwości zatrudnienia, spójność pomiędzy absolwentami systemu edukacji a wymogami rynku pracy, kwestie takie jak płace i zachęty, rola sektora publicznego i prywatnego w odniesieniu do zatrudnienia, systemów emerytalnych i innych utrzymujących się czynników budzących niepokój decydentów, ekonomistów, planistów, a w rzeczywistości wszystkich osób ze społeczności, o ich powiązania z codziennym życiem jednostek i rodzin. [11]

9.1.1 Wielkość i rozmieszczenie ludności

Przez Krajowe Centrum Statystyki i Informacji (KCSI) i odnosi się do rejestracji w Dyrekcji Generalnej Stanu Cywilnego, wielkość populacji obywateli Omanu w 2013 roku wynosiła 2,2 mln, podczas gdy emigrantów 1,7 mln, co stanowi 44% ogólnej liczby osób w Sułtanacie. Według krajowego instytutu statystycznego liczba ekspatriantów została znacznie zwiększona z około 24% w 2003 r. do około 44% w roku 2013. Całkowita liczba ludności wzrosła w 2013 r. w porównaniu z 2003 r. o 69%. W 2012 r. zatrudnienie znalazło ok. 87,8% cudzoziemców w porównaniu z 16,2% mieszkańców Omanu .[90]

Według szacunków z 27 maja 2015 r. łączna liczba ludności sułtanatu wynosiła 4 187 516 osób, z czego 1 849 412 (44,2%) stanowili obcokrajowcy (De Bel-Air, 2015). Oman jest uważany za gospodarkę importującą siłę roboczą, czerpiącą większość swojej zagranicznej siły roboczej z krajów azjatyckich, takich jak Indie, Bangladesz, Pakistan i Sri Lanka. Bangladesz i Pakistańczycy razem stanowili 87% siły roboczej w 2013 roku. 82% wszystkich ekspatriantów pracowało w tym roku w sektorze prywatnym, a 12% zajmowało stanowiska kierownicze i "białych kołnierzyków". [46, 83]

Przepływ pracowników zewnętrznych do Sułtanatu wzrastał w latach 2000. do dziś. Opóźnienie w zatrudnieniu młodzieży i wzrost poziomu ubóstwa pobudziły protesty społeczne w 2011 r., co ograniczyło tempo dywersyfikacji gospodarczej i proces rozwoju sektora prywatnego. Jednakże sektorowe kwoty omanizacji są obecnie bardzo potrzebne, a zatrudnienie obywateli Omanu w każdej jednostce biznesowej stało się obowiązkowe. Agresywne środki są również skierowane do cudzoziemców o nieuregulowanym status quo, co od 2010 r. zaowocowało kilkoma masowymi kampaniami amnestii i deportacji.

Zgodnie z analizą stanu regionalnego rynku pracy, rządowi Omanu zalecono skoncentrowanie się i podjęcie odpowiednich kroków w celu wygenerowania większych możliwości zatrudnienia dla Omanis niż dla innych krajów, aby wytrzymać wzrost gospodarczy. W kilku planach rozwoju w kraju podkreśla się znaczenie poprawy edukacji i rozwoju wykwalifikowanej siły roboczej, działania te są bardziej związane z zaspokajaniem obecnych potrzeb rynku pracy niż z tworzeniem wizji strategii dywersyfikacji gospodarczej, która mogłaby opisać przyszłe zapotrzebowanie na siłę roboczą. [90]

Tabela 9.1 - Ludność Omanu (wielkość i rozmieszczenie)

	2003		2012		2013		2015	
Szczegóły	**Numery**	**%**	**Numery**	**%**	**Numery**	**%**	**Numery**	**%**
Omanis	1,782,000	76.12	2,093,000	57.77	2,212,693	55.92	2,338,104	55.8
Expatriates	559,000	23.88	1,530,000	42.23	1,744,347	44.08	1,849,412	44.2
Razem	2,341,000	100	3,623,000	100	3,957,040	100	4,187,516	100

Źródło: Krajowe Centrum Statystyki i Informacji

9.1.2 Siła robocza w sektorze publicznym i prywatnym

Od zarania swojego renesansu w 1970 roku, Oman, podobnie jak inne gospodarki, nadał wysoki priorytet kwestiom związanym z rynkiem pracy w Omanie oraz powitaniu kadr z Omanu na rynku pracy. Proces rozwoju, który rozpoczął się od fazy niedoboru wymagającej od wszystkich kadr z Omanu skonstruowania filarów rozwoju w celu osiągnięcia postępu. Główne obawy rządu w tym czasie koncentrowały się na tym, jak poradzić sobie z niedoborem kompetentnej siły roboczej, spowodowanym małą liczbą ludności i brakiem wydajności pracy, który doprowadził do uzależnienia od pracowników zagranicznych. [11]

Oman charakteryzuje się "młodym" społeczeństwem; przewiduje się, że 41,2% jego mieszkańców będzie w wieku poniżej 15 lat, a 53,9% będzie w wieku od 15 do 60 lat. Statystyki pokazują, że każdego roku prawie 30.000 uczniów kończy szkołę średnią i jest gotowych do wejścia na rynek pracy. Walka na rynku pracy rozpoczyna się na tym etapie, ponieważ większość młodych Omańczyków, którzy wprowadzają się na rynek pracy, ma bardzo duże trudności z uzyskaniem zawodu. Trudność ta wynika z braku wykształcenia zawodowego/wyższego oraz braku praktycznego doświadczenia zawodowego w porównaniu z pracownikami zagranicznymi pracującymi na tych samych stanowiskach. Ten rodzaj bezrobocia wśród lokalnej młodzieży stanowi duży problem dla Omanis i ich rządu. Omańska polityka rozwoju - zawiera w sobie dążenie do "omanizacji" - mające na celu zwiększenie udziału Omanis w rynku pracy. [46, 82]

Omańską siłę roboczą powszechnie charakteryzuje sektor publiczny i prywatny. W 2013 r. liczba pracowników z sektora prywatnego wymienionych i ubezpieczonych w Publicznym Urzędzie Ubezpieczeń Społecznych wyniosła 181 860 osób, w porównaniu z 1 247 207 emigrantów w sektorze prywatnym, podczas gdy w 2012 r. 172 066 obywateli Rumunii zatrudnionych w sektorze prywatnym, czyli 1 316 182 emigrantów. W sektorze rządowym liczba pracowników rządowych osiągnęła 194 326, z czego 166 804 to Omanis, a 27 522 to eksporterzy w 2012 roku. Ten wzrost udziału w rynku pracy w Omani sprawia, że łączna liczba pracowników zarejestrowanych w Omanis wynosi 338 870, a liczba emigrantów - 1 343 704, co daje łączną siłę roboczą około 1,68 miliona osób w Sułtanacie. [90]

Sektor publiczny i prywatny razem reprezentują główne sektory dla służb zatrudnienia pracowników Omanu, wraz z władzami bezpieczeństwa i wojskowymi. Sektor publiczny obejmuje ministerstwa rządowe wraz z innymi jednostkami rządowymi, w których proces zatrudniania jest sponsorowany przez Ministerstwo Służby Cywilnej (ostatnio nazywane sektorem służby cywilnej), a także niektóre organizacje znajdujące się poza systemem służby cywilnej, takie jak Diwan of Royal Court, Royal Court Affairs i niektóre przedsiębiorstwa publiczne. Natomiast Ministerstwo Manpower jest odpowiedzialne za służby zatrudnienia w sektorze prywatnym. Sektor służby cywilnej jest uważany za głównego pracodawcę omańskiej siły roboczej w sektorze publicznym, do którego zaprosiło się około 82% obywateli funkcjonujących w sektorze publicznym w 2009 r.[11]

Ministerstwo Manpower zaplanowało kilka planów działań mających na celu zwiększenie możliwości pracy obywateli Omanu. Etapy te polegają na obowiązkowym zachowaniu proporcji omanizacji w ramach sektora prywatnego, rozwijaniu jakości systemu edukacji, stosowaniu programów doskonalenia umiejętności. [90]

Poniższe linie pokazują różne sektory, w których zatrudnieni są emigranci, takie jak sektor budowlany i produkcyjny, co daje około 56% całkowitej siły roboczej emigrantów w sektorze prywatnym. Druga grupa obejmuje następujące rodzaje działalności gospodarczej:

- Elektryczność, gaz i zaopatrzenie w wodę;
- Pośrednicy finansowi;
- Administracja generalna i obrona i ubezpieczenie społeczne;
- Edukacja;
- Zdrowie i praca socjalna;
- Organizacja Pozaterytorialna i ciała,
- Górnictwo i kopalnictwo.

W sektorze publicznym obserwuje się odpowiedni wzrost ilości siły roboczej w Omanis w porównaniu z sektorem prywatnym. Około 26 000 dodatkowych obywateli Omanu zostało zatrudnionych w służbie cywilnej w okresie od 2010 do 2012 r., co stworzyło większe możliwości zatrudnienia w sektorze publicznym. Natomiast zatrudnienie Omanis w sektorze prywatnym wykazuje niekorzystne tendencje, co sugeruje podjęcie odpowiednich kroków w celu stworzenia dalszych możliwości zatrudnienia dla Omanis w sektorze prywatnym. W przeciwieństwie do zatrudniania pracowników z Omanis, zatrudnienie w sektorze prywatnym jest kontrolowane przez emigrantów. Średnio 98% emigrantów jest zatrudnionych w sektorze prywatnym w latach 2010-2012. W 2012 r. spośród 98% emigrantów zatrudnionych w sektorze prywatnym 43% pracuje w firmach budowlanych dostosowanych do potrzeb sektorów handlu hurtowego, detalicznego i produkcji, a udział ten wynosi od 10% do 12%. [90]

9.1.3 Konkurencyjny rynek pracy

Celem Sułtanatu jest przyszły rozwój inteligentnego środowiska dla możliwości na rynku pracy, a także rosnące partnerstwo w konkurencyjnym środowisku biznesowym, które realizuje szeroko zakrojony rozwój geograficzny, zbudowany w oparciu o standard decentralizacji, przesiąknięty zasadą optymalnego i dobrze dostosowanego wykorzystania gruntów i zasobów naturalnych oraz ochrony środowiska. Rozwój ten przyczyniłby się do zwiększenia bezpieczeństwa żywnościowego i wodnego oraz bezpieczeństwa energetycznego, do budowy inteligentnych i nadających się do utrzymania miast z zaawansowaną technologicznie infrastrukturą oraz do zapewnienia dobrobytu społeczno-gospodarczego i sprawiedliwości społecznej w społeczeństwach miejskich i wiejskich. [103]

9.1.4 Zawód i dynamiczny rynek pracy

Osiągnięcie stabilnego rozwoju wymaga rynku pracy z niezwykle efektywnym systemem rządowym. Należy również ukierunkować działania na wyniki, aby zachęcić do rozwijania krajowych zdolności, które zostały wytworzone wewnętrznie przez system edukacji, a także zdolności globalnych, zarówno technicznych, jak i umiejętnościowych, oraz opracować nadzwyczajne techniki poprawy struktury administracyjnej i instytucjonalnej w celu zarządzania rynkiem pracy.

Regulacja rynku pracy wzmocni rolę sektora prywatnego w tworzeniu miejsc pracy dla kompetentnej krajowej młodzieży z udziałem publicznych organizacji społecznych. Wzbogacona rola sektora prywatnego częściowo odciąży aparat administracji państwowej od konieczności tworzenia miejsc pracy i umożliwi lepsze dostosowanie krajowego rynku pracy do nowej międzynarodowej przyszłości zawodów. Może również wchłaniać nową siłę roboczą na rynek pracy w sposób, który pozwala na dotrzymanie kroku nieuniknionym wyzwaniom. [103]

Tabela 9.2 - Kierunek strategiczny - wskaźniki skuteczności działania

	Wartości bazowe	2030 Cel	2040 Cel
Odsetek wykwalifikowanej siły roboczej w sektorze prywatnym ogółem	Wartość: 57,9% (2017)	81%	
Wydajność pracy	Wartość: -1,2% (2017 r.)	1% - 2%	2% - 3%
Udział zatrudnienia w Omanis w ogólnej liczbie miejsc pracy utworzonych w sektorze prywatnym	Wartość: 11,6% (2016 r.)	40%	42%

Źródło: OmanVision2040

9.1.5 Omański rynek kobiet i pracy

Warto wspomnieć o genialnych sukcesach kobiet z Omanu w ciągu ostatnich czterech dekad renesansu. Ruch od żeńskiej społeczności analfabetów do solidnej reprezentacji w charakterze ambasadorów oraz ministerialnych i biznesowych posiadaczy urzędów jest wybitny. Znacznie zwiększył się udział kobiet z Omanu w działalności gospodarczej. Podobnie jak inne kobiety arabskie, kobiety omańskie kwestionują omański rynek pracy.

Dostarczanie niewystarczających danych na temat pracy kobiet w Omani pomaga nie śledzić kondycji omańskich kobiet na rynku pracy w Omani. Dostępne statystyki dostarczają jedynie danych związanych z wielkością omańskiej siły roboczej i jej rozkładem według wieku i poziomu wykształcenia w liczbach bezwzględnych. [11]

Cechy Pracujących Kobiet Omani

1. **Udział kobiet w działalności gospodarczej**

Rok 2010 przyniósł znaczny wzrost udziału kobiet z Omanu w działalności gospodarczej, podobnie jak w 1993 r., kiedy to liczba kobiet aktywnych zawodowo wzrosła z 33 261, co stanowiło około 9% ogółu kobiet aktywnych zawodowo w Omanie, do 158 610, co stanowiło 26,8% w 2010 r. W związku z tym wskaźnik udziału w gospodarce kobiet omańskich wzrósł z 6,9 % do około 25 % w okresie objętym sprawozdaniem i 18,7 % w 2003 r. Wzrost ten nastąpił dzięki poprawie edukacji i pozytywnej zmianie poglądów, nastawieniu do praktyk behawioralnych związanych z uczestnictwem kobiet w rynku pracy.

Niezależnie od wzrostu wskaźników aktywności ekonomicznej kobiet w ciągu ostatnich 17 lat, luka nadal występuje na korzyść mężczyzn, co pokazuje tabela 9.3. Z tabeli wynika, że około 71% mężczyzn w grupie wiekowej (15-64 lata) jest aktywnych zawodowo w porównaniu z 27% kobiet w 2010 roku. Dane z 2010 r. pokazują, że 50% kobiet omańskich (15 lat i więcej) nie jest częścią siły roboczej, ponieważ są one całkowicie zaangażowane w prace domowe, a jedna piąta jest zajęta systemem edukacji.

2. **Poziom wykształcenia**

Całkowita liczba pracujących kobiet w Omani wynosiła około 97 603, co stanowiło 28% wszystkich pracujących obywateli w tej grupie wiekowej (15 i więcej lat) w 2010 roku. Badanie Manpower 2008 ujawniło, że poziom wykształcenia omańskich kobiet pracujących był lepszy niż ich odpowiedników płci męskiej, gdzie 43% pracujących mężczyzn omańskich posiadało wykształcenie niższe niż ogólne (dyplom szkoły średniej) lub nie posiadało żadnych kwalifikacji edukacyjnych, podczas gdy tylko 11% miało wykształcenie wyższe lub wyższe. Z drugiej strony, liczba pracujących Omańczyków z kwalifikacjami z dyplomu ogólnego lub bez kwalifikacji osiągnęła 23%, a absolwentek wyższych uczelni 29%. Stawiałoby to pytanie o wpływ wykształcenia na rodzaj zawodu i obowiązki zawodowe osiągane przez kobiety omańskie poza poziomem płac kobiet w porównaniu z płacami mężczyzn. [11]

Tabela 9.3 - Stopy uczestnictwa w życiu gospodarczym Omanis w podziale na grupy wiekowe i płeć w latach 1993, 2003 i 2010.

Wiek - Grupa	1993			2003			2010		
	Mężczyzna	Kobieta	Razem	Mężczyzna	Kobieta	Razem	Mężczyzna	Kobieta	Razem
15-19	22.40	3.13	13.06	17.23	9.15	13.28	20.23	10.71	15.59
20-24	84.50	16.53	52.19	75.44	34.58	55.08	74.54	36.82	56.14
25-29	96.32	11.89	54.37	95.90	35.43	65.63	95.56	46.11	70.93
30-34	96.01	7.38	50.94	95.29	22.20	59.62	97.04	37.91	67.35
35-39	95.31	5.09	47.15	94.39	12.82	52.71	95.34	27.59	61.90
40-44	93.11	4.61	48.62	89.83	8.55	47.80	91.38	17.06	54.26
45-49	89.63	4.12	47.25	84.54	6.26	42.98	80.70	9.84	44.76
50-54	81.39	3.19	43.79	62.34	4.01	31.86	68.34	6.15	35.48
55-59	75.36	2.50	42.56	50.15	3.18	27.22	53.30	4.28	27.57
60-64	52.54	1.74	29.79	32.27	1.67	18.13	32.17	2.58	17.48
Razem	**70.49**	**7.04**	**39.38**	**65.01**	**19.13**	**42.14**	**70.80**	**26.61**	**48.86**

Źródło: Ministerstwo Gospodarki Narodowej

3. Sektor pracy

Chociaż do 2010 r. sektor rządowy był głównym pracodawcą dla kobiet w tym kraju, zatrudniając około 58,2% z nich, sektor gospodarstw domowych zaczął odgrywać znaczącą rolę w zatrudnianiu kobiet w Omani, głównie analfabetów lub osób posiadających kwalifikacje poniżej dyplomu ukończenia szkoły średniej (General Diploma). Na *przykład w* 2010 r. odsetek kobiet pracujących w tym sektorze wynosił 8,8% z całej populacji kobiet omańskich na rynku pracy, podczas gdy w 2008 r. odsetek kobiet omańskich zatrudnionych w tym sektorze stanowił 50% wszystkich pracujących w tym sektorze w porównaniu z odsetkiem, który nie przekraczał 17% i 7% odpowiednio w 2003 i 1993 roku. Ogólnie rzecz biorąc, płace kobiet w tym sektorze były niskie - w 2008 r. 91,5% otrzymywało miesięczne wynagrodzenie nieprzekraczające 100 riali omańskich. Ten niski poziom płac został przypisany niskiemu poziomowi wykształcenia zatrudnionych kobiet, gdzie 72% z nich nie posiada żadnych kwalifikacji ani kwalifikacji poniżej poziomu szkoły średniej. Ten niski poziom wykształcenia sprawił, że 63,5% omańskich kobiet pracuje w przemyśle spożywczym, który jest sklasyfikowany wśród przedsiębiorstw sektora przemysłowego, chemicznego i spożywczego. [11]

4. Działalność gospodarcza i zawody

Spis ludności z 2010 r. wykazał, że kobiety omańskie są zmotywowane do pracy w tradycyjnych sektorach zatrudnienia, kobiety krajowe pracują w sektorach administracji publicznej, obrony i obowiązkowego ubezpieczenia społecznego około 29,4%, z łącznej liczby pracujących kobiet 26,6% pracujących w sektorze usług edukacyjnych, 10,9% w sektorze handlu hurtowego, detalicznego i napraw pojazdów, natomiast około 9% pracuje w sektorze zdrowia i opieki społecznej.

W odniesieniu do podziałów zawodowych stwierdzono, że poziom wykształcenia zatrudnionych kobiet omańskich przyczynił się do wzrostu odsetka kobiet w zawodach specjalistycznych i technicznych, które stanowiły około 50% pracujących kobiet. Odsetek wyspecjalizowanych kobiet na stanowiskach naukowo-technicznych i społecznych wyniósł 30%, podczas gdy odsetek kobiet pracujących jako technicy na kierunkach naukowych, technicznych i humanitarnych wyniósł około 27%.

Wyzwania stojące przed kobietami z Omanu na rynku pracy

1. Wczesne wycofanie kobiet omańskich z rynku pracy

Obserwuje się wzrost wskaźnika udziału kobiet w działalności gospodarczej. Można jednak również zauważyć, że wycofywanie się kobiet z rynku pracy następuje w szybkim tempie, zwłaszcza po 29 roku życia. Chociaż art. nr 22 ustawy o emeryturach i rentach oraz świadczeniu emerytalnym po zakończeniu służby (która obowiązywała do lutego 2011 r.) przyznaje pracownikom krajowej służby cywilnej, którzy ukończyli 15 lat służby, część ich wynagrodzenia podstawowego jako miesięczną emeryturę.

2. Wzrost liczby osób poszukujących pracy

Według danych z badania siły roboczej z 2008 r., poszukiwanie pracy stało się zjawiskiem mającym wpływ na krajową młodzież, zwłaszcza w grupie wiekowej (20-29 lat), gdzie 65% krajowych osób poszukujących pracy znajduje się w tej grupie wiekowej. Odsetek ten wzrósł do 79% dla omańskich kobiet, a dla mężczyzn do 70%. Warto zauważyć, że odsetek poszukiwań pracy wśród omańskich kobiet był zawsze większy niż wśród mężczyzn należących do narodu. Było to odpowiednio około 44% i 20,5% w latach 2003 i 2008 dla omańskich kobiet oraz odpowiednio 22% i 11% dla omańskich mężczyzn (tabela 9.4). Odzwierciedla to fakt, że omańscy mężczyźni mają większe szanse na uzyskanie zatrudnienia niż omańskie kobiety. [11]

Tabela 9.4 - % Obywatele Rumunii poszukujący pracy w całej grupie wiekowej (15-64 lata) w podziale na płeć i wiek w latach 1993, 2003 i 2008.

Wiek - Grupa	1993			2003			2010		
	Mężczyzna	Kobieta	Razem	Mężczyzna	Kobieta	Razem	Mężczyzna	Kobieta	Razem
15-19	44.71	74.11	48.13	75.94	93.54	81.87	52.42	70.38	56.03
20-24	13.14	27.53	15.31	44.64	61.76	49.99	25.60	38.01	28.99
25-29	5.69	7.27	5.87	14.70	28.54	18.44	8.93	19.17	11.91
30-34	4.65	3.80	4.58	5.63	3.90	5.32	4.67	8.80	5.70
35-39	5.22	3.15	5.10	6.44	6.43	6.44	2.00	1.51	1.91
40-44	5.33	1.84	5.17	8.46	5.86	8.22	84.00	2.54	1.12
45-49	6.01	2.66	5.86	11.52	6.31	11.11	1.49	1.10	1.44

50-54	7.82	2.73	7.64	0	0	0	67.00	1.26	75.00
55-59	9.40	4.73	9.28	0	0	0	1.03	0	88.00
60-64	13.52	4.74	13.29	0	0	0	62.00	4.01	1.03
Razem	**10.83**	**21.20**	**11.74**	**22.36**	**43.93**	**27.24**	**11.20**	**20.55**	**13.43**

Źródło: Ministerstwo Gospodarki Narodowej

9.2 Zatrudnienie w Omanie

OW przeciwnym razie, wszystkie rządy chciałyby zmniejszyć bezrobocie. Pytania są: "Czy można to zrobić?" i "Jeżeli tak, to jakim kosztem?" Rządy nie powinny czekać, aż wysokie bezrobocie się ustabilizuje, zanim zaczną się tym martwić. Łatwiej jest zapobiec jego wyniesieniu, niż obniżyć go po zakopaniu". [80]

- **Definicja**

Bezrobocie odzwierciedla tę część siły roboczej, która nie ma pracy, ale sama się zaopatruje i aktywnie poszukuje zatrudnienia.

"Stopa bezrobocia w Omanie i innych krajach jest definiowana jako liczba bezrobotnych jako procent siły roboczej. Siła robocza obejmuje osoby, które są albo zatrudnione albo bezrobotne, tzn. nie mają pracy, ale aktywnie jej poszukują. Siła robocza nie obejmuje osób, które nie szukają pracy, takich jak dzieci i emeryci".[58]

9.2.1 Stopa bezrobocia w Omanie

Stopa bezrobocia rzadko spada poniżej 4-5% nawet w okresach dobrej koniunktury. Zawsze są ludzie, którzy znajdują się pomiędzy różnymi sektorami gospodarki lub pomiędzy regionami. Kiedy gospodarka przechodzi w fazę spowolnienia, wówczas bezrobocie może dotknąć znacznie większych ilości, czasami nawet dwucyfrowych.

9.2.1.1 Wzrost gospodarczy i stopa bezrobocia w Omanie

Zgodnie z oświadczeniem MFW, niezależnie od silnego wzrostu gospodarczego, bezrobocie w Omanis jest wysokie, a tworzenie miejsc pracy dla rosnącej liczby ludności stanowi dla władz zdecydowane wyzwanie. Mówiąc o działaniach podjętych przez rząd w 2011 r. w celu tworzenia miejsc pracy, MFW uznał, że "obecne działania polityczne doprowadziły do wysokiego wzrostu zatrudnienia w sektorze publicznym, podczas gdy ogólny wzrost zatrudnienia był sztywny, większość nowych miejsc pracy w sektorze prywatnym została przeniesiona do pracowników oddelegowanych za granicę.

9.2.1.2 Co oblicza się stopę bezrobocia?

W Sułtanacie stopa bezrobocia oblicza liczbę osób chętnych do pracy jako procent siły roboczej.

"Omani Unemployment Rate = Liczba osób poszukujących pracy / Siła robocza %".

Rys. 9.1 - Stopa bezrobocia w Omanie (1991-2017)

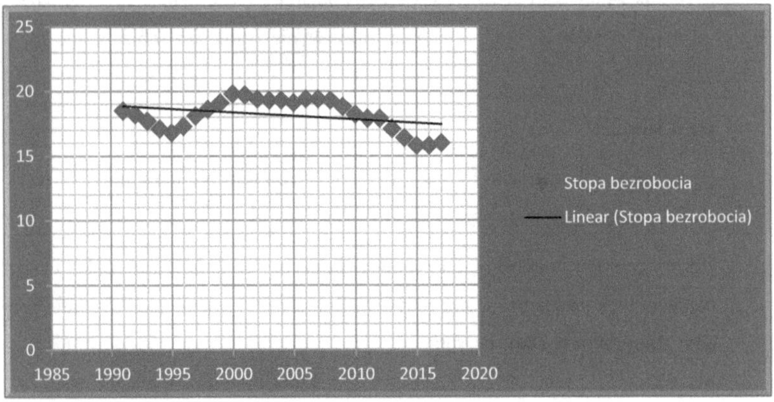

Źródło: Bank Światowy

9.2.1.3 Liczba osób poszukujących pracy w Omanie

Liczba osób poszukujących pracy w Omanie odnotowała średnioroczny wzrost o 2,6% w latach 2003-2010, w sumie 146 385 osób, co stanowi 11,75% krajowej siły roboczej. Aż 98,92% z tych osób poszukujących pracy to Omanis. Wzrost liczby osób poszukujących pracy przypisuje się nadmiernemu nasyceniu pracą w instytucjach rządowych i samorządowych oraz rosnącej liczbie absolwentów. Jednak stopa bezrobocia w Omani w tym okresie znacznie spadła z 14,4% w 2003 r. do 11,75% w 2014 r.

Jednak w 2017 roku stopa bezrobocia wzrosła do 16% z 15,80% w 2016 roku. Stopa bezrobocia w tym kraju wynosiła średnio 18,15% od 1991 r. do 2017 r., osiągając najwyższy w historii poziom 19,80% w 2000 r. i najniższy w 2015 r. - 15,80%.[101]

Nowe programy polityczne, zawierające Dziewiąty Plan Pięcioletni i Tanfeedh, mają na celu dywersyfikację gospodarczą przy zwiększonym zaangażowaniu sektora prywatnego i stworzeniu wystarczających dodatkowych możliwości zatrudnienia w Sułtanacie Omanu. Zatrudnienie w sektorze rządowym pozostało bierne i wzrosło o 1,6% w 2015 r. (wobec wzrostu o 7,0% w 2014 r.), przy czym zatrudnienie obywateli wzrosło o 0,9%, a emigrantów o 5,6%. W związku z tym udział osób z Omanu w zatrudnieniu w sektorze publicznym nieznacznie spadł, ale utrzymał się na poziomie około 85%. Z drugiej strony, zatrudnienie w sektorze prywatnym nadal zyskiwało na atrakcyjności i w 2016 r. zanotowano postęp w wysokości 9,0%, oprócz wzrostu o 8,1% w roku 2015. W ramach sektora prywatnego zatrudnienie obcokrajowców wzrosło o 9,3% w porównaniu ze wzrostem o 6,4% w przypadku zatrudnienia obywateli Omanu w 2016 roku. Jednakże liczba Omanis pracujących w sektorze prywatnym stopniowo wzrasta i z pewnością przewyższa liczbę Omanis pracujących w sektorze rządowym w bieżącym roku. [32]

Obraz zatrudnienia jest zbyt interesujący, mimo że aktywność gospodarcza nabiera energii. Zatrudnienie dostarczone do Omanis przez sektor prywatny wzrosło o 7,%0 w 2017 r. (średnio 6,3% w 2015 i 2016 r.), co jest wybitne, biorąc pod uwagę ograniczone możliwości zatrudnienia dostępne w sektorze publicznym. Rozwój zatrudnienia ogółem w sektorze prywatnym uległ jednak spowolnieniu do 1,2% w 2017 r. ze średnio 8,5% w dwóch poprzednich latach, głównie z powodu niższego przyrostu zatrudnienia ekspatriantów (praca zagraniczna). [30]

Główne wyzwania stojące przed siłą roboczą w Omani to rosnąca liczba osób aktywnie poszukujących pracy. Ponadto wśród osób aktywnie poszukujących pracy znaleźli się omańscy młodzi ludzie pracujący z młodzieżą bez wcześniejszego doświadczenia zawodowego, a liczba ta stale rośnie w związku z rosnącą liczbą ludności. [11]

9.2.2 Udział kobiet omańskich w rynku pracy

Dostępność oficjalnych statystyk z różnych źródeł, dostarczających niewystarczających danych, aby pomóc w śledzeniu stanu omańskich kobiet na omańskim rynku pracy. Takie dane statystyczne podają jedynie wielkość omańskiej siły roboczej i jej podaż poprzez wiek i poziom wykształcenia w liczbach całkowitych. Natomiast badane badania, takie jak badanie siły roboczej, dostarczają różnorodnych danych, które mogą być wykorzystane w celu uzyskania lepszego obrazu sytuacji kobiet na rynku pracy w Omani.

Zaangażowanie kobiet omańskich w działalność gospodarczą kraju znacznie wzrosło w 2010 r., podobnie jak w 1993 r., kiedy to liczba kobiet aktywnych zawodowo wzrosła z 33 261, co stanowi około 9% wszystkich aktywnych zawodowo obywateli, do około 158 610, co stanowi 26,8% aktywnych zawodowo obywateli omańskich w ciągu 2010 r. Tak więc wskaźnik aktywności zawodowej kobiet omańskich wzrósł (tj. odsetek kobiet aktywnych zawodowo z całej populacji kobiet w grupie wiekowej 15 lat i więcej) z 6,9 % do około 25 % w okresie referencyjnym i 18,7 % w roku 2003. Wzrost ten odzwierciedla pewne kwestie, z których najważniejszą jest wpływ edukacji na zwiększenie ich szans na zatrudnienie i wejście na rynek pracy. Dodatkowo, pozytywna zmiana pojęć, postaw i praktyk zachowań (zarówno kobiet pracujących, jak i pracodawców) związanych z uczestnictwem kobiet w rynku pracy. [11]

Bank Światowy udostępnia dane dotyczące stopy bezrobocia kobiet w Omani w latach 1991-2018. Jego średnia wartość w tym okresie wynosiła 9,74%, przy minimum 7,82% w 2007 roku i maksimum 13,21% w 2016 roku. Poniższa tabela przedstawia stopę bezrobocia wśród kobiet pracujących w Omani.

Tabela 9.5 - Stopa bezrobocia kobiet w Omanie

Rok	Wartość	Rok	Wartość	Rok	Wartość
1991	8.9	**2001**	8.48	**2011**	10.69
1992	9.1	**2002**	8.19	**2012**	11.7
1993	9.44	**2003**	7.85	**2013**	12.95
1994	9.19	**2004**	7.88	**2014**	12.87
1995	9.05	**2005**	7.98	**2015**	13.1
1996	8.87	**2006**	7.92	**2016**	**13.21**
1997	8.76	**2007**	7.82	**2017**	12.63
1998	8.63	**2008**	**7.96**	**2018**	12.88
1999	8.3	**2009**	9.6		
2000	8.31	**2010**	10.35		

Źródło: The GlobalEconomy.com. Bank Światowy

9.2.3 Stopa bezrobocia mężczyzn w Omanie

Zgodnie z danymi Banku Światowego dotyczącymi stopy bezrobocia mężczyzn w Omani w okresie od 1991 r. do 2018 r., jego średnia wartość w tym okresie wynosiła

3,55%, przy minimum 1,68% w 2018 r. i maksimum 4,48% w 1995 r. Poniższa tabela przedstawia stopę bezrobocia wśród omańskich mężczyzn.

Tabela 9.6 - Bezrobocie wśród omańskich mężczyzn

Rok	Wartość	Rok	Wartość	Rok	Wartość
1991	3.89	**2001**	3.99	**2011**	3.31
1992	4.11	**2002**	4.12	**2012**	3.05
1993	4.4	**2003**	4.21	**2013**	2.71
1994	4.47	**2004**	4.13	**2014**	2.41
1995	4.48	**2005**	3.91	**2015**	2.05
1996	4.4	**2006**	3.63	**2016**	**1.74**
1997	4.31	**2007**	**3.35**	**2017**	1.71
1998	4.19	**2008**	3.38	**2018**	1.68
1999	4.26	**2009**	3.73		
2000	4.13	**2010**	3.58		

Źródło: The GlobalEconomy.com. Bank Światowy

9.2.4 Stopa bezrobocia wśród młodzieży w Omanie

Według danych Banku Światowego dotyczących bezrobocia wśród młodzieży w wieku 15-24 lat w Omani, przedstawionych w tabeli 9.7, w okresie od 1991 do 2018 roku jego średnia wartość wynosiła 9,96%, przy minimum 8,3% w 2018 roku i maksimum 11,52% w 1995 roku.

Tabela 9.7 - Stopa bezrobocia wśród młodzieży omańskiej

Rok	Wartość	Rok	Wartość	Rok	Wartość
1991	9.98	**2001**	9.85	**2011**	10.1
1992	10.36	**2002**	10.18	**2012**	9.78
1993	11.09	**2003**	**10.37**	**2013**	9.84
1994	11.04	**2004**	10.3	**2014**	9.61
1995	11.52	**2005**	10.06	**2015**	9.21
1996	11.16	**2006**	9.4	**2016**	8.64
1997	10.65	**2007**	8.97	**2017**	8.39
1998	10.31	**2008**	8.89	**2018**	**8.3**

1999	10.27	**2009**	10.11		
2000	9.9	**2010**	10.32		

Źródło: The GlobalEconomy.com. Bank Światowy

9.2.5 Wskaźnik udziału siły roboczej w Omani

Zgodnie z poniższą tabelą, dane dotyczące współczynnika aktywności zawodowej w Omani, obejmujące okres od 1990 do 2018 roku, dostarczone przez Bank Światowy, ich średnia wartość wynosiła 60,49% przy minimum 54,82% w 2001 roku i maksimum 71,6% w 2018 roku.

Tabela 9.8 - Wskaźnik uczestnictwa omańskiej siły roboczej

Rok	Wartość	Rok	Wartość	Rok	Wartość
1990	56.23	**2000**	55.06	**2010**	62.04
1991	57.31	**2001**	**54.82**	**2011**	63.49
1992	58.34	**2002**	55.01	**2012**	65.13
1993	59.33	**2003**	55.41	**2013**	66.82
1994	60.13	**2004**	55.56	**2014**	68.47
1995	60.58	**2005**	56.83	**2015**	70.01
1996	59.24	**2006**	56.28	**2016**	70.43
1997	57.77	**2007**	57.2	**2017**	71.04
1998	56.57	**2008**	58.56	**2018**	**71.06**
1999	55.78	**2009**	60.22		

Źródło: The GlobalEconomy.com. Bank Światowy

9.2.6 Odsetek kobiet w omańskiej sile roboczej

Bank Światowy podaje dane dotyczące procentowego udziału kobiet omańskich w rynku pracy w latach 1990-2018. W tym okresie średnia wartość wynosiła 15,27%, przy minimum 12,62% w 1995 r. i maksimum 18,28% w 2003 r. (tabela 9.9).

Tabela 9.9 - Odsetek siły roboczej kobiet - Oman

Rok	Wartość	Rok	Wartość	Rok	Wartość
1990	14.77	**2000**	17.26	**2010**	15.93
1991	14.22	**2001**	17.65	**2011**	15.27
1992	13.59	**2002**	18	**2012**	14.67
1993	13.06	**2003**	**18.28**	**2013**	14.16
1994	12.73	**2004**	18.21	**2014**	13.77
1995	**12.62**	**2005**	18.09	**2015**	13.47
1996	13.3	**2006**	17.84	**2016**	13.3
1997	14.2	**2007**	17.46	**2017**	13.07
1998	15.27	**2008**	17	**2018**	12.8
1999	16.37	**2009**	16.47		

Źródło: The GlobalEconomy.com. Bank Światowy

9.2.7 Omani Współczynnik aktywności zawodowej mężczyzn

Bank Światowy dostarcza dane dla Omanu od 1990 do 2018 roku. Średnia wartość dla Omanu w tym okresie wynosiła 81,21% przy minimum 76,98% w 2001 r. i maksimum 88,69% w 2018 r. (tabela 9.10).

Tabela 9.10 - Wskaźnik uczestnictwa mężczyzn w omańskiej sile roboczej

Rok	Wartość	Rok	Wartość	Rok	Wartość
1990	80.56	**2000**	77.14	**2010**	82.2
1991	80.78	**2001**	**76.98**	**2011**	83.13
1992	80.97	**2002**	77.12	**2012**	84.29
1993	81.26	**2003**	77.35	**2013**	85.54
1994	81.63	**2004**	77.34	**2014**	86.82

1995	81.88	**2005**	77.4	**2015**	88.05
1996	80.44	**2006**	77.29	**2016**	87.87
1997	79.01	**2007**	77.88	**2017**	88.19
1998	78.06	**2008**	79.06	**2018**	**88.69**
1999	77.6	**2009**	80.59		

Źródło: The GlobalEconomy.com. Bank Światowy

9.2.8 Osoby pozostające na utrzymaniu jako % ludności w wieku produkcyjnym w Omanie

W oparciu o dane Banku Światowego dotyczące osób pozostających na utrzymaniu Omanu w latach 1960-2017, jego średnia wartość wynosiła 75,44%, z czego minimum 31,87% w 2017 r. i maksimum 97,91% w 1970 r. (Tabela 9.11).

Tabela 9.11 - Osoby zależne jako odsetek ludności w wieku produkcyjnym - Oman

Rok	Wartość	Rok	Wartość	Rok	Wartość	Rok	Wartość	Rok	Wartość	Rok	Wartość
1960	87.38	**1970**	**97.91**	**1980**	91.59	**1990**	90.6	**2000**	65.39	**2010**	39.62
1961	88.84	**1971**	97.59	**1981**	92.06	**1991**	86.92	**2001**	63.49	**2011**	37.24
1962	89.99	**1972**	96.99	**1982**	92.27	**1992**	83.11	**2002**	61.33	**2012**	35.36
1963	90.96	**1973**	96.3	**1983**	92.35	**1993**	79.19	**2003**	58.94	**2013**	34.01
1964	91.87	**1974**	95.78	**1984**	92.4	**1994**	75.25	**2004**	56.45	**2014**	33.09
1965	92.79	**1975**	95.62	**1985**	92.35	**1995**	71.36	**2005**	54	**2015**	32.43
1966	94.09	**1976**	94.16	**1986**	92.45	**1996**	70.54	**2006**	49.67	**2016**	32.21
1967	95.28	**1977**	93.17	**1987**	92.44	**1997**	69.28	**2007**	46.09	**2017**	**31.87**
1968	96.36	**1978**	92.5	**1988**	92.27	**1998**	67.93	**2008**	43.31		
1969	97.25	**1979**	91.99	**1989**	91.71	**1999**	66.64	**2009**	41.2		

Źródło: The GlobalEconomy.com. Bank Światowy

9.2.9 Wskaźniki zatrudnienia w Sułtanacie Omanu

Poniżej znajdują się wskaźniki związane z zatrudnieniem zarówno w sektorze publicznym, jak i prywatnym w Sułtanacie Omanu oraz ich różne cechy charakterystyczne. Podano w nim również dane dotyczące osób poszukujących pracy w podziale na grupy wiekowe i poziom wykształcenia, rozpowszechnione w guberni sułtanatu.

- Odsetek osób poszukujących pracy w Sułtanacie w roku 2016 wyniósł około 1,8%.
- 2,3 mln osób to całkowita liczba miejsc pracy w Sułtanacie, która wzrosła o 8,7% w porównaniu z rokiem ubiegłym.
- 85% całkowitego zatrudnienia w 2016 roku stanowili mężczyźni, podobnie jak tylko 15% kobiety. 8 na 10 było obcokrajowcami w Omanie.
- Większość pracowników (około 89,6%) w Omanie pracuje w sektorze prywatnym, podobnie jak tylko 10,6% w sektorze publicznym.
- 9,5% to wzrost zatrudnienia w sektorze prywatnym w całym 2016 r. w stosunku do roku poprzedniego, podczas gdy w sektorze publicznym wzrost ten wyniósł około 1,8% w stosunku do roku poprzedniego.
- Z łącznego zatrudnienia w Omanie 9,4% miało wykształcenie wyższe, a 1,4% - wyższe.
- 76% dyrektorów administracji rządowej i biznesu w sektorze prywatnym w 2016 roku stanowili emigranci.
- 50,2% nowo zatrudnionych w sektorze publicznym miało wykształcenie wyższe, a 11,1% - wyższe.
- 42,5% zatrudnienia w roku 2016 pracowało w gubernatorstwie Muscat, a 13,3% w gubernatorstwie Al-Batinah North.
- 83,5 % łącznego zatrudnienia w sektorze publicznym w 2016 r. przypadało na Omanis, w porównaniu z około 11,6 % w sektorze prywatnym.
- 65,3% łącznej liczby emerytowanych pracowników sektora publicznego w 2016 r. opuściło służbę z powodu rezygnacji, a około 16,5% z powodu rozwiązania umowy.
- Do końca 2016 r. 43,9 tys. Omanis stanowiło ogółem 43,9 tys. osób poszukujących pracy, z czego 76,5% to osoby poniżej 30 roku życia.

- W 2016 r. wszystkie osoby szukające pracy w Omani uzyskały wykształcenie wyższe na poziomie 36,7 %, a osoby z wykształceniem ogólnym lub równoważnym - 31,1 %. [95]

9.3 Polityka omanizacyjna

Nowa polityka lokalizacyjna w krajach Zatoki Perskiej, a w szczególności w sułtanacie Omanu, odgrywa zasadniczą rolę w określaniu przyszłych trendów migracyjnych poprzez zmniejszanie bezrobocia wśród obywateli poprzez regulowanie napływu zagranicznych pracowników. Chociaż taka polityka lokalizacyjna wiąże się z ryzykiem. Patrząc w przyszłość, Oman prawdopodobnie stanie w obliczu kryzysu pracy z powodu szybko rosnącej aktywności gospodarczej. Zapotrzebowanie na siłę roboczą może być znacznie wyższe niż podaż krajowa. W związku z tym, stopień sukcesu polityki "Omanizacji" pozostaje do zrealizowania. [46]

9.3.1 Omanizacja i relokacja pracy w Omanie

W ciągu ostatnich 20 lat napływ azjatyckich robotników na Bliski Wschód oczywiście się zwiększył. Stosunek liczby emigrantów do całkowitej liczby ludności wywołuje w krajach przyjmujących obawy dotyczące negatywnego wpływu uzależnienia od zagranicznej siły roboczej. Gospodarki takie jak K.S.A., Sułtanat Omanu, ZEA i Katar wprowadziły z pierwszej ręki politykę "lokalizacji", gdzie pozostała ilość miejsc pracy jest zarezerwowana tylko dla obywateli.

Po dojściu do władzy sułtana Qaboosa w 1970 roku, sułtanat przystąpił do programu liberalizacji i modernizacji gospodarki. Znalezienie ropy naftowej przywiodło do Sułtanatu tysiące imigrantów. W okresie od 1970 do 2000 roku odsetek cudzoziemców w Omanie stale wzrastał.

Liczba emigrantów wzrosła z 13,77% ludności w 1980 roku do 26,75% w 1993 roku. W latach 1991-1996 nastąpił szybki wzrost liczby emigrantów. Wojna irańsko-iracka (1980-88) oraz wojna w Iraku w 1991 r. były głównymi przyczynami, które sprawiły, że Oman stał się bardziej atrakcyjny dla migrantów. Podczas pierwszego spisu powszechnego w 1993 r. osoby niebędące obywatelami Omanii stanowiły około 61,4% całej siły roboczej, podczas gdy obywatele Omanu stanowili nie więcej niż 38,6%. Od 1997 r. odsetek osób niebędących obywatelami Omanii stopniowo maleje. Drugi Spis Powszechny z 2003 r. podaje, że część ta wynosi 23%. Jak dotąd, emigranci nadal stanowili ponad 75% całej siły roboczej.

Sułtanat jest gospodarką importującą siłę roboczą, sprowadzającą większość zagranicznej siły roboczej z krajów azjatyckich, na *przykład* z Indii, Bangladeszu, Pakistanu i Sri Lanki. Jednocześnie jednak sułtanat jest "młodym" społeczeństwem;

prognozuje się, że 41,2% jego mieszkańców będzie w wieku poniżej 15 lat, a 53,9% znajdzie się w przedziale wiekowym od 15 do 60 lat. Liczby pokazują, że rocznie prawie 30 000 uczniów pomyślnie kończy szkołę średnią i może wejść na rynek pracy.

Bitwa na rynku pracy rozpoczyna się, gdy większość młodych Omanów wchodzących na rynek pracy ma trudności z wykonywaniem zawodu. Wynika to jednak z braku wykształcenia zawodowego/wyższego oraz braku praktycznego doświadczenia zawodowego w porównaniu z pracownikami oddelegowanymi, zatrudniającymi na podobnych stanowiskach. Tego rodzaju bezrobocie wśród miejscowej młodzieży stanowi główny problem dla Omanis i ich rządu. Polityka rozwoju Omani obejmuje "omanizację", której celem jest zwiększenie udziału Omanis w rynku pracy. [46]

9.3.2. Korzyści z Omanizacji

Dane statystyczne wskazują, że w 2009 r. proporcja Omanizacji (lokalizacji) w sektorze służby cywilnej wzrosła do 89%, przy czym kobiety stanowiły ponad 2/5 obywateli tego sektora (42,3%), około 35,5% było w wieku poniżej 30 lat, a tylko 5% było w wieku 50 lub 50 lat i więcej. Jeśli chodzi o poziom wykształcenia, 47,4% pracowników krajowych posiadających świadectwa ukończenia studiów wyższych, z czego 71% było w ministerstwach edukacji i zdrowia. [11]

Ekspatrianci w tym sektorze intensywnie zajmowali się takimi usługami jak edukacja, opieka zdrowotna i wsparcie, a także zajmowali stanowiska konsultantów, ekspertów, wyższych rangą pracowników technicznych i specjalistycznych w większości organizacji rządowych. Wymienione zawody wymagają długiego doświadczenia zawodowego, szczególnie w dziedzinie planowania i analiz naukowych, w przeciwnym razie nie ma wystarczającej liczby kompetentnych kadr z Omanu do obsadzenia tych stanowisk. [11]

Plan Omanizacji, zastosowany w 1988 roku, walczy o złagodzenie zależności kraju od zagranicznej siły roboczej, zastępując Omanis zagraniczną siłą roboczą. Taka polityka ma różne korzyści dla ludności i całej gospodarki Omanu, takie jak: [46]

1. Stanowiska obecnie zajmowane przez pracowników emigracyjnych mogły być bez wysiłku zajmowane przez Omanis.
2. Zastąpienie emigrantów siłą roboczą z Omanu przyczyniłoby się również do zmniejszenia wydatków publicznych na dotowane usługi

(elektryczność, woda, zdrowie), zużywane przez pracowników zagranicznych.

3. Zastąpienie pracowników zagranicznych przez obywateli Omanu pomogłoby również zmniejszyć deficyt w bilansie płatniczym Omanu, ponieważ przekazy pieniężne pracowników, które w 1996 r. wyniosły 1,7 mld USD, byłyby mniejsze.
4. Zastąpienie emigrantów przez obywateli Omanu mogłoby doprowadzić do wzrostu wydatków na cele mieszkaniowe poprzez efekt mnożnikowy, a tym samym przyczynić się do szybszego wzrostu PKB. Zgodnie z tym uzasadnieniem solidne kroki zostały zaplanowane i zastosowane w czwartym (1991-95), piątym (1996-2000) i szóstym (2001-2006) Planie Pięcioletnim. [46]
5. Administracja Omanu powołuje się na kilka przyczyn stosowania polityki Omanizacji. Ponadto, aby zapewnić Omanisowi niską stopę bezrobocia, Omanizacja pozwala sułtanatowi być samowystarczalnym pod względem zasobów ludzkich, zmniejszając zależność od emigrantów. W 1993 roku, w czasie pierwszego spisu powszechnego w Omani, ponad jedną czwartą mieszkańców Sułtanatu stanowili obcokrajowcy. Ale od tego czasu, wielu już nie żyje.
6. Zależnie od mieszkańców Omanu, wymagania wobec kobiet na rynku pracy są zwiększone. Pomaga to jednak zwiększyć ich rolę w społeczeństwie, a tym samym skierować ich na drogę do równości. Obecnie w wielu uczelniach wyższych w Omani jest więcej kobiet niż mężczyzn. Większość z tych kobiet nadal działa w organizacjach społeczeństwa obywatelskiego, które mają kluczowe znaczenie dla zdrowej społeczności. Sułtanat również świeżo powołał kobietę na stanowisko ministra, co czyni go jedynym narodem w okolicy, który otrzymał kobietę na najwyższym szczeblu władzy.
7. Koncentruje się on na szkoleniu Omanis do wykonywania pracy, która została wcześniej powierzona pracownikowi zagranicznemu. Szkolenie to pomaga ludziom doskonalić się i wzbogaca młodzież o nadzieję na nadchodzące dni życia.

9.3.3 Kwoty związane z pracą dla Omanis

W ramach programu "Omanizacja" zarezerwowano następujące miejsca pracy tylko dla obywateli Omanu (tabela 9.12). [46]

Tabela 9.12

Kontyngenty zawodowe dla Omanis				
Eksperci	Technik	Pracownik zawodowy	Pracownik wykwalifikowany	Ograniczony pracownik wykwalifikowany
1. Prawnik	1. Nauczyciel szkoły podstawowej	1. Urzędnik ds. księgowych	1. Robotnik skórzany	1. Sprzedawca gazet
2. Inżynier budowlany	2. Pielęgniarka	2. Główny mechanik samochodowy	2. Spawacz	2. Operator maszyny
3. Księgowy	3. Rysownik architektoniczny	2.Główny Sprzedawca	3. Typista	3. Naprawa samochodu/fitter
4. Radca prawny	4. Kamerzysta telewizyjny	3. Główny Robotnik Skórzany	4. Elektryk	
5. Kierownik działu				

9.3.4 Programy strategiczne podjęte na rzecz skutecznej omanizacji

- Ministerstwo Gospodarki Narodowej określa zapotrzebowanie na zatrudnienie według miejsc pracy i kieruje poszukujących pracy na poszczególne ścieżki kształcenia zawodowego. Firmy, które ubiegają się o nowe licencje dla pracowników zagranicznych, są proszone przez Ministerstwo o przygotowanie planu Omanizacji, który określa, w jaki sposób zamierzają osiągnąć odpowiednie cele branżowe.

- **Kontrola wpływu na pracę cudzoziemców**: Taka polityka obejmuje stosowanie pułapu łącznego w momencie przybycia zagranicznych pracowników oraz dystrybucję licencji na pracę do przedsiębiorstw w taki sposób, aby osiągnąć całkowity pułap.
- W 1994 r. Sułtanat zaczął również pobierać opłaty za zatrudnianie pracowników zagranicznych. Opłaty te są płacone przez przedsiębiorstwo i rezerwę na rozwój zasobów ludzkich, często nazywaną "składką na szkolenia".
- Ogromna liczba bezprawnych robotników została deportowana; wielu emigrantów jest na podstawie amnestii, aby stworzyć przestrzeń dla obywateli.
- Natychmiastowe udzielenie zamówień publicznych firmom prywatnym, które osiągną cel lokalizacyjny (Omanizacja).
- Podejmujący ryzyko program rozwoju dla krajowej młodzieży: program SANAD. Program ten został udowodniony w celu rozwoju przedsiębiorców i umieszczony pod nadzorem Ministerstwa Manpower. W ramach grup rzemieślniczych i zawodowych, po spełnieniu wymagań, uzgadniane są małe pożyczki. Niektóre z podstawowych miejsc pracy wchodzących w skład tego pakietu to sklepy spożywcze, warzywne i owocowe, sprzedaż i dostawa artykułów elektrycznych, pojazdy dostawcze, sprzedaż ryb, sklepy mięsne, myjnie samochodowe itp. [46]

9.3.5 Wpływ Omanizacji

Od 1995 roku polityka Omanizacji ograniczyła udział pracowników zagranicznych zarówno w sektorze publicznym, jak i prywatnym. W okresie od 1995 do 1998 r. odsetek wydatków na zatrudnienie w sektorze publicznym spadł z 22,3% do 20,8%, a w sektorze prywatnym z 85,2% do 81,6%.

W piątym planie pięcioletnim, siła robocza w Omani wzrosła o około 5,1% w porównaniu do 2,3% w przypadku siły roboczej z zagranicy. Stopa "omanizacji" lokalizacji wzrosła w sektorze prywatnym z 14,7% w 1995 roku do około 16,6% w 2000 roku. Z danych omanizacji w sektorze prywatnym wynika, że sektorami, na które plan wywarł niewielki wpływ, są: rolnictwo i rybołówstwo; handel hurtowy i detaliczny; restauracje i hotele; produkcja przemysłowa; budowa dróg i budynków; oraz usługi komunalne i osobiste. W tych dziedzinach zatrudnionych jest 88% ogółu pracowników sektora prywatnego, a 95% ogółu pracowników zagranicznych. Najwyższe tempo Omanizacji miało miejsce w następujących sektorach:

- transport,
- magazynowanie i komunikacja;
- ubezpieczenie finansowe,
- usługi w zakresie nieruchomości i pracy;
- kopalnie i kamieniołomy;
- energia elektryczna, woda i gaz

Jednakże sektory te zatrudniają jedynie około 8 % wszystkich pracowników sektora prywatnego.

Na program lokalizacyjny Omani w taki czy inny sposób wpłynęło kilka cech gospodarki. Wpływy te można podzielić na dwie grupy, tj.

- Wpływ na gospodarkę
- Wpływ na migrację.

Bezrobocie w Sułtanacie często ogranicza się do osób poszukujących pierwszej pracy. Wiek wejścia na rynek pracy wynosi od 15 do 20 lat. W tym wieku większość Omanis ma trudności ze znalezieniem pracy, ponieważ brakuje im szkoleń zawodowych lub zawodowych. Istnieje duża luka pomiędzy wymaganiami rynku pracy a wynikami systemu edukacji. Pracodawcy regularnie powstrzymują się od zatrudniania obywateli Omanu z powodu ich niewystarczającej wiedzy technicznej i zawodowej. Od czasu do czasu faworyzuje się emigrantów z powodu niższych wynagrodzeń i dodatków oraz ich chęci do pracy w każdych okolicznościach. [46]

9.3.6 Przyszłe zapotrzebowanie na pracowników zagranicznych

Na popyt na siłę roboczą z zagranicy w najbliższych latach będzie miał wpływ rozwój gospodarki, powstawanie nowych zawodów oraz dynamika, z jaką plan omanizacji zostanie zainicjowany. Chociaż odsetek emigrantów maleje, to rzeczywista ich liczba wzrasta. W 1996 r. było ok. 27,64% (612 000) migrantów, w porównaniu do 25,98% (624 000) w roku 2000. Dane statystyczne wskazują na spadek odsetka osób pracujących na emigracji. Zawody, które obecnie znajdują się pod silnym napędem omanizacyjnym, zastępują siłę roboczą z zagranicy siłą roboczą z Omanu. W tych okolicznościach jedynym dostępnym wyborem jest migracja powrotna do krajów ojczystych lub migracja do niektórych innych gospodarek państw członkowskich RWPZ.

Obecny program lokalizacyjny nie jest ukierunkowany na prace wymagające wysokich kwalifikacji ani na prace niewykwalifikowane i niebezpieczne. W przypadku obu tych grup gospodarka będzie musiała być przez niewiele lat podporządkowana pracy cudzoziemców (tzn. do czasu, gdy obywatele będą mieli odpowiednie kwalifikacje, by podjąć pracę na tych stanowiskach). Usprawnienia edukacyjne i zmiany w sposobie myślenia są dwoma istotnymi czynnikami decydującymi o zakresie omanizacji w tych zawodach. Zmiana nastawienia pomoże obywatelom Omanu wprowadzić się i znosić pracowników sektora prywatnego, nie ograniczając się przy tym wyłącznie do pracy w rządzie na stanowiskach robotniczych. Jest prawdopodobne, że w ciągu najbliższych kilku lat rząd nie wymusi na *przykład* lokalizacji konkretnych, niewykwalifikowanych i ryzykownych miejsc pracy:

- Praca w kamieniołomach,
- praca domowa, i
- zawody związane ze sprzątaniem - dla których pracownicy zagraniczni będą mile widziani

Ruch omanizacyjny może wywołać stan niezrozumienia i zwątpienia wśród zagranicznej siły roboczej. Rząd Omanu będzie musiał opracować plan strategiczny, dzięki któremu środowisko wzajemnego zaufania i zainteresowania nie zostaną naruszone.

W przyszłości popyt na pracę cudzoziemców, głównie Azjatów, będzie zależał od kilku czynników, na *przykład:*

- liczba młodych obywateli przemieszczających się na rynku pracy oraz wpływ lokalizacji rynków pracy (głównie ze względu na regulacje rządowe);
- zdolność gospodarki Omanu do tworzenia nowych zawodów;
- rozwój lokalnych zasobów ludzkich;
- zmniejszenie różnicy między potencjalną a rzeczywistą wykwalifikowaną krajową siłą roboczą[46]

Rozdział dziesiąty

Inflacja w Omanie

Falbo laikiem, inflacja to tylko wzrost cen. Jeśli ceny artykułów codziennego użytku lub tygodniowych zaczną rosnąć, staje się to przedmiotem codziennej dyskusji. Niezależnie od wpływu, jaki inflacja może mieć na inne obszary gospodarki, może ona przybrać brzydki obrót i doprowadzić do kryzysu politycznego - przynajmniej w gospodarkach rozwijających się". (Gospodarka Singh-Indii, str. 7)

10. Stopa inflacji w Omanie

10.1 Stopa inflacji - wskaźnik CPI

I W Sułtanacie ważne elementy wskaźnika cen konsumpcyjnych są następujące:

- Żywność, napoje i tytoń stanowią 30%;
- Transport i komunikacja stanowią 22%;
- Czynsz, energia elektryczna, woda i paliwo stanowią 21%;
- Odzież, Tekstylia i Obuwie stanowią 8%;
- Środki higieny osobistej i inne usługi za 6%;
- Meble i materiały mieszkaniowe na 5%;
- Inne obejmują usługi edukacyjne 3%;
- Rekreacja i rozrywka 3% i opieka medyczna 2%.

Wskaźnik ten ma wartość 100 na dzień 2000.[129]

10.2 Ciśnienie inflacyjne w Omanie

Presja inflacyjna w Omanie utrzymywała się na stałym poziomie, wykazując przede wszystkim spadek cen surowców, zmniejszenie wydatków publicznych i znaczną aprecjację dolara amerykańskiego w ujęciu realnym, począwszy od połowy 2014 roku. Roczna stopa inflacji jest obliczana poprzez zmiany w średnim wskaźniku cen towarów i usług konsumpcyjnych. Wskaźnik CPI dla Omanu wyniósł 1,0% w 2014 roku wobec 1,1% w 2013 roku. W ciągu trzech pierwszych kwartałów 2015 r. (styczeń-wrzesień) średnia inflacja bazująca na (CPI) spadła do 0,2% [88]. Ciśnienie inflacyjne w Omanie jest głównie przyzwyczajone:

- Wydatki rządowe,
- Globalne ceny,
- wahania dolara amerykańskiego z powodu związania Rial Omani

Chociaż nastąpił spadek wydatków rządowych, średnia inflacja oparta na wskaźniku CPI dla Omanu utrzymuje się na wyższym poziomie 1,w %1 2016 r. w porównaniu z 0,%1 w 2015 r., głównie z powodu:

- ożywienie w globalnych cenach produktów;
- wzrost cen energii;
- inne opłaty i należności użytkowników

Jednak inflacja konsumencka w Omani jest szczęśliwa w porównaniu z inflacją w gospodarkach RWPZ, która według szacunków wzrośnie do 3,w %5 2017 roku z 2,%9 w 2016 roku. Wraz z czynnikami po stronie popytu i podaży, wynikającymi ze źródeł wewnętrznych i zewnętrznych, wpłynęły na ogólny poziom cen w Omanie. [32]

10.3 Sytuacje inflacyjne w Omanie

Sytuacje inflacyjne w Sułtanacie Omanu pozostały zadowolone i pomocne dla wzrostu, pomimo pewnego wzrostu inflacji w obecnej przeszłości. Średnia inflacja bazująca na wskaźniku (CPI) dla Omanu wzrosła do 1,6% w 2017 r. z 1,1% w 2016 r. i 0,1% w 2015 r., do czego przyczyniło się przede wszystkim zaostrzenie się światowych cen produktów, deprecjacjacja kursu dolara amerykańskiego, mniejszy niż oczekiwano spadek wydatków rządowych oraz spadek dotacji, zwłaszcza na energię elektryczną. Wzrost inflacji w grupach: transport, wyposażenie, sprzęt gospodarstwa domowego, rutynowe utrzymanie gospodarstw domowych, edukacja, mieszkalnictwo, woda, energia elektryczna, gaz i inne paliwa oraz żywność i napoje bezalkoholowe zostały częściowo zniwelowane przez spadek inflacji w ramach komunikacji. [6]

Rys. 10.1 - Stopa inflacji Omanu (średni wskaźnik CPI) Roczny odsetek (1980-2019)

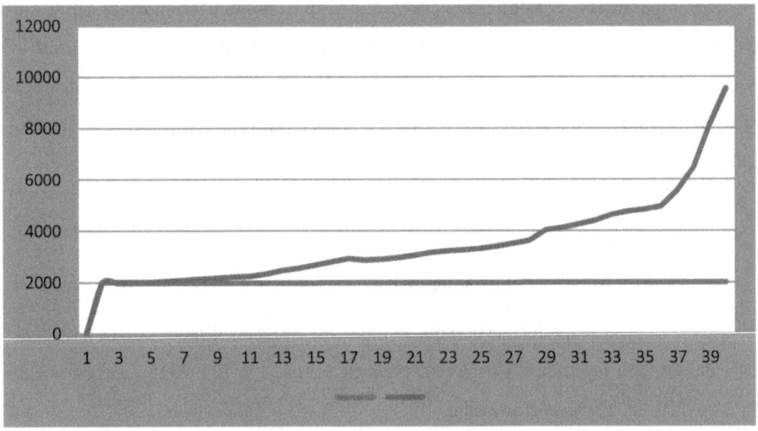

***Źródło**: MFW-DataMapper-(kwiecień 2019) - https://www.imf.org/en/Countries/OMN*

10.4 Pomiar inflacji w Omanie

Inflacja w Sułtanacie wraz z innymi państwami jest zazwyczaj mierzona jako procent zmian w Indeksie cen towarów i usług konsumpcyjnych (CPI) z roku na rok. CPI to ceny płacone przez przeciętnego miejskiego konsumenta w każdym z poszczególnych stanów. Inflacja może być również mierzona za pomocą innych indeksów cen, takich jak Indeks ***cen producentów*** lub ***tzw. deflator PKB***. Większość gospodarek stara się utrzymać inflację na poziomie około 2-3% rocznie. [59]

10,5 Stopa inflacji w Omani w 2018 r.

Stopa inflacji w Omanie (wskaźnik cen konsumpcyjnych - CPI) wzrosła nieznacznie o 1,37% w czerwcu 2018 roku. Według danych opublikowanych przez Krajowe Centrum Statystyki i Informacji (KCSI), nieznaczny wzrost inflacji był spowodowany przede wszystkim wzrostem kosztów segmentów krytycznych, takich jak

- transport, który wzrósł o 6,04%,
- edukacja wzrosła o 4,90%,
- Wyposażenie i sprzęt gospodarstwa domowego - wzrost o 0,75% w czerwcu 2018 r.

Chociaż grupa produktów spożywczych i napojów bezalkoholowych wykazała niewielki spadek cen. [125]

Obecny umiarkowany wzrost cen w Sułtanacie Omanu jest uwarunkowany zarówno popytem, jak i czynnikami podażowymi, które powstają zarówno ze źródeł krajowych, jak i zewnętrznych. Niższe ceny żywności i metali na świecie przyczyniły się do obniżenia inflacji, ponieważ większość artykułów spożywczych była kupowana za granicą. Mimo że ogólny poziom inflacji utrzymywał się na niskim poziomie, wkład trzech kolekcji: "Żywność i napoje bezalkoholowe", "Mieszkalnictwo, woda, energia elektryczna, gaz i inne paliwa" oraz "Wyposażenie, sprzęt gospodarstwa domowego i utrzymanie budynków" w ogólny poziom inflacji był wysoki w 2014 r. Łącznie te trzy towary przyczyniły się do wzrostu inflacji w 2014 r. o 88,w % 3 porównaniu z 80,% 5 w 2013 r., co pokazuje stopień ich znaczenia w kształtowaniu się cen w gospodarstwach domowych. [38]

10.6 Inflacja importowana

Ponieważ inflacja z importu jest głównym czynnikiem determinującym stopę inflacji na pierwszej stronie sułtanatu, przyczyny takie jak m.in,

- wzrost stopy inflacji u partnerów handlowych,
- przewiduje się, że zmiany międzynarodowych cen produktów będą stanowić warunek cenowy w Omanie

Średnia inflacja bazująca na wskaźniku CPI dla Omanu wzrosła w 2016 r. o 1,1% w porównaniu z 0,1% w 2015 r., głównie ze względu na odzyskanie światowych cen produktów, mniejszy niż oczekiwano spadek wydatków rządowych w Sułtanacie Omanu oraz wzrost cen energii i opłat za użytkowanie. [33]

Podczas gdy impet wzrostu był kontynuowany, inflacja w Omanie również była utrzymywana w równym stopniu w ryzach, a średnia stopa inflacji, oparta na wskaźniku CPI dla tego kraju, pozostawała niższa i wynosiła 3,4% w ciągu trzech lat 2010-2012. W 2013 r. inflacja utrzymała się na niskim poziomie, a średnia inflacja wzrosła zaledwie o 1,1%. W 2014 r. średnia inflacja bazująca na CPI dla gospodarki pozostała nieznacznie niższa i wyniosła 1,%0. Bank Centralny Omanu i rząd wspólnie, we współpracy, wprowadziły czujny nadzór nad stanem cen. Prowadzone są intensywne działania na rzecz zwiększenia świadomości rynkowej konsumentów, właściwego monitorowania warunków dostaw i zróżnicowanego importu. [38]

Przewiduje się, że średnia stopa inflacji w Omanie wyniesie 4,1% w tym roku (2017), wzrastając z 1,1% w roku 2016. Jest to jednak znacznie mniej w porównaniu z 8% inflacją szacowaną dla całego obszaru Bliskiego Wschodu i Afryki Północnej (MENA) w ostatnim roku. Odnosząc się do sprawozdania Międzynarodowego Funduszu Walutowego (MFW), Bank Centralny Omanu w swoim sprawozdaniu na temat stabilności finansowej wykazał, że stopa inflacji mierzona wskaźnikiem cen konsumpcyjnych (CPI) ustabilizuje się w 2020 r. na poziomieW .%3 ciągu pierwszych trzech miesięcy 2017 r. stopa inflacji wyniosła 2,na ,%8 co wpłynął przede wszystkim stały wzrost kosztów transportu na poziomie 10,%8. "Szacowany wzrost stopy procentowej inflation jest wierny eliminacji dotacji, wyższym szacowanym stopom procentowym i zadłużeniu finansowanemu z budżetu. Te wskaźniki inflation są jeszcze jednocyfrowe i nie przewiduje się, aby destabilizowały makroekonomię lub generowały niestabilność finansową", zauważył raport CBO. Wydatki rządowe w Omanie mają znaczący wpływ na inflation. [126]

10.7 Wskaźnik cen towarów i usług konsumpcyjnych oraz wskaźnik cen producentów w Omanie

- Według NCFSI (2017), Indeks cen towarów i usług konsumpcyjnych (CPI) w Omanie, oparty na różnych grupach towarów i Indeks cen producentów (PPI) oparty na kilku rodzajach działalności gospodarczej.
- Laspeyres Index jest indeksem cen całkowitych ważonym przez ilości w roku bazowym, został użyty do pomiaru zarówno CPI jak i PPI w Omanie.
- Rokiem bazowym wskaźnika CPI został zaktualizowany na 2012 r. jako alternatywa wcześniej zatwierdzonego roku 2000, natomiast rokiem bazowym PPI jest rok 2007 .

Ceny towarów i usług dla wskaźnika CPI są uzyskiwane co miesiąc za pomocą wizyt w terenie na próbie przedsiębiorstw handlowych i jednostek dzierżawionych. Ten proces zbierania cen obejmował 1.721 firm/przedsiębiorstw oraz 1.150 jednostek dzierżawionych od wszystkich gubernatorstw Omanu z wyjątkiem Musandamu, Al Wusty i Al Batinah South. Jeśli chodzi o PPI, ceny - powiązane z trzema sektorami produkcyjnymi, takimi jak przemysł wytwórczy, górnictwo i kopalnictwo oraz energia elektryczna i woda - zostały uzyskane kwartalnie na podstawie wybranej próby różnych gubernatorstw. Znaczące wyniki są następujące:

- 1,1% była to roczna stopa inflacji w Omanie w 2016 roku, w porównaniu z około 0,1% w 2015 roku.
- Najwyższą stopę inflacji w Sułtanacie w 2016 r. odnotowano w grupie cen transportu - 6,1%, następnie w grupie cen wyrobów tytoniowych - 5,9%, a także w grupie cen edukacji - 3%.
- 1,2% to spadek cen grupy żywności i napojów bezalkoholowych w roku 2016 w porównaniu z rokiem poprzednim.
- Spadek cen grupy żywności i napojów bezalkoholowych spowodowany był głównie spadkiem cen grupy ryb i owoców morza o 3,8% oraz grupy warzyw o 3,3%.
- 19% to spadek odnotowany w PPI w roku 2016 w porównaniu z rokiem poprzednim.
- Spadek PPI w 2016 roku wynikał głównie ze spadku cen produktów naftowych i gazowych o 22% w porównaniu z rokiem poprzednim.
- W 2016 r. spadek cen produktów innych niż olejowe wyniósł 5,7% w porównaniu z rokiem poprzednim.

- Ceny wyrobów metalowych, maszyn i urządzeń odnotowały największy spadek, sięgający 18% w grupie produkcyjnej w 2016 roku w porównaniu do roku poprzedniego.

10.8 Korelacja między inflacją a cenami ropy naftowej

Wahania cen ropy były przedmiotem obszernych dyskusji naukowych i rządowych ze względu na ich znaczące konsekwencje ekonomiczne. Podwyżkę cen ropy naftowej uważa się za szczęśliwą wiadomość w krajach eksportujących ropę naftową i nieprzyjemną wiadomość w krajach importujących ropę, a dokładnie odwrotnie, gdy cena ropy spada. [78]

Związek pomiędzy ropą naftową a poziomem cen zawsze wzbudzał zainteresowanie i niepokój decydentów i naukowców. Uważa się, że okresy wysokiej zmienności cen ropy naftowej mają negatywny wpływ na krajowy poziom cen w gospodarce importującej ropę. Badania przeprowadzone w przeszłości wykazały, że istnieje element asymetryczny w związku przyczynowym między cenami ropy naftowej a cenami konsumpcyjnymi. [5]

W równym stopniu badana jest korelacja pomiędzy szokiem cenowym ropy a makroekonomią. Caruth, Hooker i Oswald, (1998); Davis i Altiwanger, (2001); Phelps, (1994) ustalili wpływ szoków naftowych na stopę bezrobocia, natomiast Davis, 1986, ustalił wpływ zmian cen ropy na zmniejszenie roli szoków technologicznych w modelach rzeczywistego cyklu koniunkturalnego. Hamilton, 1983, 1988, 1996, 2000; Hooker, 1996, 1999, 2002; Huntington, 1998; Kahn i Hampton, 1990; Mork, 1989, 1994; Tatom, 1988).

Z drugiej strony, różne skutki mogą występować w każdej gospodarce ze względu na pewne zmienne, takie jak struktura sektorowa, względna pozycja kraju importującego lub eksportującego ropę naftową lub zróżnicowana struktura podatkowa. Tak więc empatyczny związek między cenami ropy a stopami inflacji jest znaczący, ponieważ większość władz monetarnych stara się kontrolować inflację. Zrozumienie inflacyjnych skutków wzrostu cen ropy naftowej pomoże następnie władzom monetarnym w prowadzeniu polityki łagodzenia tych wstrząsów78. Cena ropy naftowej i inflacja są często uważane za powiązane ze sobą w relacji przyczynowo-skutkowej. W miarę wzrostu lub spadku cen ropy naftowej, inflacja robi to samo. Powodem tego zachowania jest fakt, że ropa naftowa jest głównym składnikiem gospodarki. [109]

W latach siedemdziesiątych XX wieku szokujący wzrost cen ropy naftowej był związany z dalszym pogarszaniem się sytuacji gospodarczej. Do dziś jednak istnieje stereotyp, że wszelka niepewność gospodarcza lub załamanie koniunktury jest w mniejszym lub większym stopniu związane z cenami ropy. Co więcej, wzrasta również zainteresowanie związkiem między ceną ropy a inflacją. Wynika to z rosnących cen żywności, jak również ze zmian cen ropy naftowej spowodowanych niepewnością międzynarodowych prognoz dotyczących ropy naftowej i gazu140. Poważne obecne wahania cen ropy naftowej wywołały duże zaniepokojenie, w szczególności wpływem ceny ropy naftowej na stopę inflacji. Niezależnie od niższego wzrostu cen ropy naftowej w późniejszych latach, wskaźnik cen towarów i usług konsumpcyjnych (CPI) stale wzrastał na przestrzeni lat, szczególnie od 1991 roku.[78]

Ceny ropy naftowej mają tak duże znaczenie dla kondycji gospodarki w przypadku wzrostu cen ropy naftowej; zwiększają one również koszty indywidualne i krajowe. Literatura pokazuje, że ceny ropy naftowej w różny sposób wpływają na gospodarkę;

- przesunięcie dochodów z krajów importujących ropę naftową do krajów eksportujących ropę naftową,
- spadek PKB i wzrost inflacji,
- niższej inwestycji,
- pogorszenie się bilansu handlowego,
- spadek zaufania przedsiębiorców i konsumentów,
- wzrost kosztów produkcji towarów i usług,
- bezpośredni i pośredni wpływ na rynki finansowe,
- wzrost bezrobocia[20]

Naukowcy tacy jak (Hamilton 1983, 1988; Tatom 1988; Mork 1989, 1994; Kahn i Hampton 1990; oraz Huntington 1995) uważają, że szoki cenowe dotyczące ropy naftowej mają również główny wpływ na produkcję i inflację. Szok cenowy ropy naftowej był uważany za główną podstawę wahań gospodarczych w USA w ciągu ostatnich trzydziestu lat (Miller, Supel i Turner, 1980; Kim i Loungani, 1991; Finn, 1991). Masa dowodów wskazuje, że rosnące ceny ropy naftowej napędzały spadek produkcji i wzrost inflacji w latach siedemdziesiątych i na początku lat osiemdziesiątych oraz że spadające ceny ropy naftowej zwiększyły produkcję i zmniejszyły inflację w połowie i pod koniec lat osiemdziesiątych. [28]

Badanie to zostało przeprowadzone na temat wpływu wahań cen ropy naftowej na inflację w USA, Wielkiej Brytanii, Francji, Niemczech i Japonii, przy zastosowaniu rozszerzonych ram krzywej Phillipsa. Uzupełnienie tradycyjnej metody krzywej Phillipsa, uwzględniające rozwijający się materiał dowodowy sugerujący, że ceny ropy naftowej mogą mieć asymetryczny i nieliniowy wpływ na produkcję oraz że w relacjach tych może występować strukturalna niepewność. Oceny statystyczne zawarte w badaniu proponują niedawne podwyżki cen ropy naftowej, które prawdopodobnie będą miały jedynie nieśmiały wpływ na inflację w Stanach Zjednoczonych, Japonii i Europie. Podwyżki cen ropy o 10 punktów procentowych spowodują bezpośredni wzrost inflacji o prawie 0,1-0,8 punktu procentowego w Stanach Zjednoczonych i Unii Europejskiej.

Inflacja w Europie, tradycyjnie uważana za bardziej wrażliwą na ceny ropy niż w Stanach Zjednoczonych, prawdopodobnie nie wykaże znaczącej różnicy we wrażliwości w stosunku do tej w USA, a w niektórych gospodarkach może być mniejsza[79]. Wielkie badania odkryły, że szoki cenowe ropy naftowej wpłynęły zarówno na produkcję jak i inflację w USA (Hamilton 1983, 1988, 1996; Tatom 1988; Mork 1989, 1994; Kahn i Hampton 1990; Huntington 1998). Study too supports the idea that such shocks have been a significant foundation of economic fluktuations in the last thirty years (Miller, Supel, and Turner 1980; Finn 1991; Kim and Loungani 1992). Zależność między fluktuacjami cen ropy naftowej a inflacją w Omanie badana jest za pomocą testu wiązania autoregresywnego opóźnienia rozproszonego (ARDL), uwzględniającego dane szeregów czasowych z 28 obserwacji rocznych. W badaniu stwierdzono długoterminową i pozytywną korelację pomiędzy zmiennymi. [2]

Rozdział jedenasty

Oman i handel zagraniczny

W **Żyjemy w globalnej gospodarce, a zakłócenia makroekonomiczne w jednej części świata szybko przenoszą się na inne części świata".** (Bade i Parkin, bez daty, p449)

11.1 Handel międzynarodowy Omani

11.1.1 Wprowadzenie

Tsułtanat Omanu skutecznie stara się zdywersyfikować swoją gospodarkę, co wynika z perspektywy przeglądu gospodarczego. Sułtanat ma około 4,0% udziału w zagregowanym eksporcie regionalnym w ujęciu wartościowym. Na słowie Światowej Organizacji Handlu (WTO) sułtanat zajął odpowiednio 57. i 66. miejsce pod względem eksportu i importu towarów, a pod względem obsługi handlowej - 94. i 62. miejsce Omanu pod względem eksportu i importu handlowego (tabela 11.1). Ogólna wartość eksportu towarów spadła w IV kwartale 2013 roku o 0,5% w stosunku do analogicznego okresu roku 2012. Wynikało to jednak ze spadku eksportu ropy naftowej o 7,7%, natomiast wartość reeksportu odnotowała wzrost o 43%, a eksportu nie naftowego o 0,6%. Łączna wartość importu towarów wzrosła o 11,1% w stosunku do IV kwartału 2013 r., podobnie jak w analogicznym okresie roku 2012.[90]

Tabela 11.1 - Ranking Omanu w handlu światowym, 2012 r.

Szczegóły	Eksport	Import
Towary	**57**	**66**
Towary (z wyłączeniem handlu wewnątrzunijnego)	40	45
Usługi komercyjne	**94**	**62**
Usługi handlowe (z wyłączeniem handlu wewnątrzunijnego)	68	44

Źródło: Roczny Raport Przemysłowy2014 (Ministerstwo Handlu i Przemysłu) oraz Profil Handlowy 2013 z WTO

11.1.2 Strategiczna lokalizacja państw RWPZ

Ze względu na strategiczne położenie krajów GCC, gospodarki te mają doskonałą okazję do stania się międzynarodowymi centrami logistycznymi. Obecnie Zatoka Permska zaprasza 3,5% światowego handlu. W Sułtanacie Omanu sektor logistyczny odnotował w latach 2010-2015 wzrost średnio o ponad 8%; około 60% działalności logistycznej to transport lądowy i morski. Ze względu na dużą zależność od dochodów z ropy naftowej, bilans handlowy Omanu zmniejszył się o 75% w latach 2014-2015. Jednocześnie wielkość wysyłanych towarów wzrosła z 93 mln ton do 103 mln ton. W porównaniu z innymi gospodarkami GCC i innymi centrami logistycznymi, Oman zapewnia niskie, konkurencyjne koszty. [119]

11.1.3 Główna cecha charakterystyczna gospodarki Omanu

Wysoki stopień otwartości handlowej jest główną cechą charakterystyczną gospodarki sułtanatu, a sektor węglowodorowy stanowi jej trzon. Eksport netto sektora węglowodorów ma znaczący udział w całkowitym zapotrzebowaniu Sułtanatu i każde główne odchylenie w tym elemencie ma silny wpływ na wzrost gospodarczy i inne powiązane zmienne makro (na *przykład* saldo rachunku bieżącego i saldo fiskalne). [34]

11.1.4 Stosunki międzynarodowe z innymi krajami

Polityka zagraniczna Omanu została opracowana w oparciu o długoletnie doświadczenie historyczne, przy zachowaniu starannego podejścia polegającego na utrzymywaniu przyjaznych stosunków ze wszystkimi sąsiadami, jak również z innymi gospodarkami zagranicznymi. Zgodnie z założeniami omańskiego Ministerstwa Spraw Zagranicznych, omańska polityka zagraniczna opiera się na czterech zasadach:

A. Rozwój i utrzymanie godnych stosunków z sąsiednimi narodami;

B. Outward i internacjonalistyczne spojrzenie, jak pasuje do Omanu geograficznego miejsca i starożytnych tradycji morskich;

C. Pragmatyczne podejście do wzajemnych relacji, podkreślające leżący u ich podstaw realizm geostrategiczny, a nie krótkotrwałe stanowiska ideologiczne; oraz

D. Poszukuj bezpieczeństwa i stabilności poprzez współpracę i pokój, a nie konflikt.

Omańskie przywiązanie do tych zasad pozwoliło polityce zagranicznej na elastyczność i świadome sprostanie wyzwaniom obecnego środowiska globalnego. Sułtanat cieszy się solidnymi i rozwijającymi się stosunkami z USA, Wielką Brytanią i innymi narodami Unii Europejskiej, a także z Federacją Rosyjską i narodami Ameryki Północnej i Południowej. [90]

11.1.5 Omani Główne miejsca przeznaczenia wywozu

Gospodarka Sułtanatu korzysta z nadwyżki handlowej, głównie dzięki eksportowi ropy naftowej. W 2010 r. ropa naftowa i gaz ziemny stanowiły łącznie ponad 80% eksportu. Większość olejów trafiła do Chin, a ich ogon stanowiły Indie, Japonia i Tajlandia. Inne główne miejsca przeznaczenia wywozu to Korea Południowa, Tajwan i Singapur.

- Największe znaczenie w eksporcie poza ropą naftową miały chemikalia, tworzywa sztuczne i guma oraz produkty mineralne. Około 44% tych towarów w 2010 r. było przeznaczonych do USA, Indii i Wielkiej Brytanii.
- Maszyny, urządzenia transportowe i wytworzone produkty stanowiły 63% importu sułtanatu.
- Żywe zwierzęta i jedzenie stanowiły kolejne 10%.

Trzema najważniejszymi partnerami importowymi Sułtanatu w 2010 r. były USA, Japonia i USA [47].

11.1.6 Nadwyżka handlowa towarów omańskich

Nadwyżka w handlu towarami, w bilansie płatniczym, spadła do 2,406 mln OMR w 2016 r. z 3,506 mln OMR w ubiegłym roku, głównie z powodu znacznego spadku eksportu o 22,8%, choć efekt ten został częściowo zrównoważony przez poważny spadek importu o 19,9%. Co ciekawe, tempo spadku eksportu wyhamowało w 2016 r. w porównaniu z rokiem poprzednim, co odzwierciedla pewne ożywienie w światowych cenach ropy naftowej.

- W 2016 r. wspólny deficyt w zakresie usług, dochodów i transferów bieżących był niższy i wyniósł 7,143 mln OMR w porównaniu z 7,718 mln OMR w roku 2015.
- Deficyt na rachunku obrotów bieżących wzrósł do 4,737 mln OMR w 2016 r. (18,6 % PKB) z około 4,212 mln OMR (15,7 % PKB) w roku 2015.
- Tak czy inaczej, w 2017 r. spodziewane jest pewne ożywienie w cenach ropy, w tym samym roku rachunek bieżący Sułtanatu ma pozostać deficytowy. [34]

11.1.7 Wpływ handlu zagranicznego na gospodarkę Omanu

Gospodarka Sułtanatu jest rozwijającą się małą, otwartą gospodarką na Bliskim Wschodzie, o wyróżniających się zasobach ropy naftowej i gazu oraz znacznych nadwyżkach handlowych. Handel zagraniczny odgrywa istotną rolę w określaniu wzrostu gospodarczego Sułtanatu. Wpływ handlu zagranicznego na gospodarkę sułtanatu można wyjaśnić za pomocą instrumentu współzależności handlowej w następujący sposób:

(i) Wzrost eksportu sułtanatu do swoich partnerów handlowych zwiększy jego dochody, co z kolei spowoduje wzrost importu.

(ii) Eksport Sułtanatu do jego partnerów handlowych jest formalnie uwarunkowany cenami ropy naftowej i dochodami partnerów handlowych Omanu. Zakłada się, że spadek cen ropy naftowej będzie miał negatywny wpływ na eksport Sułtanatu do partnerów handlowych, co doprowadzi do spadku dochodów Sułtanatu od partnerów handlowych.

(iii) PKB partnerów handlowych Omanu jest funkcją ich eksportu do Sułtanatu i reszty świata. W konsekwencji, wzrost importu sułtanatu spowoduje wzrost dochodów jego partnerów handlowych, co z kolei doprowadzi do wzrostu ich importu z Omanu. [141]

11.1.8 Eksport Omani

Sułtanat jest uważany za 53. największego eksportera we wszechświecie. W 2016 roku Oman sprzedał 21,1 mld USD i 20,6 mld USD, co spowodowało dodatnie saldo handlowe w wysokości 439 mln USD. W tym samym roku PKB sułtanatu wyniósł 66,3B USD, a jego PKB na osobę 15 tys. dolarów. Gospodarka Omanu jest wyjątkowo zależna od eksportu ropy naftowej (62% całego eksportu) i skroplonego gazu ziemnego (8%). Pozostałe towary eksportowane zawierają chemikalia, tworzywa sztuczne i wyroby gumowe. Dominującymi eksporterami są Chiny (30% całego eksportu), Korea Południowa (11%), Zjednoczone Emiraty Arabskie (10,7%) i Japonia (10,5%). Są też Indie, USA i Tajlandia (tabela 11.2). [130]

Tabela 11.2 - Główni partnerzy eksportowi Omani

Najwięksi koledzy eksporterzy z Omanu	% eksportu ogółem
Chiny	30
Korea Południowa	**11**
ZEA	10.7
Japonia	**10.5**

Eksport z Omanu towarów zawierających ropę naftową, ropę rafinowaną, skroplony gaz ziemny (LNG), eksport nieolejowy i reeksport, w 2014 r. wykazywał różne poziomy wzrostu. Eksport ropy naftowej (w tym rafinowanej) spadł o 6,0% do 11.901 mln OMR w 2014 roku w porównaniu z OMR 12, 678 mln w roku ubiegłym. Spadek wartości eksportu ropy naftowej został przypisany niższej realizacji cen ropy w 2014 roku (spadek o 2,2%) oraz mniejszym ilościom eksportu ropy (spadek o 3,9%), podobnie jak wartość eksportu LNG spadła o 10,6% do 1.493 mln OMR w 2014 roku, reeksport również znacząco spadł o 16,9% do 2.944 mln OMR w analogicznym roku. Przeciwnie, wartość wywozu produktów nie pochodzących z ropy naftowej pochodzących z Omanu wzrosła o 8,4% do 4,126 mln OMR w 2014 r.[37]

11.1.9 Przywóz z Omanu

W 2016 roku Oman zaimportował 20,6 miliarda dolarów, dzięki czemu stał się 55. największym krajem importującym na świecie. W ciągu ostatnich pięciu lat jego import zmniejszył się w rocznym tempie o -16,649%, z 24,9 mld USD w 2011 r. do 20,6 mld USD w roku 2016. Najświeższy import prowadzony jest przez rafinerię ropy naftowej, która stanowi 8,96% łącznego importu Omanu, a złoto - 2,71%. Wartość importu towarów spadła nieznacznie o 0,4% do 8,383 mln OMR w ciągu pierwszych trzech kwartałów 2015 r. z 8,420 mln OMR w analogicznym okresie 2014 r.

Główne kategorie zarejestrowanego przywozu, które dodano do pasywnego lub stonowanego przywozu, to urządzenia transportowe oraz żywe zwierzęta i ich produkty. Spadek wartości zagregowanego eksportu towarów o 32,8% w okresie styczeń-wrzesień 2015 r. był bardziej wyraźny niż spadek zagregowanego importu towarów o 0,4% w analogicznym okresie. W związku z tym, bilans handlowy towarów odnotował mniejszą nadwyżkę w wysokości 2.062 mln OMR w okresie styczeń-wrzesień 2015 r. - spadek o 71,7% w podobnym okresie rok temu. [36]

Aktywność międzynarodowa obejmująca handel międzynarodowy i produkcję przemysłową wzmocniła w drugiej połowie 2013 r. wzrost międzynarodowego handlu towarowego w tym roku utrzymywał się w 2013 r. poniżej historycznych średnich 2,1%. Powolne tempo wzrostu międzynarodowego handlu importowego w 2013 r. wynikało z niskiego popytu w krajach rozwiniętych i rozsądnego popytu w krajach rozwijających się. Ponadto międzynarodowy handel eksportowy był nudny, ponieważ zarówno kraje rozwinięte, jak i rozwijające się odnotowywały niewielkie korzystne stopy wzrostu w podobnym okresie. Patrząc w przyszłość, przy prognozowanym wzroście światowego realnego PKB na poziomie 3,0% i 3,1% odpowiednio w 2014 i 2015 r., za pośrednictwem Światowej Organizacji Handlu (WTO), przewiduje się, że światowy potencjał handlowy wzrośnie o umiarkowane 4,7% w 2014 r., a w 2015 r. w słabo przyspieszonym tempie wynoszącym 5,3%.[38]

Rys.11.1 - Oman's Exports and Imports, USD Billion (1974-2017)

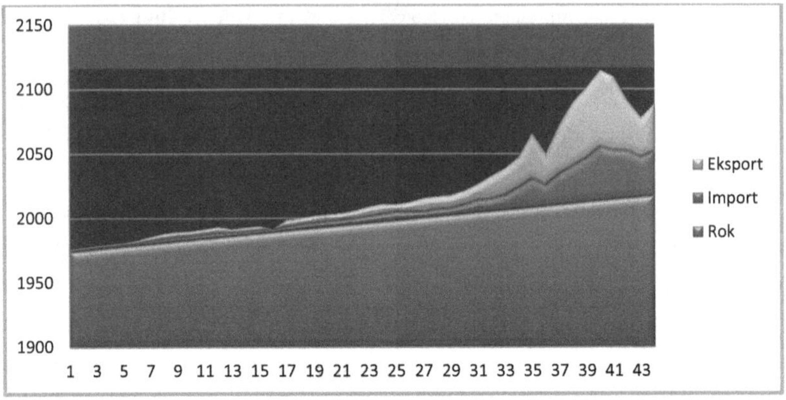

Źródło: GlobalEconomy.com - Bank Światowy

11.1.10 Bilans handlowy Omanu w 2017 r.

Sułtanat był świadkiem nadwyżki handlowej w wysokości około 102,70 mln OMR w październiku 2017 roku. Bilans handlowy Omani wynosił średnio 479,41 mln OMR w latach 1982-2017, osiągając najwyższy w historii poziom około 2379 mln OMR w czerwcu 2000 roku i rekordowo niski - 117,60 mln OMR w czerwcu 1998 roku. Oman stale notuje ogromne nadwyżki handlowe z powodu:

- produkcji ropy naftowej i gazu;
- dostawy ropy naftowej i gazu ziemnego stanowią 70 % całego eksportu

11.1.10.1 Dużego przywozu z Omanu:

- sprzęt transportowy,
- Maszyny elektryczne,
- urządzenia mechaniczne,
- produkty mineralne

11.1.10.2 Głównymi sojusznikami handlowymi Omani są:

- ZEA (11 % łącznego wywozu i 27 % przywozu)
- Japonia (10,5 % eksportu i 13 % importu).
- Inne obejmują Chiny, Indie i USA [130]

Do końca 2016 roku Oman osiągnął ogromną nadwyżkę handlową w wysokości 1,21 mld OMR, która została wygenerowana przez pozytywny handel sułtanatu z krajami azjatyckimi.

11.1.10.3 Bilans handlowy (Deficyt i nadwyżka)

Tabela 11.2 - Bilans handlowy Omanu, w mld USD (1990-2016)

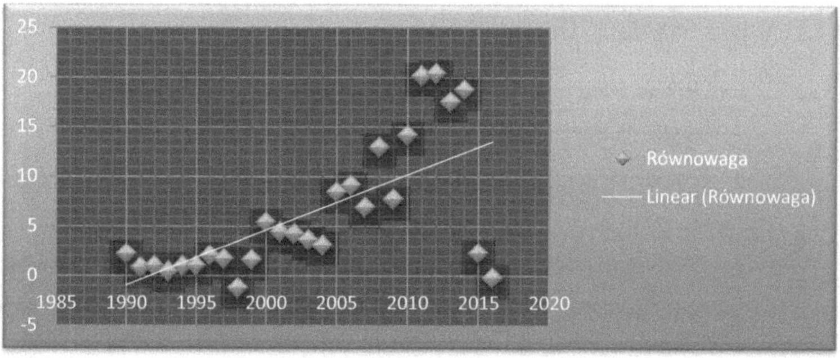

Źródło: Globalna Gospodarka/ Bank Światowy

- Łączny przywóz w poprzednim roku został udokumentowany na poziomie 8,9 mld OMR, a łączny wywóz na poziomie 10,11 mld OMR. Najwyższa nadwyżka w bilansie handlowym udokumentowana z krajów azjatyckich z OMR5,04b jako wielkość eksportu osiągnęła OMR7,03b, podobnie jak import OMR2,29b.
- Co więcej, bilans handlowy z krajami afrykańskimi był również dodatni - OMR215,86 mln, podczas gdy eksport wart był OMR344,71 mln w porównaniu z importem OMR128,85 mln.
- Z drugiej strony, w handlu z krajami Zatoki Perskiej wystąpił deficyt OMR3,02 b, ponieważ wielkość eksportu wyniosła 1,81 mld OMR w porównaniu z importem OMR4,83 mld. Podobnie jak w przypadku handlu z krajami Zatoki Perskiej, w handlu z gospodarkami zachodnioeuropejskimi odnotowano deficyt OMR677,08 mln. Eksport do tych gospodarek wyniósł 187,14 mln OMR w porównaniu do całkowitego importu OMR854,22 mln.

- Deficyt w handlu z Ameryką wyniósł OMR219,92 mln, ponieważ całkowita wartość eksportu wyniosła OMR391,31 mln, a wartość importu 611,23 mln OMR.
- Wielkość deficytu handlowego z krajami Europy Wschodniej wyniosła OMR77,23 mln, gdzie eksport był wart OMR21,76 mln, a import - OMR21,76 mln.

11.1.11 Bilans handlowy Omanu (2018)

- Bilans handlowy Omanu wykazał nadwyżkę w wysokości 1,777 mld OMR na koniec kwietnia 2018 roku, w porównaniu z OMR946,3 mln na koniec kwietnia 2017 roku (NCSI).
- Łączny eksport produktów na koniec kwietnia 2018 r. wyniósł około 5,109 mld OMR, co oznacza wzrost o 27,7% w porównaniu z kwietniem 2017 r. Gdy tylko eksport do Omanu wyniósł 4,2 mld OMR, import produktów wzrósł o 9% i osiągnął poziom 3,332 mld OMR na koniec kwietnia 2018 r. z poziomu 3,056 mld OMR na koniec kwietnia 2017 roku.
- Eksport ropy i gazu z Omanu został zarejestrowany na poziomie 3,209 mld OMR, co stanowi wzrost o 30,5% w porównaniu z końcem kwietnia 2017 roku, kiedy to dotknął on 2,459 mld OMR. Wśród eksportu ropy i gazu do końca kwietnia 2018 roku eksport ropy z Omanu miał wartość 2,385 mld OMR, podczas gdy wartość eksportu ropy rafinowanej wyniosła 295,3 mln OMR, a wartość eksportu skroplonego gazu ziemnego (LNG) - 529,5 mln OMR. [125]
- Gospodarka Omanu jest uważana za wschodzącą, maleńką, otwartą gospodarkę na Bliskim Wschodzie, ze znaczącymi nakładami ropy naftowej i gazu oraz znaczną nadwyżką handlową. Jak wynika ze sprawozdania rocznego Banku Centralnego Omanu za 2013 r. (2014 r.), w otwartej gospodarce, takiej jak sułtanat Omanu, handel międzynarodowy ma do odegrania istotną rolę, ponieważ kraj ten jest w dużym stopniu uzależniony od eksportu węglowodorów, a masa towarów konsumpcyjnych jest importowana.
- Międzynarodowe lub zagraniczne transakcje handlowe, w tym eksport i import towarów, stanowiły 115,5% nominalnego PKB w 2013 r., co

wskazuje na wysoki poziom otwartości handlowej i znaczący udział handlu zagranicznego w PKB. W szczególności, eksport towarów stanowił 70,8% nominalnego PKB, z czego udział eksportu ropy naftowej i gazu ziemnego utrzymywał się na wysokim poziomie 46,8%, co oznacza wysoki poziom koncentracji w zakresie uzależnienia od eksportu węglowodorów. Eksport i reeksport towarów nieżelaznych wzrósł odpowiednio o 5,9% i 42,4% w 2013 roku, co stanowi pozytywny wskaźnik dla procesu dywersyfikacji gospodarczej w Sułtanacie Omanu.

- Jeśli chodzi o import towarów, stosunek importu do nominalnego PKB wzrósł do 44,7% w 2013 r. z 37% w roku ubiegłym, odzwierciedlając gwałtowny wzrost popytu wewnętrznego. [133,141]

11.1.12 Handel z krajami RWPZ

Odpowiedni udział gospodarek RWPZ łącznie jako procent całego przywozu i wywozu z Omanu (łącznie z powrotnym wywozem) pozostawał w ostatnich kilku latach mniej więcej niezmienny. Omański eksport nieolejowy (łącznie z reeksportem) jako procent całkowitego eksportu nieolejowego plus reeksport wzrósł nieznacznie z 43,7% w 2013 r. do 45,7% w 2014 r., podczas gdy udział GCC w Omani odnotował import z 39,2% do 37,2% w podobnych latach.

11.1.13 Wskaźniki handlu zagranicznego

Ta część pokazuje najważniejsze wskaźniki handlu zagranicznego w Omanie, na które składają się: wymiana handlowa, eksport i import towarów, podział każdego z nich na grupy towarowe, państwo narodowe i bilans płatniczy.

Grupowanie towarów stosowane w danych o handlu zagranicznym jest dopasowanym systemem wdrożonym w Sułtanacie od 1987 r., a ponadto rewizja SITC (4) dla porównań globalnych. Wartości towarów są prognozowane w Rialu Sułtanacyjnym w oparciu o wartość importu (C.I.F) (tj. koszt transportu, ubezpieczenia i frachtu towarów do punktów celnych w Omanie) oraz (F.O.B) dla eksportu i reeksportu.

- OMR 5,4 mld uznano za spadek wymiany handlowej w 2016 r. w porównaniu z ubiegłym rokiem, osiągając 19,2 mld OMR.
- 38% uznało, że w 2016 r. bilans handlowy uległ pogorszeniu, osiągając zdecydowanie 1,4 mld OMR, w porównaniu z 2,3 mld OMR w roku 2015.

- Spadek eksportu Omanu w roku 2016 wyniósł 23%, podczas gdy import spadł o 20% w tym samym roku.
- Udział ropy naftowej i gazu ziemnego w całkowitym eksporcie Omanu w 2016 roku wyniósł 57% w porównaniu z 58,4% w roku ubiegłym.
- Spadek wartości eksportu ropy w 2016 roku wyniósł około 1 mld OMR w porównaniu z rokiem ubiegłym.
- W roku 2016 spadek eksportu sektora nie naftowego wyniósł 20% w porównaniu z rokiem ubiegłym.
- Maszyny i aparatura transportowa stanowiły 29% całkowitej wartości eksportu i reeksportu sektora nie naftowego w Omanie w 2016 roku, natomiast paliwa mineralne, smary i ten sam materiał zajęły drugą pozycję z 23% udziałem chemikaliów i ich towarów z około 16,4%.
- Około 43% eksportu sektora nie naftowego z Omanu w 2016 roku przeniosło się do krajów członkowskich RWPZ.
- Maszyny i urządzenia transportowe stanowiły około 1/3 całej wartości importu produktów do Omanu w 2016 roku - 33,2%, podczas gdy wyroby przemysłowe w podziale na materiał zajęły drugie miejsce z 20%.
- Około 57% całkowitego importu towarów z Omanu w 2016 roku pochodziło z gospodarek arabskich, a około 24% z Azji.
- Około 49% całkowitego importu produktów Omanu w 2016 roku pochodziło z USA.
- W 2016 r. ponad połowa wartości importu towarów z Omanu została przeniesiona przez porty morskie, a około 32% przez porty lądowe.
- W roku 2016 wzrost deficytu na rachunku obrotów bieżących w Omani wyniósł 12,5% w porównaniu z rokiem ubiegłym, dotykając 4,7 mld OMR.
- W 2016 r. deficyt na rachunku obrotów bieżących przypisuje się głównie deficytowi na rachunku transferów bieżących, który w tym roku sięgnął 4 mld OMR.
- W roku 2016 na rachunku kapitałowym i finansowym odnotowano nadwyżkę w wysokości 1,7 mld OMR, z powodu nadwyżki zarejestrowanej na rachunku inwestycji rezerwowych w wysokości 3,5 mld OMR. [95]

11.2 Handel wewnętrzny

TW jego sekcji przedstawiono na *przykład* wskaźniki handlu krajowego w Omanie; liczbę przedsiębiorstw wymienionych w urzędzie handlowym oraz ich rozkład według gubernatorstwa.

- 34,5 tys. przedsiębiorstw zostało zarejestrowanych w rejestrze handlowym w 2016 r., co oznacza wzrost o ok. 20,9% w porównaniu z rokiem poprzednim.
- Dwie piąte przedsiębiorstw zarejestrowanych w Sułtanacie (40%) w 2016 r. miało kapitał niższy niż 10 tys. OMR, a następnie przedsiębiorstwa z kapitałem pomiędzy (OMR 20 do mniej niż 50 tys. OMR) o 31,7%.
- Liczba przedsiębiorstw, których kapitał wahał się od OMR 20 do OMR 50 tys. w 2016 r. wzrosła o 26,9%, w porównaniu z 13,8% dla przedsiębiorstw, których kapitał był niższy od OMR 10 tys.
- Gubernatorstwo Muscat miało najwyższy odsetek wszystkich przedsiębiorstw zarejestrowanych w 2016 roku - 29%, następnie gubernatorstwo Dhofar - 16,6% i gubernatorstwo Al-Batinah North - 15,5%.
- Liczba przedsiębiorstw handlowych zarejestrowanych w gubernatorstwie Muscat w 2016 roku wzrosła o 25,9% w porównaniu z rokiem poprzednim, a następnie gubernatorstwo Dhofar z 26,7%, podczas gdy gubernatorstwo Ash-Sharqiyah North spadło o 34,9%.
- Ponad połowa przedsiębiorstw zarejestrowanych w rejestrze handlowym w guberni moskiewskiej (53,2%) w 2016 r. miała kapitał w wysokości (OMR 20 do mniej niż 50 tys. OMR), a następnie przedsiębiorstwa z kapitałem poniżej OMR 10 tys. z 14,3%.
- 66,7% ogółu zarejestrowanych przedsiębiorstw w rejestrze handlowym w guberni dhofarskiej posiadało w 2016 r. kapitał niższy niż 10 tys. OMR.[95]

Rozdział Dwunasty

Oman i dywersyfikacja

Troces dywersyfikacji doprowadzi do zmiany paradygmatu w rozwoju gospodarki omańskiej, przechodzącej od gospodarki opartej przede wszystkim na wydobyciu surowców do gospodarki opartej na rentowności i efektywności oraz przejścia przez fazę przejściową, która prowadzi do gospodarki opartej na wiedzy i innowacji". (9. plan pięcioletni, 2016 r., s. 17)

12.1 Wprowadzenie

12.1.1 Definicja

DW świetle sytuacji na międzynarodowych rynkach ropy naftowej i nieuchronności przejścia od kraju zależnego od ropy naftowej do wzrostu sektorów innych niż naftowy, dywersyfikacja jego gospodarki mogłaby zostać zdefiniowana jako planowany priorytet rozwoju gospodarczego Omanu. [117]

12.1.2 Cel dywersyfikacji

Sułtanat toruje drogę do dalszego rozwoju z dala od ograniczonej gospodarki opartej na ropie naftowej. Dywersyfikacja chce poszerzyć bazę ekonomiczną i uzyskać miejsca pracy dla ludzi. Był to cel w kolejnych pięcioletnich programach. Programy, które mają na celu są:

- przemysłu wytwórczego;
- turystyka i handel;
- Tradycyjne segmenty, takie jak rolnictwo i rybołówstwo, również otrzymują inwestycje i inne zachęty. [54]

Gdy tylko ceny ropy spadły poniżej 10 USD za baryłkę w 1998 roku, władze Omanu rozpoczęły program dywersyfikacji nazwany Wizją 2020, który obejmował sprzedaż gazu w ramach finansowania programów infrastrukturalnych. W międzyczasie Oman uruchomił zaawansowany technologicznie port morski do przeładunku kontenerów, na przykład w Salalah i Sohar, w ramach swojej długoterminowej ambicji, aby zaprosić globalnych producentów petrochemicznych do Omanu do skorzystania z dobrze rozwiniętej infrastruktury logistycznej.

12.1.3 Dziewiąty plan (2016-2020)

"W odpowiedzi na wyzwania narzucone przez ciągły spadek cen ropy naftowej na świecie, 9. plan (2016-2020) opierał się na strategicznym kierunku mającym na celu ustanowienie kilku filarów gospodarczych w średnim okresie. Kierunek ten obejmował cztery zintegrowane wymiary:

- Osiągnięcie takiej stopy wzrostu PKB, która utrzyma poprawę standardu życia obywateli.
- Osiągnięcie przejścia na gospodarkę zdywersyfikowaną.

- Osiągnięcie solidności finansowej poprzez stałe wspieranie inwestycji i racjonalizację wydatków.
- Poprawa klimatu dla inwestycji i pokonywanie przeszkód, jakie napotyka sektor prywatny w prowadzeniu działalności gospodarczej"[117].

12.2 Cel dywersyfikacji gospodarczej

Celem dywersyfikacji gospodarczej było i jest najważniejszym wsparciem we wszystkich planach związanych z rozwojem gospodarczym od czasów renesansu. Cel ten stał się ostatnio bardzo pożądany ze względu na ciągłość globalnych wahań cen, co skutkuje ograniczeniem dostępnych środków na rozwój gospodarczy i społeczny. Tak więc jednym z krytycznych wymiarów 9. planu jest potrzeba zróżnicowania źródeł dochodów rządowych poprzez rozwój obiecujących sektorów; w ten sposób gospodarka sułtanatu nigdy nie będzie zależna wyłącznie od ropy naftowej.

Dywersyfikacji gospodarczej poszukuje się nie tylko ze względu na cenę ropy naftowej fluctuations, choć jest ona ważna, ale również ze względu na konieczność poprawy dominującego modelu wzrostu w Omanie, podobnie jak w innych gospodarkach RWPZ, które są znane jako gospodarki dzierżawione, gdzie ich eksport i dochody są skoncentrowane na ropie i gazie.

W związku z tym 9. plan skupiał się na reagowaniu na te wyzwania poprzez cztery podstawowe zmiany, którymi są:

- ✓ **<u>Przejście w strukturze gospodarki Omanu</u>** z gospodarki opartej głównie na jednym źródle do gospodarki zdywersyfikowanej poprzez wydłużenie bazy produkcyjnej w celu wsparcia korzystnych sektorów, w których kraj ma żywą przewagę komparatywną.
- ✓ **<u>Zmiana czynników stymulujących wzrost gospodarczy</u>** poprzez umożliwienie inwestycji krajowych i zewnętrznych odgrywania istotnej roli oraz wspieranie partnerstwa między sektorem publicznym i prywatnym, któremu towarzyszą działania rządu mające na celu stworzenie warunków sprzyjających rozwojowi gospodarki zdolnej do konkurowania.
- ✓ **<u>Zmiana w zarządzaniu finansami publicznymi w</u>** kierunku bardziej operatywnego i dobrze zorganizowanego zarządzania poprzez uzasadnianie wydatków i zwiększanie dochodów pozafinansowych.

- ✓ **Zmiana struktury rynku pracy** poprzez stworzenie paradygmatu zmiany kwalifikacji bezrobotnych, głównie młodzieży, do pełnienia istotnej roli w przejściu od pracy publicznej do produktywnej przedsiębiorczości na własny rachunek i pracy w sektorze prywatnym.

W tych ramach nieuchronność strategicznego kierunku dywersyfikacji jest również wymuszona przez inne czynniki poza zmianami cen ropy naftowej, z których najbardziej znaczące są zmiany:

1 **Wyzwanie demograficzne**: Cele dotyczące ciągłości wzrostu gospodarczego i stabilności finansów publicznych stają się coraz ważniejsze ze względu na energiczne zmiany demograficzne przewidywane w Omanie w ciągu najbliższych trzech dziesięcioleci. Są one skategoryzowane przez dwa znaczące zjawiska:
   - ✓ Pierwszym zjawiskiem jest wzrost liczby ludności.
   - ✓ Drugim zjawiskiem jest rozwój Youth Bulge.

2 **Stały wzrost wydatków bieżących**: Badając związek między wydatkami i dochodami publicznymi w okresie (2014-2000), wydatki publiczne rosły coraz bardziej wraz ze wzrostem dochodów z ropy naftowej, które stanowią ponad (80%) łącznych dochodów w tym okresie. Pokazuje to, jak spadek cen ropy od połowy 2014 roku spowodował deficytową politykę fiskalną, pokazując, że Sułtanat całkowicie zależał od dochodów z ropy. Tendencja ta utrzymywała się pomimo ryzyka uzależnienia od nieodnawialnych zasobów ropy naftowej i biorąc pod uwagę surowe międzynarodowe ceny ropy naftowej fluctuations. [117]

12.3 Rozwój pionowy i poziomy

W związku z tym dywersyfikacja ekonomiczna i poszerzenie bazy produkcyjnej zostały uznane za strategiczne kierunki wzrostu gospodarczego Sułtanatu, biorąc pod uwagę zmienne warunki panujące na światowych rynkach naftowych oraz konieczność przejścia od gospodarki opartej na jednym towarze (ropie naftowej) do rozwoju innych sektorów jako źródeł wzrostu.

Polityka dywersyfikacji gospodarczej Omanu wiąże się z dokonywaniem szeroko zakrojonych pozytywnych zmian w strukturze gospodarki Omanu poprzez rozwój sektorów innych niż naftowy. Polityka ta jest wspierana przez specyfikę gospodarki

Omanu, skategoryzowaną ze względu na zróżnicowane zasoby naturalne i jej wybitne strategiczne położenie.

Polityka dywersyfikacji w celu rzucenia światła na obiecujące sektory. Pierwszym krokiem podjętym w ramach planu dywersyfikacji jest usunięcie przeszkód, które ograniczają wykorzystanie potencjału dywersyfikacji i rozwoju obiecujących sektorów. To potrzebuje:

- **Optymalne wykorzystanie jednorazowych zasobów naturalnych**, eksploatacja ważnej strategicznej lokalizacji kraju w pobliżu centrów międzynarodowego rozwoju gospodarczego, oraz funkcjonowanie w celu ponownego wykorzystania nadwyżek finansowych ropy naftowej do finansowania różnych projektów infrastrukturalnych, na *przykład* portów, lotnisk i autostrad, które pomagają w logistycznej pozycji Omanu.
- **Poprawa trwałej i zróżnicowanej gospodarki**: **Pionowo**, poprzez maksymalne wykorzystanie krajowej wartości dodanej produktów naftowych i gazowych do wytwarzania produktów o większej wyjątkowej wartości, oraz **poziomo**, poprzez przyznanie pierwszeństwa dla obiecujących sektorów, które są następujące:

√ Produkcja. √ Usługi transportowe i logistyczne.

√ Turystyka. √ Rybołówstwo. √ Górnictwo.

Rys. 12.1 - Cele obiecujących sektorów w 9. planie

Produkcja	• Obecny udział w PKB (9,8%) • Oczekiwany udział do końca 9. planu (10%) • Roczna stopa wzrostu w trakcie realizacji planu (6%) • Spodziewane inwestycje w okresie objętym planem (2,6) mld OMR.
Usługi transportowe i logistyczne	• Obecny udział w PKB (6,2%) • Przewidywany udział do końca 9. planu (6,8%) • Roczna stopa wzrostu w trakcie realizacji planu (5%) • Spodziewane inwestycje w okresie objętym planem (6,1) mld OMR.
Turystyka	• Obecny udział w PKB (3,0%) • Ukierunkowany udział do końca 9. planu (3,3%) • Roczna stopa wzrostu w trakcie realizacji planu (5,3%) • Spodziewane inwestycje w okresie objętym Planem 1,6) mld OMR.
Rybołówstwo	• Obecny udział w PKB (0,5%) • Oczekiwany udział do końca 9. planu (0,6%) • Roczna stopa wzrostu w trakcie realizacji planu (6,5%) • Spodziewane inwestycje w okresie objętym planem (1,1) mld OMR.

Górnictwo	• Obecny udział w PKB (0,4%) • Oczekiwany udział do końca 9. planu (0,5%) • Roczna stopa wzrostu w trakcie realizacji planu (6%) • Spodziewane inwestycje w okresie objętym planem (739) mld OMR.

Źródło:*https://www.scp.gov.om/PDF/NinthFiveYearPlan.docx*

- **Zwiększenie udziału eksportu nieolejowego w eksporcie zagregowanym.**
- **Konstruowanie postępu osiągniętego przez ten kraj w** celu wspierania stosunków między gospodarką Omanu i innymi gospodarkami międzynarodowymi.

Pięć obiecujących sektorów uznano za bardziej rozwinięte; sektory te wybrano zgodnie z następującymi kryteriami:

- Zdolność do tworzenia odpowiednich możliwości zatrudnienia dla obywateli;
- Duża konkurencyjność na świecie;
- Zdolność do utrzymania i nieprzerwanego wzrostu;
- Zdolność do wspierania wzrostu w innych różnych sektorach.

12.4 Wzrost sektora Non-Oil

Bez względu na utrzymującą się presję gospodarczą związaną ze spadkiem cen ropy naftowej, strategia dywersyfikacji Sułtanatu oraz działania mające na celu poprawę szerszych strumieni dochodów zaczynają przynosić owoce, o czym świadczy stały wzrost w sektorze pozanaftowym [97]. Poniższa tabela przedstawia szacunkowy udział sektorów innych niż naftowy w PKB Omanu. Dane na lata 2016-2020 to szacunki zawarte w 9. planie. Na lata 2021-2040 oznaczają wstępne szacunki, zgodne z założeniami dotyczącymi oczekiwanych cen ropy naftowej i surowców innych niż ropa naftowa. Ponadto podstawowa roczna stopa wzrostu (2015 r.) obliczona w oparciu o faktyczne dane z 2014 r.

Tabela 12.2 - Zmiany PKB i jego składników w okresie (2015-2040) ***(w cenach bieżących)***

	Szacunki dotyczące 9. planu					
	2015	2016	2017	2018	2019	2020
PKB w cenach bieżących	26.850	25.038	27.685	29.000	31.239	32.792
Stopa wzrostu PKB w cenach bieżących (%)	-13.8	-4.5	10.5	4.7	7.7	4.9
Realny PKB	27.652	26.968	27.684	28.510	29.403	30.330

PKB z działalności innej niż naftowa w cenach bieżących	19.171	19.890	21.009	22.314	23.778	25.321
PKB z działalności związanej z ropą naftową w cenach bieżących	9.157	6.833	8.369	8.369	9.168	9.187

Wstępne szacunki									
2021	2022	2023	2024	2025	2026	2027	2028	2029	2030
34.311	35.923	37.543	39.310	41.265	43.431	45.732	48.216	50.977	53.928
4.6	4.7	4.5	4.7	5.0	5.2	5.3	5.4	5.7	5.8
31.089	31.870	32.625	33.474	34.428	35.498	36.623	37.833	39.188	40.621
31.089	31.870	32.625	33.474	34.428	35.169	37.334	39.682	42.309	45.125
9.302	9.445	9.589	9.733	9.876	10.020	10.164	10.307	10.451	10.595

Wstępne szacunki									
2031	2032	2033	2034	2035	2036	2037	2038	2039	2040
57.083	60.459	64.071	67.939	72.081	76.521	81.280	86.384	91.861	97.739
5.9	5.9	6.0	6.0	6.1	6.2	6.2	6.3	6.3	6.4
42.137	43.739	45.435	47.230	49.129	51.140	53.269	55.523	57.912	60.443
48.146	51.386	54.864	58.597	62.605	66.910	71.535	76.505	81.847	87.591
10.738	10.882	11.026	11.169	11.313	11.457	11.601	11.744	11.888	12.032

Źródło: file:///C:/Users/Hp/Desktop/V/Privatization/Economic%20Diversification%20Sector%20Book-EN.pdf - (Szacunki z modelu makroekonomicznego Omanu)

Jednakże węglowodory nadal stanowią około 33,9% PKB i 78,7% wpływów krajowych; sektory inne niż naftowe odgrywają niezmiennie istotną rolę w profilu gospodarczym Sułtanatu. Oman funkcjonuje w celu zróżnicowania swojej gospodarki przez:

- inspirujące inwestycje zagraniczne,
- stosowanie silnej strategii rozwoju małych i średnich przedsiębiorstw (MŚP),
- biorąc pod uwagę przepisy antymonopolowe,
- poprawa industrializacji,
- budowa nowoczesnej infrastruktury,
- rosnąca prywatyzacja

Sułtanat chętnie realizuje inwestycje zagraniczne, w szczególności w sektorach przemysłu, przetwórstwa spożywczego, logistyki, informatyki, turystyki, opieki zdrowotnej, rybołówstwa i szkolnictwa wyższego. Biuro Muscat wyznaczyło cel w wysokości 81% PKB do 2020 roku dla sektora nie naftowego, przy czym sektor prywatny oznacza 91% kraju w tym okresie. Plany zwiększenia liczby lotnisk, budowy nowych terminali morskich, stworzenia szybszej, lepszej sieci drogowej oraz wspólnego odgrywania wiodącej roli w przyszłym nowym systemie kolejowym tego obszaru pomogą przekształcić kraj.

Umowy w sprawie wielomiliardowego rurociągu dla sektora publicznego oraz istotne zmiany w sektorze prywatnym planowane na pozostałą część dekady sprawiają, że sektor budowlany jest bardzo istotnym i rosnącym sektorem gospodarki Omanu. Pomimo ogromnych wiatrów wywołanych słabszymi cenami ropy w połowie 2014 roku, rząd zmierza w kierunku gospodarki zróżnicowanej, nawet jeśli obniża wydatki w krótkim okresie i odkłada w czasie niektóre ustalenia poczynione w latach, gdy kraje RWPZ korzystały z nadzwyczajnych zysków z większych wpływów z węglowodorów.

Łączna wartość aktywnych projektów budowlanych w Omani wyniosła 195 mld USD w grudniu 2017 roku. Oczekuje się, że w 2018 r. działalność kontraktowa będzie koncentrować się na hotelarstwie, służbie zdrowia, budownictwie przemysłowym i konsolidacji budynków publicznych. Poniższa tabela przedstawia inne projekty w Sułtanacie Omanu. [97]

Tabela 12.3 - Inne projekty w Omanie

Projekt	Wartość	Segment rynku
Mina Sułtan Qaboos Waterfront	1,3 mld dolarów	Infrastruktura
Centrum Kongresowe w Omanie	1 mld USD	Infrastruktura
Hotel JW Marriott	$40m	Gościnność
Muscat Golf Resort	$110m	Sport
Al-Sodah Island Resort	$987m	Gościnność
Fala (Al Mouj)	4 mld dolarów	Miasteczko
Projekt Omagine	2,5 mld dolarów	Gościnność
Saraya Bandar Jissah	$600m	Miasteczko
Salalah Medical City	1 mld USD	Zdrowie
Duqm City Dry Dock, Rafineria	20 mld dolarów	Infrastruktura
Autostrada Batinah Express	3,9 mld funtów	Infrastruktura
Liwa Plastic	6,4 mld dolarów	Branże
Rafineria Sohar Udoskonalenie rafinerii	2,1 mld dolarów	Branże
Rafineria Duqm Oil (Faza 1)	6 mld dolarów	Branże

Bid Bid-Sur Dual Carriageway	1,1 mld dolarów	Infrastruktura
Pole gazowe Khazzan & Makarem	1,6 mld dolarów	Ropa naftowa i gaz
Kompleks PTA i PET	$800m	Branże
Huta Sur	$400m	Branże
Rurociąg produktowy Muscat-Sohar	$300m	Branże
Kompleks Al Mouj Muscat	3,5 mld dolarów	Infrastruktura
Duqm Beach Resort	1,29 mld dolarów	Gościnność
Kompleks Mega Turystyki Duqm	$735m	Infrastruktura
Projekt Muscat Bay	$600m	Infrastruktura
Park Przemysłowy Sandan City	$260m	Branże
System Duqm Sez Flood System	$198m	Infrastruktura
Muscat City Walk Commercial	TBA	Infrastruktura

Źródło: file:///C:/Users/Hp/Desktop/V/Privatyzacja/Building%20Oman%202019.pdf

12.5 Rezerwy ropy naftowej

Zasoby ropy naftowej w Arabii Saudyjskiej stanowią ponad połowę wszystkich państw członkowskich RWPZ; podczas gdy zasoby w innych państwach RWPZ są wyraźnie niższe, a w szczególności Bahrajn posiada jedynie zbyt ograniczone zasoby naturalne. Mimo że Katar posiada stosunkowo niewiele ropy naftowej, na arenie międzynarodowej wyprzedza Rosję i Iran w zakresie rezerw gazu ziemnego i uzyskuje znaczny procent swoich dochodów z gazu. Ocena rezerw w ujęciu per capita wskazuje na znaczne różnice w zasobach zarówno ropy naftowej, jak i gazu ziemnego na mieszkańca pomiędzy gospodarkami. Zasoby ropy naftowej w przeliczeniu na mieszkańca są stosunkowo niewielkie w Omanie i Bahrajnie, a w innych państwach znacznie wyższe.

Podobnie rezerwy gazu są stosunkowo niewielkie w Omanie, Arabii Saudyjskiej i Bahrajnie. Podczas gdy te różnice między państwami ujawniają się w nowych poziomach produkcji, zasoby są szczególnie przytulne w Omanie i Bahrajnie, gdzie przy nowych poziomach produkcji ropa naftowa zostanie wyczerpana w ciągu następnych dwóch dekad. Z drugiej strony rezerwy ropy naftowej w Kuwejcie i Stanach Zjednoczonych utrzymają się przez ponad 100 lat, co oznacza, że w 2100 r. gospodarki te staną się jedynymi producentami ropy w GCC. Gaz uzupełnia ropę naftową łącznie w zakresie wierceń i przychodów. Przy prawie 15% międzynarodowych zasobów gazu ziemnego, w ciągu najbliższych 800 lat gaz w Katarze skończy się na nowych poziomach wydobycia. Na drugim biegunie, rezerwy Bahrajnu wkrótce się wyczerpią, a oczekiwany okres eksploatacji nie przekroczy dziesięciu lat.

Obciążenia związane z dywersyfikacją różnią się w zależności od kraju, w zależności od różnic w rezerwach energii. Rządy RWPZ dążyły do dywersyfikacji swoich gospodarek z dala od sektora naftowego na inne sektory, takie jak turystyka i usługi. Podejścia różniły się znacznie, koncentrując się na różnych dziedzinach, od turystyki po bankowość i produkcję. [114]

12.6 Niestałe ceny ropy naftowej i sektory nieolejowe

Ze względu na niestabilne ceny ropy naftowej, państwo musiało zainwestować w inne nienaftowe sektory gospodarki, aby osiągnąć różnorodność gospodarczą. Inwestycja ta jest środkiem bezpieczeństwa: jeśli jeden sektor przemysłu upadnie, gospodarka nie załamie się, ale będzie w stanie utrzymać się na drugim sektorze. W Libii dywersyfikacja gospodarcza osiąga korzystne wyniki w oparciu o fakt, że gospodarka libijska rozpoczyna realizację możliwych do utrzymania i zrównoważonych inwestycji w sektorze przemysłu nie naftowego, takim jak produkcja i praktyka rolnicza.

Głównym celem rozwoju gospodarczego Libii jest osiągnięcie większej dywersyfikacji kapitału, produktów i importu, sektora nie naftowego i surowców; należy oczekiwać, że gospodarka będzie samowystarczalna i będzie szybko rosnąć, podobnie jak inne gospodarki wschodzące. [55]

Głównym celem rządu Omanu było:

- rozwój krajowych zasobów ludzkich i sprawiedliwy i równy podział bogactwa naftowego poprzez oferowanie bezpłatnej edukacji publicznej i przede wszystkim bezpłatnej publicznej służby zdrowia,
- wspierać rozwój sektora prywatnego w rolnictwie, rybołówstwie, przemyśle i turystyce poprzez zapewnienie odpowiedniej infrastruktury i dotacji;

- motywować Omanis do większego zaangażowania się w życie gospodarcze kraju poprzez wdrożenie żywego i energicznego programu "Omanizacji".

Głównym celem działań rządu mających na celu wzmocnienie sektora prywatnego było zachęcenie do dywersyfikacji gospodarczej w kierunku produkcji towarów innych niż produkty naftowe, aby umożliwić Omanowi ucieczkę od załamania eksportu po epoce zasobów i wynikającego z tego spadku standardów konsumpcji w Omanie. [49]

Oman stoi przed wyzwaniem w postaci próby zwiększenia wydobycia ropy naftowej, gdzie trudne do wydobycia złoża, jak również stare złoża spowodowały zmniejszenie zasobów ropy naftowej w Omanie i w oparciu o ostatnie wskaźniki wydobycia ropy. Bez dokonywania nowych głównych odkryć, oczekiwana żywotność omańskich zasobów ropy naftowej wynosi około 20 do 25 lat. Potwierdzone zasoby ropy naftowej w Omani zmniejszyły się z 6,2 do 5,6 mld baryłek w okresie od 1996 do 2008 r., co jest wartością znacznie niższą niż zasoby w sąsiednich krajach. [9]

Władze wprowadziły plany dywersyfikacji gospodarczej w celu złagodzenia wpływu, jaki sektor naftowy wywiera na całą gospodarkę. Rozpoczęła ona kilka długoterminowych strategii dywersyfikacji dochodów. Dwie długofalowe strategie rozwoju "Vision 2020" i "Vision 2040" mają na celu zróżnicowanie i dywersyfikację gospodarki w stosunku do sektorów innych niż naftowy.

Wizja 2020" celowo wyznacza ambitny cel w zakresie dywersyfikacji gospodarczej, skupiając się na przykład na tworzeniu żywej, zróżnicowanej gospodarki krajowej, opartej przede wszystkim na wysoce wydajnych zasobach odnawialnych, zintegrowanej z gospodarką światową". Ponadto, wizja zawiera następujące elementy:

1. Zwiększenie do 2020 r. udziału sektorów innych niż naftowy, w tym gazu ziemnego, do 91 % PKB;
2. Zwiększanie wartości dodanej eksportowanych zasobów naturalnych;
3. Zastępują one eksport ropy naftowej eksportem nieolejowym w tym sensie, że ich udział wzrośnie z 9,4% PKB w 1995 r. do około 13% w 2020 r.

12.7 Czy gospodarka Omanu jest daleka od bycia zróżnicowaną?

Całkowity PKB związany z działalnością naftową wynosi około 42,63% całkowitego PKB Omanu w 2013 roku i przewiduje się jego spadek do 40,50% w 2020 roku. Ogólnie rzecz biorąc, można stwierdzić, że gospodarka Omanu jest nadal daleka od dywersyfikacji; dlatego też zaleca się, aby rząd Omanu wykorzystał swoje obecne dochody z ropy naftowej do rozwoju innych kluczowych sektorów gospodarki nienaftowej, aby zmniejszyć swoją zależność od sektora naftowego i zwiększyć poziom konkurencyjności w gospodarce światowej. [9]

12.8 Dywersyfikacja i rozwój sektora prywatnego

Dywersyfikacja i rozwój sektora prywatnego będą konieczne, aby zrównoważyć niższe wydatki rządowe i zagwarantować silniejszy, trwały wzrost gospodarczy sprzyjający włączeniu społecznemu. Tendencja ta będzie wymagała przyspieszonych zmian w celu rozwoju środowiska biznesowego i zmniejszenia roli sektora publicznego w gospodarce przy pomocy prywatyzacji i PPP. Reformy są konieczne w celu zwiększenia zachęt dla Omanis do tworzenia miejsc pracy w sektorze prywatnym oraz dla przedsiębiorstw sektora prywatnego do ich zatrudniania. Rosnące zaangażowanie kobiet w rynek pracy i zatrudnienie będzie cieszyć się wydajnością i wzrostem w całym regionie. Tam, gdzie jest dostępna przestrzeń fiskalna, polityka fiskalna może mieć doświadczenie we wspieraniu reform strukturalnych wymaganych do zwiększenia wzrostu sektora prywatnego i zatrudnienia. [71]

12.9 Gospodarka Omanu i jej zmiany strukturalne

W gospodarce Omanu obserwuje się zmiany strukturalne, których efektem jest większa dywersyfikacja, a co za tym idzie szybsze prowadzenie działalności gospodarczej niezwiązanej z ropą naftową i zmniejszenie zależności od sektora naftowego w ciągu ostatnich kilku lat. Nominalny PKB wzrósł o 8,7% w 2017 r. wobec spadku o 15,0% i 3,0% odpowiednio w latach 2015 i 2016. Ożywienie gospodarcze w 2017 r. było stosunkowo szerokie, zarówno w przypadku ropy naftowej, jak i działalności pozanaftowej, które wzrosło odpowiednio o 20,8% i 3,9%. Wszystkie trzy grupy nie związane z olejem, tj. przemysł, usługi oraz rolnictwo i rybołówstwo, odnotowały w 2017 r. postęp. Spieszył się również popyt zewnętrzny na produkty nieolejowe i przyczynił się do wzrostu gospodarczego, proponując program dywersyfikacji w celu osiągnięcia trakcji. Konsolidacja fiskalna poprzez racjonalizację wydatków i wzrost dochodów pozanaftowych utrzymała się jako strefa skupienia, choć była ona przeciągająca w stosunku do całkowitego popytu. W każdym razie, dzięki lepszym wynikom działalności gospodarczej niezwiązanej z węglowodorami, sektor węglowodorów pozostaje główną siłą napędową gospodarki Omanu. [30]

12.10 Zależność od ropy naftowej i zróżnicowana gospodarka

Sułtanat Omanu jest znaczącym producentem ropy naftowej i gazu. Ropa naftowa po raz pierwszy pojawiła się na rynku w Jibalu w kwietniu 1962 r., a w lipcu 1967 r. Oman rozpoczął eksport ropy. Obecnie ropa naftowa pochodzi z ponad 130 różnych pól i blisko 6000 odwiertów. Oman stosuje ulepszone metody odzyskiwania ropy naftowej, aby przyspieszyć wydobycie.

Przemysł naftowy i gazowy nadal odgrywa znaczącą rolę w tym kraju. Sektor ten pozostaje największy w Omanie i stale się rozwija. Ostatnio Oman ustanowił udany program zwiększenia produkcji ropy naftowej w celu zaspokojenia rosnącego popytu krajowego, który zmotywował i przyciągnął inwestycje zagraniczne i partnerstwa. [116]

Oman jest w dużym stopniu uzależniony od eksportu ropy naftowej, jednak istnieje tam kilka zasobów naturalnych, które można by wykorzystać. Oman może korzystać z tych zasobów i skoncentrować się na poprawie komplementarnych gałęzi przemysłu w dziedzinie metali, niemetali, petrochemii i produkcji żywności. Omański łańcuch produkcji na eksport często zatrzymuje się w pierwszych fazach produkcji lub w środkowych fazach produkcji, bez koncentracji na działalności przemysłowej, która może spowodować wzrost PKB.

Ponadto sektor ten wymaga wykorzystania nietradycyjnych źródeł energii (energii zastępczej). Ostatnie dostawy gazu są ograniczone i nie mają wystarczająco wysokiego poziomu produkcji, aby wspierać zarówno przemysł przetwórczy, jak i badania przemysłowe, jednak pomoc obu tych gałęzi ma zasadnicze znaczenie dla trwałych innowacji i rozwoju. [119]

Bogactwo ropy naftowej w Omani jest staromodnym filarem rozwoju gospodarki, który ma dotknąć 90% dochodów Omanu i przyczynić się do ponad 50% produktu krajowego brutto; chociaż biuro Muscat chętnie podejmuje działania mające na celu zróżnicowanie tej zależności, zwracając jednocześnie dużą uwagę na plan dywersyfikacji i inne sektory, takie jak:

- Industrializacja,
- turystyka,
- Prywatyzacja

Wizja Sułtanatu2020 stara się zwiększać rozwój przemysłowy kraju i inspirować do aktywnego udziału społeczeństwa w działalności gospodarczej kraju oraz zwiększać ofertę nowych zawodów, wszystkie te uważane za podstawowe determinanty wzrostu gospodarczego. W poprzednich latach Oman ustanowił odpowiednie platformy usprawniające, mające na celu postęp i uwolnienie narodu od uścisku zależności od ropy naftowej poprzez zwiększenie wydatków publicznych w głównych obszarach i motywowanie prywatnych inwestycji w najważniejszych sektorach, takich jak sektor naftowy:

- turystyka,
- rolnictwo i akwakultura,
- produkujący

W małej, otwartej gospodarce, w której do tej pory główną siłą napędową wzrostu była ropa naftowa, przejście na gospodarkę o dużej dywersyfikacji jest ekscytującą trudnością. Jednocześnie spadające ceny ropy naftowej zmiażdżyły bazę dochodową rządu. Na szczęście Oman zrobił kilka kroków w kierunku efektywnych ekonomicznie rozwiązań i zastosowania kilku inicjatyw rozwoju społecznego, które przyczyniły się do urzeczywistnienia gospodarki. Co więcej, biuro Muscat planuje i przewiduje stały wzrost wydatków w nadchodzących latach, szczególnie w przypadku programów infrastrukturalnych na dużą skalę. Inne elementy, które przyczyniły się do sukcesu Omanu, to znaczny wzrost inwestycji zagranicznych w kilku sektorach w wyniku konkurencyjnie niskich stawek podatkowych w tym obszarze. Ekspansja (MSP) wraz ze strategią ICV stanowi bazę dla samodzielnego przemysłu i transformacji gospodarki Omanu. Pomimo kilku wyzwań wewnątrz obszaru i w kraju, gospodarka Omanu została wprowadzona na właściwą drogę zrównoważonego wzrostu i dywersyfikacji. [112]

12.11 Innowacje i dywersyfikacja gospodarcza

Gospodarka Sułtanatu zmierza w kierunku silnej podstawy dywersyfikacji gospodarczej, która zależy od wiedzy i innowacji. Ma ona również na celu wzmocnienie integracji w górę i w dół łańcucha dostaw pomiędzy sektorami gospodarki Omanu, aby zwiększyć podstawę produkcji i wywozu, zróżnicować partnerów handlowych, rozszerzyć inwestycje w sektorach o wysokiej wartości dodanej oraz zwiększyć udział sektorów innych niż naftowy w PKB.

Osiągnięcie takiej dywersyfikacji gospodarczej i integracji w dużym stopniu zależy od rozwoju krajowych zdolności w zakresie innowacji i kreatywności, wspierania przedsiębiorczości, przy jednoczesnym zapewnieniu owocnej podstawy prawnej i zachęt. W rezultacie atrakcyjność gospodarki sułtanatu będzie rosła wspólnie w regionie i na arenie międzynarodowej, a tempo wzrostu będzie rosło, stabilizowało się i utrzymywało dłużej. W szczególności, zintegrowane ramy wnikliwych strategii społeczno-gospodarczych doprowadziłyby do obiecującej stabilności makroekonomicznej i równowagi fiskalnej jako głównych priorytetów, a także do optymalnego wykorzystania zasobów naturalnych. Perspektywa gospodarki sułtanatu, która zaprasza do wiedzy i innowacji, pozwoli na wytwarzanie konkurencyjnych produktów i usług z większą ilością elementów wiedzy i know-how. W ten sposób przyczyni się to do rozwoju gospodarki i poprawy jej konkurencyjności w większości sektorów i działalności, *na przykład w* turystyce, edukacji i przemyśle; nie zapominając o przemyśle naftowym i gazowym. Innowacje będą nowym sercem wzrostu, które będzie napędzać wiele innych sektorów podążających jego śladem. Innowacje będą ściśle związane z odpowiednią infrastrukturą i systemem edukacyjnym, aby inspirować innowacje i przywództwo oraz tkać je jako część kultury Omanu.

Nowa gospodarka będzie świadkiem międzynarodowych trendów w zakresie know-how, innowacji i rewolucji przemysłowych; będzie je kontynuować, zajmować się nimi i włączać do ogólnokrajowych planów i platform. Ta szybka akceptacja i adaptacja powinna mieć miejsce w bezpiecznym środowisku wiedzy, gwarantującym przekształcenie gospodarki sułtanatu w opartą na wiedzy i innowacji. Wybrana gospodarka byłaby w stanie osiągnąć ogólny i możliwy do utrzymania wzrost gospodarczy, zapewnić godne warunki pracy, stworzyć atrakcyjne i szeroko zakrojone otoczenie biznesowe oraz rozszerzyć eksport komponentów technicznych i o wysokiej wartości dodanej (tabela 12.3). [103]

12.12 Transformacja

Wydobycie ropy naftowej wiąże się ze znacznymi kosztami dla makrogospodarki kraju. Ogólnie rzecz biorąc, gospodarki bogate w zasoby, a w szczególności narody bogate w ropę naftową, uzyskują znaczne czynsze ekonomiczne, które regularnie są znacznie wyższe od kosztów produkcji. W obrębie Sułtanatu dochody uzyskiwane z zasobów ropy naftowej i gazu ziemnego znacznie przewyższają całkowite koszty wydobycia (taka nadwyżka, stanowiąca sumę kosztów i przychodów, nazywana jest czynszem ekonomicznym). Sułtanat jest w dużym stopniu uzależniony, nawet jeśli czynsz spadł z 53% PKB od 2006 roku do 36,7% w 2012 roku. W tym samym okresie udział działalności naftowej w PKB wzrósł z 47,1% do 49,9%, co wskazuje na znaczny wzrost kosztów produkcji. Może to świadczyć o tym, że zasoby ropy naftowej Sułtanatu są bliskie wyczerpania w perspektywie średnioterminowej, co stanowi wyzwanie dla utrzymania nowej struktury gospodarczej kraju.

Zastrzeżenia dla strukturalnej transformacji sułtanatu obejmują: prawdopodobieństwo, że wyszkolony kapitał ludzki przeniesie się do gospodarek o wyższych płacach; bardzo powolne tempo nabywania umiejętności i postępu technologicznego; ciągłą słabość krajowej przedsiębiorczości; niskie mieszanie struktury przemysłowej; oraz polityczne żądania dodatkowego wzrostu zatrudnienia w sektorze publicznym, co może spowodować kryzys fiskalny. Innymi słowy, pogarszające się czynsze ekonomiczne w Omanie mogą doprowadzić do tego, że struktura przemysłowa zostanie odziedziczona po epoce bogatej w ropę naftową; taka, która nie może po prostu poradzić sobie z nowym realizmem gospodarczym. Przemysł nie byłby w stanie polegać na systemach polityki wysokich zachęt, siła robocza w Omanie nie byłaby odpowiednio wykwalifikowana, a krajowa przedsiębiorczość nie byłaby wystarczająco silna, aby utrzymać gospodarkę na kursie. [89]

Rząd bierze na siebie odpowiedzialność za kilka projektów rozwojowych, które mają zrewolucjonizować gospodarkę, poprawić standard życia ludzi i okazać się bardziej dynamicznym graczem na rynku międzynarodowym. Sułtanat uzyskał członkostwo w Światowej Organizacji Handlu w październiku 2000 r. i kontynuował modyfikację swoich praktyk finansowych i handlowych w celu naśladowania uniwersalnych standardów. Wzrost w rolnictwie, a w szczególności w produkcji rybnej, jest uważany za możliwy przy zastosowaniu nowoczesnej technologii.

W okolicy Muscat Capital znajduje się zarówno międzynarodowe lotnisko w Seeb, jak i port głębokowodny w Mina Qaboos. Nowo otwarty (1999 r.), duży, współczesny port kontenerowy w Salalah, stolicy guberni Dhofar, oraz port morski w pobliskim Raysut zostały niedawno ukończone. System dróg krajowych obejmuje autostradę o wartości 400 mln USD, łączącą obszary północne i południowe. Dla odróżnienia gospodarki, na początku lat 80-tych Sułtanat wybudował w Sohar wart 200 milionów dolarów zakład wydobycia i filtrowania miedzi. Inne duże projekty przemysłowe obejmują rafinerię ropy naftowej o wydajności 80 000 b/d oraz dwie cementownie.

Region przemysłowy w Rusayl pokazuje skromny przemysł lekki w kraju. Marmur, wapień i gips mogą okazać się komercyjnie wykonalne w perspektywie. [100]

Rząd Sułtanatu realizuje swój szósty plan pięcioletni, rozpoczynający się w 2000 r., mający na celu złagodzenie zależności od ropy naftowej i pracowników zagranicznych. Plan koncentruje się na wzroście dochodów, generowaniu zawodów dla obywateli w sektorze prywatnym oraz na rozwoju Omanu w głębi kraju. Programy rządowe dają łatwe kredyty i sugerują budowę nowych osiedli przemysłowych w ośrodkach miejskich poza regionem stołecznym. Rząd przywiązuje dużą wagę do polityki "omanizacji", głównie w bankowości, hotelach i sklepach sponsorowanych przez władze lokalne, korzystających z dotacji i subsydiów rządowych. Obecnie prowadzone są działania mające na celu uwolnienie możliwości inwestycyjnych w zakresie zapraszania kapitału zagranicznego. [100]

12.13 Jak przyspieszyć dywersyfikację?

W celu zwiększenia przychodów Omanis miała na uwadze, do pewnego stopnia, prywatyzację części swoich aktywów, na *przykład*, sprzedaż udziałów w spółkach zależnych Oman Oil Company (produkcja odbywa się na późniejszych etapach produkcji), stanowiących 49% udziałów w Muscat Electricity Distribution Company.

Aby przyspieszyć dywersyfikację, znaczna liczba projektów budowlanych jest opracowywana w ramach partnerstw publiczno-prywatnych (PPP), przy czym instytucja państwowa łączy siły z firmą prywatną lub międzynarodową, aby zrealizować projekt we wspólnym interesie - około 11 projektów PPP o wartości 2 mld USD było na kilku etapach planowania i realizacji w Omanie do końca 2017 r.

12.14 Główne sektory dywersyfikacji

Nowy plan pięcioletni (2016-2020) podtrzymuje koncentrację na dywersyfikacji gospodarczej, poprawie dobrobytu i świadczeń socjalnych, a jednocześnie motywuje do rozwoju sektora prywatnego. Aby wspomóc tę wizję, ukierunkowanych jest 5 kluczowych sektorów:

- produkujący,
- transport i logistyka,
- turystyka,
- łowiska
- Górnictwo

W roku 2016 rozpoczęto realizację Narodowego Programu Zwiększania Dywersyfikacji Gospodarczej (Tanfeedh), którego celem jest przegląd i realizacja inicjatyw zmierzających do dywersyfikacji gospodarki. W rezultacie zidentyfikowano 121 konkretnych projektów i inicjatyw o łącznej wartości 36,4 mld USD do realizacji do 2020 roku.[97]

12.15 Dywersyfikacja ekonomiczna i wywóz nieolejowy

Z punktu widzenia dywersyfikacji gospodarczej, eksport ropy naftowej jest bardzo znaczący i istotny, głównie w kontekście niższych cen ropy naftowej. Przewiduje się, że wraz z poświęceniem uwagi i wsparciem na rzecz rozwoju i zachęcania małych i średnich przedsiębiorstw (MŚP), eksport produktów innych niż produkty naftowe będzie bardziej zróżnicowany, co wróży zdrowej gospodarce. Wzrost eksportu poza ropę naftową w 2014 r. został wygenerowany przez "towary przemysłu chemicznego i przemysłów pokrewnych" na poziomie 18,2%, a przez "tworzywa sztuczne, gumę i wyroby z nich" na poziomie 23,4%. Wywóz "metali nieszlachetnych i ich artykułów" wzrósł o 5,7%, podczas gdy "żywe zwierzęta i ich produkty" również odnotowały roczny wzrost o 19,3%t w 2014 roku. Pomimo niewielkiej, ujemnej dynamiki w wysokości 1,7%, "produkty mineralne" stanowiły w 2014 r. największy udział w eksporcie produktów nie będących olejami pochodzenia omańskiego (30,5%).[37]

12.16 Cele "Wizji 2020" są nadal dalekie od porozumienia.

Niezależnie od zdecydowanych pięcioletnich programów rozwojowych, podczas gdy sektor wytwórczy urósł, jest on nadal w początkowej fazie. Wysokie wskaźniki bezrobocia, zwłaszcza wśród młodych obywateli, oraz zdecydowanie nadzwyczajny popyt na pracowników spoza Omanu nadal należą do głównych problemów w gospodarce. Większość obywateli Omanu pracuje w sektorze publicznym, podczas gdy ci, którzy pracują w sektorze usług prywatnych, pracują intensywnie w szczególności w przemyśle wytwórczym i na stanowiskach pracy. [89]

12.16.1 Wizja 2020 ma na celu zmianę zależności strukturalnych gospodarki jednocześnie z zasadniczą zmianą demograficzną w kraju.

Od połowy lat 70. i później polityka przemysłowa Omanu koncentrowała się na polityce dywersyfikacji i prywatyzacji gospodarki, w której główną rolę odgrywa sektor wytwórczy. Oman zastosował pięcioletnie plany mające na celu ukierunkowanie rozwoju gospodarczego kraju, począwszy od 1976 r., w którym głównym instrumentem polityki jest zastąpienie importu. Podstawowym celem takich planów był rozwój sektorów niezwiązanych z węglowodorami poprzez inwestycje sektora prywatnego, a w tym celu sułtanat zainwestował znaczne środki w infrastrukturę gospodarki (na *przykład* transport, elektryczność, komunikację itp.). W 1983 roku powstał główny kompleks przemysłowy, co oznaczało rozpoczęcie budowy nowoczesnej infrastruktury przemysłowej, sprzyjającej wydajnej produkcji wyrobów i usług. Dodatkowym istotnym celem krajowym była lokalizacja "Omanizacji" zarówno sektora prywatnego, jak i publicznego. W celu zapewnienia bezpiecznej obsługi i dobrobytu mieszkańców Omanu, polityka przemysłowa kładzie nacisk na edukację i szkolenia, aby podnieść ich atrakcyjność dla pracowników zagranicznych poprzez zwiększenie ich umiejętności i kompetencji. [89]

12.16.2 W latach 70. produkcja przemysłowa w Sułtanacie była stymulowana przez substytucję importową.

Jako pierwszy naród na obszarze GCC, w 1995 r. Sułtanat opracował strategię długoterminowego rozwoju gospodarczego znaną jako "Wizja 2020", która wiązała jasne cele gospodarcze i społeczne z duchami planów rozwoju. Z lokalizacją "Omanizacja" i prywatnym sektorem przemysłowym jako fundamentem, strategia mająca na celu zmianę strukturalnej zależności gospodarki razem w kierunku istotnych zmian demograficznych w gospodarce (Ennis i Al-Jamali, 2014; Rozwój przemysłu wytwórczego w Omanie, 2015). [52, 89]

12.16.3 Planowanie rozwoju i polityka rozwoju przemysłowego

Omańska polityka rozwoju gospodarczego funkcjonuje od 1976 r. w ramach pięcioletnich planów rozwoju, które są realizowane za pośrednictwem rządu Omanu. Od tego czasu zastosowano osiem kolejnych planów.

W 1975 roku, pod kierownictwem Jego Królewskiej Mości Sułtana Qaboos, Rada Rozwoju została zaprojektowana do sformułowania Pierwszego Pięcioletniego Planu Rozwoju (1976-1980). Stworzony na przestrzeni wieków boomu naftowego, plan koncentrował się na tworzeniu infrastruktury, na *przykład* budynków rządowych, elektrowni i centrów komunikacyjnych. Jego wizja obejmowała gospodarkę opartą na sektorze prywatnym i wzrost potencjału gospodarki. W tym momencie, a także później, nadrzędnym celem było zmniejszenie liczby emigrantów z Omanu, aby zmniejszyć ciężar przekazów pieniężnych związanych z PKB. W latach 1975-1980 rząd chciał zmniejszyć liczbę emigrantów o 5.000 rocznie [52]. Alternatywnie jednak, prywatne przekazy pieniężne wzrosły w tym okresie, a wraz z początkiem 2011 r. Sułtanat był trzecią co do wielkości gospodarką płatniczą we wszechświecie. [52, 89]

Trzy kolejne plany pięcioletnie podtrzymywały postęp w rozwoju infrastruktury w gospodarce, ale w znacznie większym stopniu uwzględniały rozwój społeczny [52]. Kontynuowany poprzez wzrost cen ropy naftowej, drugi plan pięcioletni (1981-1985) pozytywnie funkcjonował w kierunku realizacji infrastruktury dla współczesnego rozwoju przemysłu i wprowadzał schematy zasobów słodkiej wody. Zastosowała ona również środki, które podniosły poziom życia i zainspirowały rozwój regionalny.

Mimo, że podzielają one podobne cele jak wcześniejszy plan, gwałtownie spadające ceny ropy naftowej w połowie lat 80. sprawiły, że rząd opisał mniej motywujące cele trzeciego planu pięcioletniego (1986-1990). Sytuacja w zakresie cen ropy naftowej skierowała uwagę rządu w kierunku rozwiązania problemów związanych ze stabilnością fiskalną. Stało się tak, chociaż w trzecim planie podkreślono powagę dywersyfikacji gospodarczej i ekspansji sektora prywatnego. [52,89]

Czwarty plan pięcioletni (1991-95) koncentrował się głównie na rozszerzaniu i różnicowaniu bazy produkcyjnej gospodarki, w połączeniu z rozwojem sektora prywatnego. Rozwój regionalny dodatkowo podkreślał 60% (w porównaniu do 34% w ostatnim planie) całości środków przeznaczonych na projekty, które zostały rozdzielone na inne obszary niż stołeczny. Uznano również wymóg zwiększonego rozwoju zasobów ludzkich i zwiększonego zaangażowania społecznego w siłę roboczą ("Omanizacja-lokalizacja"). Miało to zostać osiągnięte przy pomocy programów kwotowych i dodatkowych możliwości kształcenia i szkolenia. Przed końcem 1995 r. obywatele Omanu stanowili 36% całej siły roboczej i prawdopodobnie wzrosną do 42%, zanim rok 2000 dobiegnie końca. [89]

W 1991 roku zbudowano Jednostkę Gwarancji i Finansów Eksportowych. Później (1999 r.) została ona przemianowana na Agencję Gwarancji Kredytowych .W 1995 r. centralny ruch w planowaniu rozwoju miał miejsce, gdy krótko- i średnioterminowe planowanie miało być umiejscowione w ustaleniu długoterminowej wizji 25-letniej. Wizja gospodarki Omanu w roku 2020" była nieograniczona obok piątego planu pięcioletniego. Kluczowym celem było doprowadzenie gospodarki do stanu, w którym z początkiem roku 2020 nie będzie już zależna od ropy naftowej. Zgodnie z planami pięcioletnimi te szeroko zakrojone cele miały być osiągane etapami.[52,89]

12.16.4 W "Wizji 2020" uznano 7 wymiarów rozwoju polityki:

- Zapewnienie stabilnego otoczenia makroekonomicznego przez dobrze dostosowany budżet krajowy, niską presję inflacyjną, stały nominalny kurs walutowy przy jednoczesnym zachowaniu jego wymienialności;
- Zwiększenie roli państwa w podstawowych dziedzinach (*np.* edukacji, obronności i zdrowia) oraz zmniejszenie jego roli w produkcji i usługach;
- Doskonalenie zasobów ludzkich poprzez rozwijanie kompetencji i umiejętności Omanis;
- Sponsorowanie dywersyfikacji gospodarczej poprzez całkowite wykorzystanie wszystkich możliwych do uzyskania zasobów naturalnych i innych walorów przyrodniczych (np. korzystnego położenia geograficznego Omani);
- Przekonywanie do rozwoju sektora prywatnego w celu trwałego tworzenia towarów i usług; wspieranie mechanizmów konsultacyjnych między sektorem publicznym i prywatnym;
- Wzrost poziomu życia obywateli Omanu i funkcjonowanie w kierunku bardziej sprawiedliwego podziału dochodów pod względem obszarów i kategorii dochodów;

- Wzmocnienie integracji gospodarki z gospodarką międzynarodową poprzez wolny handel i odpowiednie stowarzyszenia gospodarcze z innymi narodami.

12.16.5 Wizja 2020 miała jasne cele dla sektora wytwórczego.

W odniesieniu do sektora wytwórczego szczególne znaczenie miały poniższe elementy w czwartym wymiarze:

a. Przeciwdziałanie skutkom ("choroba holenderska") silnej waluty wytwarzanej w wyniku eksportu ropy naftowej i gazu;
b. Inspirujące lokalne i zewnętrzne inwestycje w zakresie wykorzystania gazu ziemnego i jego pochodnych;
c. Zmniejszenie zainteresowania branżami i usługami eksportowymi;
d. Stymulowanie relacji między sektorami produkcyjnymi w celu jak najlepszego wykorzystania krajowej wartości dodanej;
e. Realizacja strategii o wysokiej wartości dodanej poprzez skupienie się na kapitałochłonnych metodach i innowacyjnym know-how;
f. Wspieranie wzrostu MŚP za pomocą narzędzi finansowych, na *przykład* podatkowych, zachęt i ułatwień kredytowych;
g. Prowadzenie infrastruktury, głównie w zakresie technologii informacyjno-komunikacyjnych (TIK).

Aby zrozumieć piąty wymiar, należało przeprowadzić kolejne zmiany:

a. Sprzedaż aktywów posiadanych przez rząd (udziały w firmach i aktywa oddziałów);
b. Prywatyzacja usług publicznych, w szczególności energii elektrycznej, wody, telekomunikacji i autostrad;
c. Tworzenie przewodzących podstaw prawnych i organizacyjnych, przede wszystkim w zakresie licencji inwestycyjnych i handlowych;

d. Zmniejszenie dotacji rządowych dla sektora prywatnego;
e. Rozszerzenie sektora bankowego i innych instrumentów finansowych; rozwój rynku papierów wartościowych Muscat;
f. Promowanie infrastruktury służącej do rozwiązywania problemów związanych z ograniczeniami w dziedzinie energii elektrycznej, wody i portów;
g. Inspirujące zagraniczne inwestycje, głównie w nowe działania i te związane z transferem technologii;
h. Poprawa umiejętności administracyjnych i technicznych Omanis w celu umożliwienia im przyjęcia centralnej roli w sektorze prywatnym.

12.16.5.1 Wraz z piątym planem pięcioletnim zmieniono ukierunkowanie na przestrzeganie polityki i mechanizmów dobrze określonych w celu osiągnięcia szerszych celów Wizji 2020.

Głównym celem piątego planu było zwiększenie środków na rzecz utrzymania ostrożnej polityki fiskalnej oraz osiągnięcie zrównoważonego budżetu krajowego z początkiem roku 2000. Podczas gdy rekordowo niskie ceny ropy utrudniły realizację tego drugiego celu w 1998 r., następujący po nim wzrost cen w 2000 r. upoważnił rząd do zmniejszenia deficytu do około 1,5% (IBP, 2015 r.; Development of Manufacturing Industries in Oman, 2015 r.).

12.16.5.2 Szósty Plan Pięcioletni koncentrował się na zmniejszeniu zależności gospodarki od wydatków publicznych oraz zwiększeniu wielkości i znaczenia sektora prywatnego.

Owocującym projektem dywersyfikacji w okresie obowiązywania planu był port kontenerowy Salalah, który rozpoczął działalność w listopadzie 1998 roku. W 2013 r. został sklasyfikowany na 41. miejscu wśród 50 największych światowych portów kontenerowych o pojemności 3,34 metra, dzięki czemu stał się czwartym najbardziej ruchliwym portem w regionie MENA (World Shipping Council 2016). Dodatkowym znaczącym osiągnięciem było przekształcenie Oman

Development Bank, wbudowanego w 1978 roku, w spółkę akcyjną. Bank udziela obecnie firmom krajowym kredytów średnio- i długoterminowych, co w tym momencie ułatwia rozwój sektora prywatnego dzięki zwiększonemu zaangażowaniu. (IBP 2009)

Kontynuując poprzednie strategie gospodarcze, szósty plan pięcioletni (2001-2005) koncentrował się na zmniejszeniu zależności gospodarki od **wydatków publicznych oraz zwiększeniu wielkości i znaczenia sektora prywatnego**. Cele strategiczne obejmowały utrzymanie ostrożnej polityki fiskalnej, dostarczanie motywacji do rozwoju sektora prywatnego, inspirowanie inwestycji zewnętrznych, dywersyfikację, prywatyzację, rozwój eksportu produktów i usług innych niż naftowe oraz rozwój przemysłu opartego na gazie.

12.16.5.3 Zachęty do inwestycji zagranicznych w ramach planu obejmują (IBP 2009):

- Zniesienie indywidualnych podatków dochodowych i kontroli dewizowej;
- Ubieganie się o zwolnienia z podatków i należności celnych przywozowych;
- Przedstawienie swobody repatriacji zysku i kapitału;
- Udzielanie nieoprocentowanych, długoterminowych pożyczek na projekty przemysłowe i turystyczne będące częściowo własnością zagraniczną;
- Udzielanie kredytów z Oman Development Bank po obniżonych stawkach;
- Zapewnienie bezcłowego dostępu towarów do rynków GCC;
- Tworzenie punktów kompleksowej obsługi w celu przyspieszenia realizacji propozycji inwestycyjnych;
- Przedstawienie ubezpieczenia kredytu eksportowego;
- Zapewnienie dostępności długoterminowego użytkowania gruntów po zachęcających stawkach. [89]

12.16.5.4 Siódmy plan pięcioletni rzuca więcej światła na wymiary społeczne.

Więcej uwagi na temat wymiaru społecznego poświęcono w siódmym planie pięcioletnim (2006-2010). Jego główne cele dotyczą dobrobytu obywateli Omanu i dążą do rozwoju edukacji, zatrudnienia oraz dystrybucji bogactwa i usług w różnych klasach i obszarach. Wspieranie dywersyfikacji gospodarczej oraz inspirowanie krajowych i odległych inwestycji prywatnych nadal były istotnymi czynnikami planu rozwoju Omanu:

- Poprawa standardu życia ludzi;
- Utrzymanie stabilności cen;
- Poprawa edukacji i zwiększenie szans na zapisanie się na studia wyższe;
- Dając więcej miejsc pracy dla Omanis;
- rzucenie więcej światła na kwestie związane z ludźmi, opieką społeczną i rozwojem człowieka, który można utrzymać;
- Cywilizowanie infrastruktury i rozwój prowincji;
- Poprawa zasobów wodnych i dostarczanie bezpiecznej wody;
- Ochrona dziedzictwa narodowego;
- Wzmocnienie zdolności systemu sądownictwa i poprawa jego wydajności;
- Wzmocnienie sektorów innych niż naftowy, takich jak turystyka, rybołówstwo i produkcja, oraz inspirowanie eksportu, jak również krajowych i zewnętrznych inwestycji sektora prywatnego;
- Wschodzące społeczeństwo cyfrowe i e-administracja w Omanie; obejmujące planowanie i prowadzenie scentralizowanego portalu usług e-administracji; stworzenie zjednoczonej sieci rządowej łączącej wszystkie instytucje rządowe Omanu. [89]

Tabela 12.4 - Wskaźniki wydajności

	Wartości bazowe	2030 Cel	2040 Cel
Wskaźnik złożoności gospodarczej	Wartość: -0,004 (-3 do 3) Ranga: 62/126 (2016)	**20 najlepszych krajów**	10 krajów z pierwszej dziesiątki
Indeks gotowości sieciowej	Wartość: 4,31 (1-7) Ranga: 52/139 (2016)	**20 najlepszych krajów**	Top 5 krajów
Gotowość na przyszłość produkcji - Kierowcy produkcji	Wartość: 5,13 (0 do 10) Ranga: 45/100 (2018)	**20 najlepszych krajów**	10 krajów z pierwszej dziesiątki
Gotowość na przyszłość Struktura produkcji	Wartość: 4.0 (0 do 10)) Ranga: 69/100 (2018)	**20 najlepszych krajów**	10 krajów z pierwszej dziesiątki
PKB Skład w podziale na sektory	Sektor naftowy39% Sektor inny niż naftowy (2017) 61%	**15%** **85%**	7% 93%
Stosunek długu brutto do PKB	**Cele zostaną określone później przez specjalną grupę zadaniową ds. stabilności budżetowej**		
Deficyt na rachunku bieżącym lub nadwyżka w stosunku do PKB Stosunek	Wartość: -14,8 (2017)	**-3% Deficyt**	1,5% Nadwyżka
Wydatki publiczne ogółem w stosunku do PKB Stosunek	Wartość: 45.1% (2017)	**30%**	23.5%
Nienaftowe Stosunek dochodów do PKB	Wartość: 9,5% (2017 r.)	**17%**	19%
Procentowy udział produkcji PKB w gospodarce opartej na wiedzy w całkowitym PKB	**Nowy wskaźnik, w trakcie opracowywania**		

Źródło: OmanVision2040- plik:///C:/Users/Hp/Desktop/V/190207-Preliminary-Vision-Document-English.pdf

Rozdział Trzynasty
Omani Sektory nienaftowe

1. Turystyka
2. Rolnictwo
3. Produkcja

13.1 Sektor turystyczny

"Jeśli Oman jest najlepszym krajem na Bliskim Wschodzie, jak wielu uważa, to nie powinniśmy się wstydzić popisywać."(Y-oman.com, 2018, str. 1)

Źródło: https://www.y-oman.com/2018/12/welcome-to-oman/

Jebel Shams - *Źródło: https://www.y-oman.com/2018/12/welcome-to-oman/*

13.1.1 Wprowadzenie

Tnaszizm jest akredytowany jako stosowana strategia rozwoju gospodarczego ze względu na zdolność do wciągania zasobów pieniężnych w przestrzeń geograficzną. Rola turystyki w zaspokajaniu przewagi konkurencyjnej narodu została również dobrze rozpoznana.

Zdając sobie sprawę z żarliwości znalezienia zastępczego źródła dochodu z powodu szybkiego wyczerpania się ropy i gazu, wszystkie kraje RWPZ wybrały turystykę jako najlepszą alternatywę. Sułtanat wdrożył szereg środków mających na celu poprawę infrastruktury turystycznej w gospodarce. Ministerstwo Turystyki (MoT) zwerbalizowało Omańską Strategię Turystyczną2040 w celu przyspieszenia tempa rozwoju turystyki i kultury w sposób możliwy do utrzymania. Nie ulega wątpliwości, że turystyka jest w stanie przyspieszyć wzrost gospodarczy Omanu. Pozostaje jednak pytanie, czy miejsce docelowe jest wystarczająco konkurencyjne, aby wspierać jego przewagę. [57]

Miejsce docelowe może stać się konkurencyjne tylko wtedy, gdy może uzyskać przewagę jakościową i ilościową nad swoimi konkurentami. Miejsce docelowe musi być również w stanie potwierdzić ekologiczną, gospodarczą i społeczną trwałość procesów i usług turystycznych, a także dobrobyt rodzimych mieszkańców i zadowolenie odwiedzających, aby wspierać rozwój turystyki. Konkurencyjność miejsca przeznaczenia można zmierzyć na podstawie następujących danych:

- udział w rynku,
- postrzeganie jakości usług,
- zadowolenie i oczekiwane zachowanie turystów,
- jeśli efektywność firm pracujących w miejscu docelowym jest wyjątkowa, duża liczba turystów będzie chciała zobaczyć miejsce docelowe, co doprowadzi do wyższych zarobków [57]

Cały imperatyw działalności gospodarczej związanej z sektorem turystycznym polega na tym, że przyczyniają się one do realizacji trzech priorytetowych celów krajów rozwijających się, a w szczególności do osiągnięcia następujących celów:

- dochody,
- Zatrudnienie,
- zyski z tytułu różnic kursowych

W związku z tym sektor turystyczny może odegrać zasadniczą rolę jako podstawowy wyznacznik rozwoju gospodarczego. Efekt, jaki może mieć turystyka w różnych fazach rozwoju gospodarczego, jest uzależniony od specyfiki każdej gospodarki. Zakładając komplikację konsumpcji w turystyce, jej efekt ekonomiczny jest intensywnie dotykany w innych sektorach produkcji, przyczyniając się w każdej sytuacji do osiągnięcia celów przyspieszonego rozwoju. [18]

Podstawową trudnością w opisywaniu granic sektora turystycznego jest określenie, jakie koszty inwestycyjne powinny być przypisane rozwojowi turystyki. Chociaż do tej pory nie była ona traktowana przez globalne agencje jako "sektor" w rozumieniu rachunkowości narodowej, turystyka obejmuje grupę towarów i usług, które są dostarczane wyraźnie dla odwiedzających i w innym przypadku nie zostałyby dostarczone.

Ze względu na wzajemne powiązania z pozostałymi sektorami gospodarki, trudno jest przeanalizować i ustalić strategię dla turystyki. Brak wiarygodnych danych statystycznych utrudnia określenie instrumentów, za pomocą których turystyka generuje wzrost, jak również jej potencjału rozwojowego. Jak dotąd, w tych przykładach, w których kontrola została przeprowadzona, a badanie poprzedziło planowanie, udowodniono, że turystyka jest priorytetem w stawianiu czoła wyzwaniom związanym z ograniczonymi funduszami inwestycyjnymi. W tych przypadkach zaplanowano długoterminowe pakiety na rzecz rozwoju turystyki.

Rozwój turystyki przyrodniczej i turystycznej związanej z dziedzictwem kulturowym, wymaga inwestycji różniących się pod pewnymi względami od rozwoju tradycyjnego hotelu turystycznego. Może istnieć większa potrzeba zwiększenia dostępu do atrakcyjnych lokalizacji lub obiektów oraz stylu rozwoju, który nigdy nie będzie kolidował z wrażliwym siedliskiem lub regionem zróżnicowanym historycznie. [18]

13.1.2 Turystyka Omańska

Oman korzysta z wyjątkowej wartości życia, ponieważ Oman jest nieszkodliwym, nowoczesnym, gościnnym, pięknym i atrakcyjnym państwem, z doskonałą światową szkołą średnią, bogatą kolekcją dóbr i usług konsumpcyjnych, nowoczesną infrastrukturą oraz odpowiednią i rosnącą siecią transportową. [136]

Oman jest bogaty w różnorodne dziedzictwo architektoniczne przedstawione w projektach rodzimych zamków, twierdz, starożytnych tradycyjnych rynków i wiosek z jego alejami. Obraz ten różni się w zależności od regionu, spójny z jego otoczeniem, odzwierciedlając opowieść o sukcesie Omanis w poznawaniu przyrody. [84,91]

Rys.13.1 - Hotel Al-Bustan Palace

http://www.omansultanate.com/tourism.htm

Rys.13.2 - R'as-al-Hadd Beach

http://www.omansultanate.com/tourism.htm

Sułtanat słynie ze swoich standardowych atrakcji turystycznych. Obszary takie jak Wadis, pustynie, plaże i góry sprawiają, że Oman jest wyjątkowy dla sąsiadujących z nim krajów GCC. Jebel Shams jest uważany za najwyższą górę Omanu, najwyższy punkt, i jest słynnym punktem końcowym dla kempingu. Większość znaczących centrów handlowych znajduje się w stolicy - Moskat. Największym centrum handlowym w Omanie jest Muscat City Centre, które zostało zbudowane przez biznesmena z Emiratów, zwanego Majid Futtaim; inne standardowe zajęcia turystyczne obejmują narciarstwo na piasku na pustyni, wspinaczkę górską, wyścigi na wielbłądach i kemping.

Festiwal Muscat odbywa się regularnie na początku każdego roku. W ramach takich imprez odbywają się staromodne tańce, otwierane są tymczasowe ogrody tematyczne, odbywają się koncerty. Inną niezapomnianą okazją jest **Festiwal Khareef, który odbywa się** w sierpniu w Salalah w Dhofarze. Przez cały czas trwania tego ostatniego wydarzenia, góry są spakowane z powodu chłodnej pogody w tym okresie, co rzadko zdarza się w Muscat. [100]

13.1.3 Cechy naturalne Omanu

Rys.13.3

http://www.omansultanate.com/tourism.htm

Rozległa pustynna równina rozciąga się na większej części środkowego Omanu, z szeregiem gór na północy (Jebel Akhdar) i południowym wybrzeżu, gdzie znajdują się również ważne miasta Omanu: stolica Muscat, Matrah i Sur na północy, i Salalah na południu. Pogoda w Omanie jest gorąca i sucha w głębi lądu i wilgotna wzdłuż wybrzeża. W ciągu ostatnich tysiącleci Sułtanat był pokryty oceanem. Skamieniałe muszle są obecne w niezliczonej ilości w częściach pustyni w odległości do 50 mil od współczesnego wybrzeża. [100]

Rys. 13.4 Naturalne atrakcje w Omanie

www.omanobserver.om/natural-attractions-unlimited-in-oman

Rys.13.5 Darbat_waterfalls_Salalah

Źródło: https://fanarhotel.com/khareef-in-salalah/

13.1.4 Gościnność i wypoczynek

Szacuje się, że bezpośredni wkład turystyki w PKB Omanu wzrośnie do 5% do 2020 r. (wartość dodana w 2014 r. wyniosła 1,8 mld USD). Narodowa Strategia Turystyki (NTS) opiera się na dwóch fundamentach: [97]

- szereg obiektów turystycznych w jednym miejscu,
- charakterystyczne doświadczenia turystyczne

Kluczowe znaczenie dla NTS ma rozwój czternastu kolekcji turystycznych, których celem jest zwiększenie liczby odwiedzających i zainspirowanie do dłuższych pobytów w Omanie. Szacuje się, że do 2024 r. sektor ten stworzy ponad 100 000 miejsc pracy.

Aby wesprzeć osiągnięcie tych celów, urzędnicy Moskwy obiecali zainwestować w ten sektor 51,9 mld USD, a także pozyskać solidny wkład z sektora prywatnego. Z około 40 projektami w kilku fazach projektowania, budowy lub przetargu, Oman kładzie nacisk na archeologię, ochronę i naturalne piękno jako istotne czynniki wyróżniające.

Udowodnione przez mandat rządowy w 2005 roku, zgodnie z wizją wspierania i dywersyfikacji gospodarki poprzez zwiększenie zdolności, zakresu i potencjału sektora turystycznego, Omańskie Przedsiębiorstwo Rozwoju Turystyki (Omran) dostarcza cały naród ikonicznych projektów w zakresie turystyki, dziedzictwa i rozwoju miast w Omanie. Portfolio Omrana obejmuje pierwszy luksusowy kurort w spektakularnych górach Hajar, prawdziwe hotele na zboczu półwyspu Musandam, Millenium Resort z apartamentami w marinie, sklepami detalicznymi i restauracjami, centrum naukowe łączące turystykę z badaniami nad żółwiami morskimi i inne. Przekształcenie Port Sułtan Qaboos w turystykę skoncentrowaną na turystyce mieszanej, która zakończy podróż nad brzegiem morza, zapewni muskatowi żywą, energiczną i wysokiej jakości przestrzeń publiczną, jednocześnie mieszając się i ulepszając wspólny, historyczny obszar Muttrah.

Jednym z najważniejszych nowych projektów w segmencie rekreacyjnym jest rozbudowa nabrzeża Mina Sultan Qaboos Waterfront, którego celem jest przekształcenie poprzedniego portu handlowego w główny ośrodek turystyczny. Inwestycja o wartości 1,3 mld USD, przeznaczona dla hoteli i ośrodków wypoczynkowych, obszarów handlowych i mieszkalnych, a także regionów rozrywkowych i kulturalnych, ma na celu stworzenie 12 000 bezpośrednich i 7 000 pośrednich miejsc pracy.

Rozwój Zintegrowanych Kompleksów Turystycznych (ITC) doprowadził do powstania nowego modelu zarządzania nieruchomością, który wydaje się sprzyjać większemu przepływowi przychodów. Wave - pierwszy projekt ITC w Omanie - rozpoczął się w 2012 roku. Inwestycja o wartości 3,5 mld USD to wspierany przez państwo projekt, który obejmuje 6000 jednostek mieszkalnych, luksusowe hotele, powierzchnie komercyjne i pole golfowe, zrealizowane na 6-kilometrowym odcinku nadbrzeżnej nieruchomości, na której znajduje się 400-metrowa marina. Wiodącym etapem projektu Saraya Bandar Jissa jest kolejna taka inwestycja o wartości 600 mln USD. [97]

13.1.5 Sułtanat jako atrakcyjne miejsce docelowe turystyki

Sułtanat wydaje się być miejscem przeznaczenia dla osób zamożnych, a także miejscem przeznaczenia okresowego. Znany z szerokiej gamy atrakcji i urokliwego piękna, jest niedoceniany przez państwo. Ze względu na "zagmatwane położenie" wielu potencjalnych turystów odwraca się od celu podróży w szczycie sezonu. Czy istniałyby trudności z etykietowaniem i świadomością? Czy cel podróży ma zachęcający wygląd w umysłach potencjalnych turystów? Czy Sułtanat jest miejscem, w którym działają siły przyciągania i popychania? Jak turyści z różnych miejsc na świecie postrzegają to miejsce docelowe? Projektanci docelowi i dostawcy usług muszą zajmować się tymi zapytaniami o największym znaczeniu. [57]

Turystyka w Sułtanacie jest uważana za jeden z żywiołowych filarów zrównoważonego rozwoju gospodarczego Omanu, ponieważ od około pięciu dekad zajmuje wysoką pozycję w światowej gospodarce i odnotowuje dodatnie tempo wzrostu nawet w czasie międzynarodowej recesji gospodarczej. [94]

Urzędnicy Omanu stale rzucają światło na tę branżę, w oparciu o ekskluzywne obiekty turystyczne, którymi Oman jest obdarzony, na *przykład:*

- różnorodność geologiczna,
- wysokie góry,
- rozległe pustynie,
- Piękne plaże,
- wadis
- bogate dziedzictwo kulturowe,
- chwalebna historia

W Sułtanacie znajdują się jedne z największych na świecie świadectw, które są świadectwem prawdziwej kultury arabskiej i przyjaznego środowiska obywateli Omanu.

Dążenie ministerstwa do wspierania Sułtanatu jako idealnej destynacji turystycznej na całym świecie przejawia się we wzroście liczby turystów i gości przyjeżdżających do Sułtanatu, podobnie jak we wrześniu 2017 roku, w którym liczba turystów osiągnęła 2,4 mld. Liczba hoteli osiągnęła 364 i 19.832 pokoi hotelowych. Warto zdradzić, że liczba turystów i odwiedzających Oman w 2016 roku osiągnęła 3 151 milionów.

Przewiduje się, że w latach 2017-2018 liczba obiektów hotelowych wzrośnie ze względu na kilka zatwierdzeń, które zostały zatwierdzone przez Ministerstwo Turystyki do otwarcia osiemdziesięciu jeden hoteli z 5279 pokojami w niektórych Gubernatorstwach. Ministerstwo przeanalizowało również procesy składania wniosków o świadczenie usług turystycznych i zreorganizowało procedury, prezentując system elektroniczny. Nowe podejście gwarantuje szybsze wydawanie zezwoleń turystycznych, a także informuje kandydata e-mailem lub SMS-em o statusie jego zgłoszenia.

Ministerstwo Turystyki również rozpoczęło kampanię przyjmującą sugestie od sektora publicznego i prywatnego w celu stworzenia charakterystycznej atrakcji turystycznej w Muscat, która odsłania tradycyjne omańskie souqs i dzielnice w nowoczesny sposób, obejmujące restauracje, kawiarnie i sklepy. Ministerstwo dawałoby atrakcyjną propozycję użytkowania gruntów, które można by rekultywować przez 50 lat. Inicjatywa ta wpisuje się w cele strategii turystycznej Sułtanatu, mającej na celu zachowanie ducha dziedzictwa sułtanatu i wspieranie kraju jako bogatego i różnorodnego miejsca docelowego. Pojęcie rywalizacji ma na celu zainspirowanie i dotarcie do czołówki architektury sułtanatu, która symbolizowana jest przez atrakcyjne forty, zamki, domy, dzielnice i staroświeckie souqs.

Inne inicjatywy i kontrakty ministerstwa z różnymi jednostkami, których celem jest rozwój infrastruktury, to na *przykład budowa* kompleksu Quriyat Tourism, której koszt wyniósł 385 mln OMR, oraz umowa na rozwój Naseem Al Sabah, której koszt wyniósł ponad 400 tys. metrów kwadratowych, której koszt wyniósł 400 mln OMR. Oman jest również chętny do organizowania ogólnoświatowych imprez i staje się ogólnoświatową destynacją MICE. [94]

13.1.6 Wskaźniki sektora turystyki w Omanie

Poniżej znajdują się niektóre wskaźniki dla sektora turystycznego w Omanie, na przykład turystyka przyjazdowa, turystyka wyjazdowa, usługi zakwaterowania i inne wskaźniki związane z turystyką:

- Udział turystyki w PKB Sułtanatu wyniósł 2,8% w roku 2016, w porównaniu z 2,75% w roku ubiegłym.
- Spadek bezpośredniej wartości dodanej sektora turystycznego w Omanie o 7,4% nastąpił w roku 2016, osiągając poziom 701 mln OMR, zbliżony do około 758 mln OMR w roku 2015.

- Bilans turystyczny w Omanie odnotował deficyt w wysokości 171,3 mln OMR w 2016 roku, spadając o 27,5 mln OMR w porównaniu do deficytu odnotowanego w ostatnim roku.
- Suma osób przyjeżdżających do Omanu wzrosła o 19,6% w porównaniu z rokiem poprzednim, osiągając blisko 3,2 mln w porównaniu z 2,6 mln w 2015 roku.
- Odwiedzający z noclegiem stanowili 72,7% całkowitej liczby przyjeżdżających do Omanu w 2016 roku, natomiast odwiedzający jednodniowi 27,3%.
- 7,2 nocy to średnia ilość noclegów turystów przyjeżdżających do Omanu w 2016 r. w porównaniu z 6,8 nocami w roku ubiegłym.
- Wydatki na turystykę przyjazdową w Omanie wzrosły w 2016 roku o 10,3% i wyniosły 319 mln OMR w porównaniu z 289,2 mln OMR w 2015 roku.
- Średnie wydatki turystów przyjeżdżających do Omanu w 2016 roku wyniosły 101 OMR w porównaniu z około 110 OMR w 2015 roku.
- 37% wszystkich wydatków na turystykę przyjazdową w 2016 roku zostało wydane na zakwaterowanie.
- 478 000 to wzrost liczby odwiedzających w roku 2016 w porównaniu z rokiem ubiegłym.
- W Omanie w 2016 roku zarejestrowano około 340 hoteli, co oznacza wzrost o 22 obiekty w porównaniu z rokiem ubiegłym.
- Łączna liczba gości hotelowych w Omanie wzrosła w roku 2016 o 22,6% i wyniosła 3,4 mln w porównaniu z 2,7 mln w roku 2015.
- 42% gości hotelowych w Omanie w 2016 roku stanowili mieszkańcy Omanis, podczas gdy około 20% spośród wszystkich gości hotelowych stanowili Europejczycy.
- Omanis założył w Omanie w 2016 roku około 29% całej pracy hotelu.
- Liczba zatrudnionych w sektorze hotelarskim w Omanie wzrosła w 2016 roku do 3.639 w porównaniu z 3.244 pracownikami w roku 2015.
- Łączne przychody hoteli w roku 2016 wzrosły o ok. 1,8% i wyniosły w sumie 230,8 mln OMR230,8 mln. (NCFSI. 2017)
- Tabela 13.1 pokazuje niespójność wkładu Omanu we wzrost gospodarczy. W związku z tym pojawia się kilka pytań dotyczących zrównoważonego charakteru inicjatyw politycznych w Omanie, w tym kwestii sposobu radzenia sobie z tą

sytuacją. Rozpoznanie oczekiwań turystów jest pierwszym najpoważniejszym krokiem w kierunku załatwienia tej sprawy.

Tabela 13.1 - Wkład podróży i turystyki we wzrost gospodarczy Omanu

Wzrost w Omanie (%)	2012	2013	2014	2015	2016	2017	2018 E	2028F2
Eksport zwiedzających	10.5	11.1	4.2	17.0	10.3	8.9	6.5	6.9
Wydatki krajowe (w tym wydatki indywidualne rządu)	10.3	7.2	13.1	-9.5	4.2	-0.4	3.6	2.1
Konsumpcja turystyki wewnętrznej (=1+2)	10.4	9.6	7.4	6.7	8.3	6.0	5.6	5.7
Zakupy dokonywane przez dostawców usług turystycznych, w tym towary importowane (łańcuch dostaw)	11.3	9.3	2.6	12.7	8.2	5.8	5.2	5.3
Bezpośredni wkład podróży i turystyki w PKB (=3+4)	9.8	9.9	10.9	2.7	8.3	6.2	6.0	5.9
Inne skutki końcowe (pośrednie i indukowane) Krajowy łańcuch dostaw	9.8	7.6	0.7	3.0	8.3	6.2	6.0	5.9
Inwestycje kapitałowe	-22.2	10.1	10.4	13.7	4.8	19.7	-4.3	3.0
Rządowe wydatki zbiorowe	23.6	70.9	20.5	-0.2	0.2	-17.3	2.7	2.3
Towary przywożone z wydatków pośrednich	10.4	33.6	13.4	96.8	-6.2	18.3	1.5	1.6
Indukowany	2.3	2.6	12.5	-6.2	11.2	4.8	6.8	6.2
Całkowity udział podróży i turystyki w PKB (=5+6+7+8+9)	3.4	7.3	8.8	-2.8	8.1	5.5	6.3	5.9
Wpływ na zatrudnienie ("000") Bezpośredni wkład podróży i turystyki w zatrudnienie	16.7	18.0	20.3	26.0	21.6	8.1	1.5	2.6
Całkowity wkład w podróże i turystykę na rzecz zatrudnienia	9.5	15.2	18.0	20.1	21.4	7.1	3.3	3.2
Inne wskaźniki	7.3	13.2	12.3	9.0	20.4	1.0	0.7	1.8

Source:file:///C:/Users/Hp/Desktop/Diversification%20of%20Oman%20Economy%20For%20Sustainable%20Development_reduce%20(1).pdf

13.2 Rolnictwo w Omanie

"Sektor rolny odgrywa strategiczną rolę w procesie rozwoju gospodarczego kraju, wniósł już znaczący wkład w dobrobyt gospodarczy krajów rozwiniętych, a jego rola w rozwoju gospodarczym krajów słabiej rozwiniętych ma istotne znaczenie. " www.ippmedia.com

Źródło: http://www.omanobserver.om/omans-agricultural-production-2015/

13.2.1 Wprowadzenie

T/Sułtanat posiada środowisko suche i półsuche, ze średniorocznymi opadami na poziomie 100 mm i temperaturą latem przekraczającą 45°C, co jest uważane za nieodpowiednie dla rolnictwa skoncentrowanego. Sektor ten, stając się główną podstawą zatrudnienia, udokumentował bezwzględną wartość dodaną dla kraju w wysokości około 930 mln USD w 2010 roku. Około 13% ludności kraju uważa się za energicznie zaangażowanych w zaangażowanie związane z rolnictwem. Podstawowym ograniczeniem, z którym boryka się Sułtanat, są jednak rzadkie grunty orne, które stanowią zaledwie 7,07% całej powierzchni gruntów i tylko około 10% całej powierzchni uprawnej jest uznawane za produktywne rolnictwo. Około 56% gruntów uprawnych znajduje się na terenach nadmorskich. Wśród takich obszarów za najbardziej skoncentrowany obszar upraw można uznać region Al-Batinah, który ma ponad 320 km pasa nadmorskiego. Większość takich obszarów jest nawadniana przez pobór wód gruntowych [75]. Produkcja rolna w Omani stanowi większość:

- randki,
- Warzywa,
- owoce i inne uprawy w niewielkiej ilości

Zasadziła ona 35 tys. hektarów ziemi i 28 tys. hektarów pod inne uprawy, w tym 11 tys. hektarów z uprawami rotacyjnymi. W okresie przyzwoitych opadów deszczu uprawiana jest również kukurydza. Owoce takie jak banan i papaja są również uprawiane na obszarach przybrzeżnych. Kraj zwiększył swoją produkcję jęczmienia, sorgo i pszenicy w obecnych latach, ale nie produkuje prosa, labiryntu żadnego rodzaju. W latach 2008-2013 produkcja sorgo jest znacznie zwiększona. [92]

13.2.2 Grunty rolne Oman'u

Grunty rolne oznaczają część powierzchni gruntów ornych lub wykorzystywanych pod uprawy wieczyste (są to grunty uprawne, które zajmują te grunty przez długi okres czasu i nie muszą być ponownie obsadzane po każdym zbiorze, takie jak kakao, kawa i guma) oraz pastwiska wieczyste (są to grunty wykorzystywane przez pięć lub więcej lat na pasze, w tym uprawy naturalne i uprawne). Grunty orne obejmują grunty określone przez FAO jako grunty pod uprawy tymczasowe (obszary o podwójnej uprawie są liczone jeden raz). [58]

Zgodnie z danymi Banku Światowego dotyczącymi omańskich gruntów rolnych w latach 1961-2016 średnia wartość tych gruntów wynosiła 11595 km2 , przy czym w

1961 r. było to minimum 10350 km2 , a w 2004 r. maksimum 14720 km2 (tabela 13.2). [58]

Tabela 13.2 - Omańskie grunty rolne, km2

Rok	Wartoś(	Rok	Wartoś(	Rok	Wartoś(	Rok	Wartoś(	Rok	Wartoś(
1961	**10,350**	1973	**10,450**	1985	**10,610**	1997	**10,770**	2009	**14,544**
1962	**10,350**	1974	**10,460**	1986	**10,670**	1998	**10,710**	2010	**14,432**
1963	**10,350**	1975	**10,470**	1987	**10,700**	1999	**10,710**	2011	**14,368**
1964	**10,360**	1976	**10,480**	1988	**10,730**	2000	**11,730**	2012	**14,238**
1965	**10,360**	1977	**10,490**	1989	**10,770**	2001	**11,736**	2013	**14,195**
1966	**10,360**	1978	**10,510**	1990	**10,800**	2002	**12,734**	2014	**14,198**
1967	**10,380**	1979	**10,510**	1991	**10,800**	2003	**13,730**	2015	**14,340**
1968	**10,400**	1980	**10,510**	1992	**10,830**	2004	**14,720**	2016	**14,360**
1969	**10,400**	1981	**10,510**	1993	**10,720**	2005	**14,650**		
1970	**10,420**	1982	**10,510**	1994	**10,720**	2006	**14,630**		
1971	**10,420**	1983	**10,550**	1995	**10,710**	2007	**14,650**		
1972	**10,440**	1984	**10,590**	1996	**10,710**	2008	**14,572**		

Źródło: TheGlobalEconomy.com - Bank Światowy

13.2.3 Systemy hodowli w Sułtanacie

- **Małe i tradycyjne gospodarstwa rolne w Omanie**

Około 79,8% gospodarstw rolnych to gospodarstwa małe (0-0,84 ha), jednak tylko około 11,9% ogółu gruntów ornych to gospodarstwa małe. [75]

Przyjęcie technologii jest bardzo nieznaczne, choć na co dzień i Wadi low-land, rolnictwo może być wzbogacone o wdrożenie odpowiedniej technologii. Oprócz produkcji roślinnej prowadzona jest działalność związana z hodowlą zwierząt (bydło, kozy, wielbłądy i owce itp.), dla której część małych gospodarstw wykorzystywana jest do produkcji pasz.

- **Rolnictwo średnie w Omanie**

Gospodarstwa średnie (0,84-12,6 ha) zajmują około 19,6% gospodarstw rolnych i około 58,7% całej powierzchni gruntów ornych.

- **Rolnictwo na dużą skalę w Omanie**

Gospodarstwa duże (12,6 ha więcej) zajmują około 0,69% gospodarstw rolnych i około 29,4% całej powierzchni gruntów ornych. Ograniczona liczba gospodarstw, 29,4% całkowitej powierzchni gruntów ornych, świadczy o tym, że istnieją duże gospodarstwa. Na terenie Sułtanatu znajdują się duże gospodarstwa rolne wdrożone w najnowocześniejszej technologii. Niektóre gospodarstwa rolne posiadają nawet licencje Global GAP i eksportują swoje produkty za granicę, na rynki północnoamerykańskie i europejskie. [75]

13.2.4 Problemy związane z rolnictwem i wodą

Jako obszar półpustynny, rolnictwo Sułtanatu jest uzależnione głównie od poboru wód gruntowych. W 2013 roku zanotowano około 315 mln ^{m3} niedoboru wody do zwierciadła wody. Saldo niedoboru wydaje się być wynagradzane przez ingerencję wody morskiej w linię brzegową. Stwierdza się, że rolnictwo zużywa około 93% wody odnawialnej w całym kraju, a zużycie wody w rolnictwie było o około 16% wyższe niż w przypadku dostaw odnawialnych. W ostatnim czasie kraj ten doświadczył spadku wydajności rolnictwa niezależnie od ostatnio uprawianych gruntów, zwłaszcza że straty spowodowane zasoleniem są większe niż dodana wydajność nowych gruntów. [75]

Sułtanat nieprzerwanie próbuje zwiększyć swoją produkcję rolną pomimo problemów z wodą. Powiększyła ona produkcję pszenicy, jęczmienia i sorgo w obecnych czasach. Proso i kukurydza nie są robione. Oman jest znany z wytwarzania bardzo wysokiej jakości produktów rolnych, a ogromna część eksportu trafia do sąsiednich krajów RWPZ. Staromodny knowhow i wzrost zasolenia wody to główne zagrożenia dla rolnictwa w Sułtanacie Omanu. [92]

W roku 2014 produkcja ścieków zanotowała 90 000 m3 /dobę, a w roku 2025 ma być czterokrotnie większa. Muscat dysponuje oczyszczalniami ścieków i oczyszczalniami w różnych częściach gubernatorstwa, tworzącymi trzeciorzędne oczyszczalnie z zastosowaniem międzynarodowych standardowych procedur. Chociaż, z powodu braku dystrybucji i faworytów rolników/konsumentów, około 50% oczyszczonych ścieków jest wyrzucanych do morza. Trudności te powinny zostać rozwiązane poprzez dostarczenie niezbędnych urządzeń do rozbudowy i systemu dystrybucji dla gospodarstw rolnych, które pomogą znacznie zmniejszyć pobór wód gruntowych na tym obszarze.[75]

Oman posiada dwa główne standardowe regiony rolno-klimatyczne oparte na parametrach, które wpływają na potencjał gruntów, zasobów wodnych i projektów upraw. Pierwsza strefa położona w północnym Omanie, obejmująca równiny Batinah Coastal, Interior Oman i Dahira, Jebel Akhdar i Sharqiya. Drugi z nich, znajdujący się w południowym Omanie, Dhofar obejmuje równinę Salalah, Dhofar Jebel i Najd. Owoce uprawiane na szeroką skalę w rejonie południowego Dhofaru to banany, mango i orzechy kokosowe, owoce cytrusowe, orzechy, melony, banany, lucerna i tytoń. Pomidory, kapusta, bakłażan, okra i ogórki zaliczane są do znaczących upraw ozimych. Kadzidło jest tradycyjnie produkowane z około 8000 drzew rosnących dziko wewnątrz Dhofaru. Wzdłuż północnej niziny przybrzeżnej Batinah uprawiana jest dodatkowo szeroka gama produktów, takich jak pszenica, ryż i sorgo.[75]

13.2.5 Omańska produkcja rolna

Indeks produkcji roślinnej pokazuje produkcję rolną dla każdego roku w stosunku do okresu bazowego 2004-2006. Obejmuje ona wszystkie uprawy z wyjątkiem upraw paszowych. Agregaty regionalne i agregaty grup dochodowych dla indeksów produkcyjnych FAO są obliczane na podstawie wartości bazowych w dolarach międzynarodowych, znormalizowanych do okresu bazowego 2004-2006.

Według danych FAO dotyczących produkcji rolnej w Omanie w latach 1961-2016 średnia wartość produkcji rolnej w tym kraju wynosiła 65,9 punktów indeksowych przy minimum 16,1 punktów indeksowych w 1961 r. i maksimum 148,6 punktów indeksowych w 2015 r. (Tabela 13.3).[58]

Tabela 13.3 - Wskaźnik produkcji roślin uprawnych w Omani (2004-2006 = 100)

Rok	Wartość	Rok	Wartość	Rok	Wartość	Rok	Wartość	Rok	Wartość
1961	16.1	1973	21.3	1985	53.3	1997	83.9	2009	111
1962	16.3	1974	21.5	1986	57.5	1998	95.5	2010	128.3
1963	16.3	1975	22	1987	58.3	1999	110.6	2011	118.2
1964	16.5	1976	23.6	1988	59.3	2000	108.6	2012	120.5
1965	16.5	1977	26.1	1989	59.6	2001	115.1	2013	129.1
1966	16.8	1978	27.7	1990	63.9	2002	99	2014	131
1967	17	1979	31.7	1991	67.8	2003	94.2	2015	148.6
1968	17.1	1980	36.1	1992	72.3	2004	101.4	2016	148.3
1969	19	1981	43.3	1993	76.2	2005	98.4		
1970	19.1	1982	53.1	1994	78.8	2006	100.2		
1971	19.5	1983	55.3	1995	79.7	2007	103.1		
1972	20.3	1984	56.1	1996	81.2	2008	109.3		

Źródło: TheGlobalEconomy.com - Bank Światowy

13.2.6 Przywóz roślin uprawnych

Wzrost konsumpcji zbóż był oczywisty w latach 2001-2010. W 2008 r. nastąpił nieoczekiwany spadek konsumpcji większości upraw w związku ze światowym kryzysem żywnościowym. Zauważono, że w okresie od 2008 do 2009 r. nieoczekiwanie wzrosła konsumpcja większości upraw.

Przywóz wzrósł od 2009 r. bez względu na jego zmniejszenie w 2008 r. w związku ze wzrostem cen zbóż. Sułtanat obecnie importuje większość swojej żywności, ale stara się zwiększyć produkcję i zmniejszyć import jęczmienia, pszenicy i sorgo. Pomimo wzrostu produkcji, w wyniku ogromnej konsumpcji tych upraw, import jest składany, a przewiduje się dalszy wzrost importu. Sułtanat nie jest określany jako gospodarka eksportowa żywności, a cała jego produkcja jest konsumowana na rynku krajowym. Ceny sorgo, pszenicy i kukurydzy w kraju są podwyższone. [92]

13.2.7 Przyczyny wzrostu rolnictwa w Omanie

Rynek Omani Agriculture rozwija się dzięki rosnącemu zużyciu, innowacyjnemu know-how i niewielkiemu zapotrzebowaniu na wodę w procesach ogrodniczych i inicjatywach rządowych. Sułtanat doświadcza oczyszczania wody pitnej, co pozwoliło na zwiększenie produkcji rolnej w kraju. Ogrodnictwo jest nowym trendem w produkcji rolnej, który przyczynił się do poprawy produkcji. Większość gruntów rolnych należy do monarchów sułtanatu i daje pracę 40000 osobom w produkcji.

13.2.8 Ograniczenia w zakresie produkcji rolnej i potencjałów programowych w Omanie

OMAN jest importerem netto produktów żywnościowych. Niewielki dostęp do ziemi i wód powierzchniowych, niewystarczające opady, suche grunty orne i niska wydajność są głównymi ograniczeniami dla produkcji rolnej w Sułtanacie. [92]

W obawie przed ograniczeniami i trudnościami, rozwój produktywności rolnictwa poprzez wdrażanie know-how po części posiada potencjał, gdy bloki wstrzymujące zostaną usunięte. Rozwiązanie większości poniższych kwestii wymaga solidnej usługi rozbudowy przy pomocy Ministerstwa Rolnictwa i Rybołówstwa Sułtanatu. Zapewnianie szkoleń dla takich rozszerzonych urzędników jest uważane za jedną z głównych potrzeb i wyzwań dla instytucji szkolnictwa wyższego w Sułtanacie i gdzie indziej. [75]

1. W celu pozytywnego zaspokojenia zapotrzebowania na wodę użytkowaną w gospodarstwach rolnych w regionach, w których występują przerwy w dostawie wody morskiej, można zachęcać do stosowania samodzielnych technologii oczyszczania zasilanych energią słoneczną w gospodarstwach wiejskich.
2. Celem jest rozwiązanie problemu nadmiernego i stopniowego niedoboru wód gruntowych w warstwach wodonośnych wzdłuż nizin nadmorskich oraz opadającego przepompowywania wód gruntowych;
    a. Wdrażanie i stymulowanie precyzyjnych narzędzi do nawadniania za pomocą samodzielnych, opartych na czujnikach systemów wśród rolników. W rozwiązaniu tego problemu mogą pomóc kierowcom zależnym od reżimu, ponieważ deficyt zwierciadła wody i zasolenie gruntów

ornych wzdłuż niziny przybrzeżnej jest szokującą kwestią w Sułtanacie.

b. Wspieranie wykorzystania oczyszczonych ścieków w połączeniu z wodami gruntowymi. Taką metodę można by zaspokoić, dając więcej oczyszczalni i systemów transportowych w zaplanowanym stylu. Wiedza i maszyny do czyszczenia, pompowania będą niezbędne.

3. Dla poprawy efektywności wykorzystania wody do nawadniania i zmniejszenia jej zużycia; technologia dla lepszej organizacji uprawy roli (uprawa precyzyjna) w celu zwiększenia pojemności zbiornika wody.
4. Rozwiązanie problemów związanych z wysokim udziałem małych gospodarstw rolnych, które wciąż rosną w staromodnym i otwartym rolnictwie;
   a. Stymulowanie wykorzystania małych, odpowiednich rozmiarów maszyn i urządzeń w celu zwiększenia produktywności ziemi i siły roboczej.
   b. Promowanie wdrażania technologii w Rolnictwie Kontrolowanym z wykorzystaniem szklarni, hydroponiki i aquaponiki itp., wymagane jest udostępnienie odpowiedniego know-how i usług.
5. Dostępność lokalnego przemysłu maszynowego i narzędziowego oraz dostawców usług jest niezbędna.
6. Korzystna alokacja dealerów maszyn i dostawców usług na poziomie lokalnym.
7. Należy wypracować dostępność małych maszyn i narzędzi dla drobnych rolników.
8. Aby właściwie sprostać wyżej wymienionym wymaganiom, niezbędna będzie wykwalifikowana praca w domu. Niezbędne będą inwestycje publiczne i udoskonalenia w zakresie budowania zdolności i transferu technologii poprzez uniwersytety, szkoły techniczne i instytucje zawodowe. Głównym przedmiotem zainteresowania mają być programy szkoleniowe o szczególnych wymaganiach. [75]

13.2.9 Komitet Inwestycji Rolniczych i Rybołówstwa (Tamkeen) - Ministerstwo Rolnictwa i Rybołówstwa (zadania i osiągnięcia)

1. Idea

Dojrzewanie możliwości inwestycyjnych dla niektórych sektorów, takich jak rolnictwo, hodowla i rybołówstwo, w celu przyjęcia udziału sektora prywatnego i aktywizacji jego roli w dziedzinie produkcji żywności, zwiększenia samowystarczalności, wsparcia systemu bezpieczeństwa żywnościowego, wsparcia zasady dywersyfikacji gospodarczej i osiągnięcia zrównoważonego rozwoju.

2. Podstawy

- Wymóg poprawy środowiska inwestycyjnego wspierającego produkcję żywności i związaną z nią działalność.
- Ustalenie nowych kierunków zastosowania wyników strategii w zakresie rolnictwa i rybołówstwa2040.
- Potrzeba rozwijania partnerstwa publiczno-prywatnego i motywowania roli sektora prywatnego w różnych działaniach inwestycyjnych.
- Zarządzanie i prowadzenie działalności inwestycyjnej i usługowej.

3. Cele

- Rozwijające się szanse inwestycyjne.
- Pokonywanie przeszkód stojących przed różnymi działaniami inwestycyjnymi.
- Zapraszanie i włączanie sektora prywatnego do projektów inwestycyjnych.
- Zrównoważenie ścieżek inwestycyjnych dla małych gospodarstw rolnych, stowarzyszeń, małych i średnich przedsiębiorstw oraz firm.
- Koordynacja między dwoma sektorami (publicznym i prywatnym) w zakresie tworzenia projektów inwestycyjnych.
- Pomaga i inspiruje nowe inicjatywy, innowacje i inkubatory, które przyczyniają się do rozwoju produkcji żywności.
- Climax rola badań i rozwoju oraz transfer know-how w projektach inwestycyjnych.
- Należy dostosować się do nastawienia rządu na inwestycje zewnętrzne, zapewnić wsparcie i usunąć napotykane przeszkody.

- Poprawa istniejącej działalności rolniczej, hodowlanej i rybackiej.
- Tworzenie możliwości zatrudnienia dla obywateli Omanu.

4. **Funkcje Komitetu**: Spieraj się o nowe pomysły, sugestie i szanse inwestycyjne, aby je rozwijać i popierać.
5. **Komitet rozpoczął swoją działalność w 2016 roku.**
6. **Osiągnięcia**

6.1 Komitet był w stanie poprawić i monitorować realizację kilku projektów inwestycyjnych, przechodząc od jednej fazy projektu do drugiej. Poniżej przedstawiono kilka projektów inwestycyjnych w sektorze rybołówstwa:

- Ustanowienie zintegrowanej stacji przeładunku, kontroli i rozliczania produktów rolnych i rybnych (2)
- Ustanowienie dziewięciu rynków finansowych.
- Renowacja i zarządzanie rynkami fińskimi.
- Rozwój 18 portów rybackich.
- Wzmocnienie działalności gospodarczej w portach rybackich.
- Systemy monitorowania statków (VMS).
- Wynajem sklepów na Centralnym Targu Rybnym

6.2 Projekty inwestycyjne w sektorze rolnym (rośliny i zwierzęta gospodarskie)

- połączony program inwestycyjny dotyczący wszczepienia 100 000 palm kokosowych, realizowany w dwóch etapach; oraz utworzenie kilku zakładów produkcyjnych w celu zwiększenia wartości dodanej jako opcja uzupełniająca.
- Zarządzanie i prowadzenie pięciu kwarantann weterynaryjnych.
- Zakładanie ośrodka hodowli zwierząt w Al Jafnayn.
- Rozwinąć dominujący rynek na wyspecjalizowany rynek promocji upraw lucerny.
- Zarządzanie i prowadzenie Centrum Zdrowia Weterynaryjnego Salalah

- Projekt dotyczący produkcji i promocji owoców (fikusy, granaty, winogrona, oliwki i inne owoce) realizowany przez Hassad Oman Co.
- Dystrybucja gruntów na rzecz Al-Hosn Investment Firm na potrzeby tuczu jagniąt i produkcji warzyw przy użyciu nowoczesnych technik.

7. **Podsumowanie klasyfikacji projektów inwestycyjnych i możliwości w dziedzinie rolnictwa i rybołówstwa w podziale na przepływy inwestycyjne i szacowany koszt całkowity** (zob. poniższe tabele)

Tabela 13.4

Klasyfikacja projektów i możliwości inwestycyjnych według sektorów specjalistycznych

Projekty i możliwości inwestycyjne	Numer
Sektor rolny (produkcja roślinna)	15
Sektor rolny (zwierzęta gospodarskie)	19
Sektor rybołówstwa	30
Wspólne (Rolnictwo i Rybołówstwo)	6
Razem	**70**

Source:file:///C:/Users/Hp/Desktop/V/Prospects%20andOpportunities%20forAgriculture,%20Fish%20&Food%20Investment.pdf

Tabela 13.5

Klasyfikacja projektów i możliwości inwestycyjnych według dróg inwestycyjnych

Liczba możliwości inwestycyjnych dla firm	75
Liczba możliwości inwestycyjnych dla małych i średnich przedsiębiorstw	92
Razem	**167**

Source:file:///C:/Users/Hp/Desktop/V/Prospects%20andOpportunities%20forAgriculture,%20Fish%20&Food%20Investment.pdf

Tabela 13.6 - Szacunkowy koszt inwestycyjny projektów i możliwości inwestycyjne

Projekty i możliwości inwestycyjne	Szacowany koszt w wysokości miliona (OMR)	Szacowany koszt miliona dolarów
Sektor rolny (Uprawy rolne	123	319
Produkcja) Sektor rolny (zwierzęta gospodarskie)	310	806
Sektor rybołówstwa	308	800

Wspólne projekty	52	135
Razem	**793**	**2060**

Source:file:///C:/Users/Hp/Desktop/V/Prospects%20andOpportunities%20forAgriculture,%20Fish%20&Food%20Investment.pdf

Notatki:

- Dostępność gruntów i zasobów wodnych jest zapewniona dla kilku projektów roślinnych i zwierzęcych;
- Trzy i pięć Studiów wykonalności odpowiednio dla projektów terminowych i Omani Food Investment Holding Company.
- OFIC tworzy listę sześciu firm, których koszt inwestycyjny wynosi 309 mln OMR. Koszty różnych projektów będą prognozowane na podstawie studiów wykonalności, które zostaną przeprowadzone przez inwestorów.

Tabela 13.7 - Projekty inwestycyjne i możliwości w sektorze rolnym (produkcja roślinna)

SN	Nazwa projektu	Wartość OMR	Klasyfikacja	Organ
1	Oman Oilseeds Crushing Company (Projekt Produkcji Soi)	38,000,000	Działający	OFIC
2	Firma zajmująca się marketingiem owoców i warzyw (Fruits and Vegetables Marketing Company)	30,000,000	W trakcie budowy	OFIC
3	Oman Dates Production and Packing Company	28,000,000	Działający	OFIC
4	Produkcja instrumentów pochodnych bazujących na datach	11,593,636	Studia wykonalności	Ministerstwo
5	Obróbka drewna z wykorzystaniem produktów ubocznych z drzew palmowych	5,490,421	Studia wykonalności	Ministerstwo
6	Przetwarzanie pasz z produktów ubocznych z drzew palmowych	3,137,697	Studia wykonalności	Ministerstwo
7	Chłodnie do konserwowania owoców i warzyw	3,000,000	Okazja	Ministerstwo
8	Modelowe gospodarstwo rolne dla drzew kokosowych i produkujące ich produkty	1,200,000	Okazja	Ministerstwo
9	Produkcja nasion dla upraw rolnych	750,000	Okazja	Ministerstwo
10	Modelowe gospodarstwo rolne zajmujące się produkcją, przetwórstwem i dystrybucją Mango	750,000	Okazja	Ministerstwo
11	Jednostki do czyszczenia, sortowania, pakowania i	600,000	Okazja	Ministerstwo

13.3 Sektor wytwórczy

	przechowywania warzyw (3 jednostki w 3 różnych miejscach)			
12	Modelowe gospodarstwo rolne zajmujące się produkcją, przetwórstwem i dystrybucją cytryny (Model Farm for Lemon Production, Manufacturing and Distribution)	500,000	Okazja	Ministerstwo
13	Program rozwoju roślin leczniczych w celu zwiększenia społecznego wpływu roślinnych zasobów genetycznych w Sułtanacie	do zidentyfikowania przez inwestora	Okazja	Ministerstwo
14	Zrównoważone gospodarstwa modelowe dla produkcji kadzidełek i produkcji kadzidełek	400,000	Okazja	Ministerstwo
15	Tissue Culture Farming Company	do zidentyfikowania przez inwestora	Okazja	Ministerstwo
	Razem	**123,421,754**		

Source:file:///C:/Users/Hp/Desktop/V/Prospects%20andOpportunities%20forAgriculture,%20Fish%20&Food%20Investment.pdf

"OCZEKUJE SIĘ, że nowe inwestycje pomogą Omanowi podtrzymać ekspansję jego sektora produkcyjnego, który stał się wiodącym elementem gospodarki dzięki niedawnemu silnemu wzrostowi. "(Oman Observer. 2018, p1)

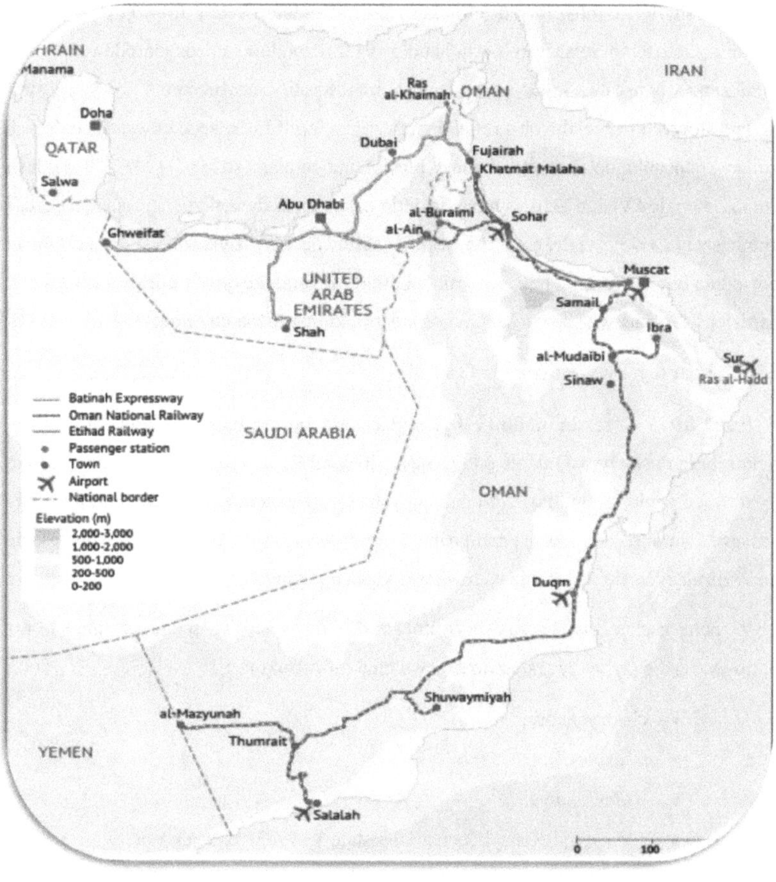

Źródło: Fanack - Rozwój infrastruktury w Omanie / https://fanack.com/oman/economy/

13.3.1 Znaczenie sektora wytwórczego

Tsułtanat charakteryzuje się tym, że jest jednym z najważniejszych reformatorów gospodarczych na świecie i chce trwać na tej drodze. Kraj ten dokonał doskonałej ewolucji i w ciągu ostatnich 43 lat pod rządami Jego Królewskiej Mości Sułtana Qaboos zaobserwował ogromny wzrost przemysłowy i stabilność. Urzędnicy Muskat planują swoje bezpośrednie inwestycje w sektorach nie naftowych, głównie w rolnictwie i rybołówstwie. Na etapie budowy/planowania znajduje się wiele obszernych projektów infrastrukturalnych i rozwojowych, które obejmują założenie Sohar jako portu handlowego, rozbudowę międzynarodowego portu lotniczego Muscat, kilka projektów drogowych, utworzenie nowych stref przemysłowych i specjalnych stref ekonomicznych, itp. Można spodziewać się dalszych zmian w stosunku do obecnego ósmego pięcioletniego planu rozwoju (2011-2015). Jeśli chodzi o wizję "Vision2020", Oman dąży do osiągnięcia dywersyfikacji gospodarczej i zmniejszenia swojej zależności od sektora naftowego. W związku z tym, że Omani odwadnia bogactwo ropy naftowej, rola podmiotów produkcyjnych i przemysłu ma być bardziej widoczna w zabezpieczaniu gospodarki, którą można utrzymać. [90]

13.3.2 Przemysł wytwórczy w Omanie

Przed 1975 r. sektor naftowy był wyłącznym uczestnikiem gospodarki Omanu. Sektor przemysłowy w Omanie odbywający się w 1975 r., którego bezpośrednim celem było utworzenie podmiotów produkcyjnych i wytwarzanie towarów, które miały zastąpić import. Sektor przemysłowy rozpoczął się w małych procesach, koncentrujących się wyłącznie na towarach konsumpcyjnych.

W celu zachęcenia sektora prywatnego do inwestycji w sektorach innych niż naftowy, rząd dążył na *przykład* do zapewnienia infrastruktury:

- elektryczność,
- transport,
- Komunikacja,
- Zbudował Rusayl Industrial Estate w 1983 roku jako pierwsze osiedle przemysłowe w kraju przez Public Establishment for Industrial Estates (PEIE). PEIE zostało założone w celu planowania, eksploatacji, zarządzania i rozwoju nieruchomości przemysłowych na terenie całego kraju. [90]

Obecnie PEIE posiada siedem osiedli przemysłowych, w skład których wchodzą Rusayl, Sohar, Raysut, Sur, Nizwa, Buraimi i Samail. PEIE posiada również Oasis Knowledge Muscat (KOM), Park IT oraz Strefę Wolnego Handlu Al Mazunah. PEIE oferuje kompleksowe usługi, przyjazne dla środowiska lokalizacje, bezpieczne połączenia z resztą świata, grunty i budynki dostępne dla niestandardowego rozwoju przemysłowego, doskonałą telekomunikację, restaurację, obiekty noclegowe i bankowe, sklepy typu convenience i retail, itp.

Położenie terenu przemysłowego Rusayl w odległości 10 km od międzynarodowego lotniska Muscat obejmuje do 2013 roku ponad 130 fabryk, w porównaniu z 12 we wczesnej fazie rozwoju. Fabryki te produkują szerokie spektrum towarów konsumpcyjnych i przemysłowych, począwszy od chemikaliów, baterii, materiałów elektrycznych i budowlanych, kabli światłowodowych, odzieży, artykułów papierniczych, farb itp. Władze przyznają grunty pod wynajem roczny w wysokości (500 Baizas) za ^{m2} oraz różne inne motywy, na przykład koncesje na pierwszy rok i wyjątek od należności celnych przywozowych za sprzęt itp.

Zgodnie z danymi udostępnionymi przez Samail Industrial Estate (SIE), inwestycje w działalność przemysłową wzrosły do 125,0 mln OMR z 180 projektami w budowie, fazie eksperymentalnej, itp. do końca 2013 roku. Tak duży wzrost w SIE jest spowodowany zwiększonym popytem ze strony inwestorów. Pod względem zdolności produkcyjnych inwestycje Sułtanatu wzrosły do 80,0% całości inwestycji, przy czym inwestycje z krajów Zatoki Perskiej wyniosły 7,0%, a inwestycje zagraniczne 13,0%.

Obecnie PEIE dąży do realizacji różnych celów strategicznych, rozwoju infrastruktury dla powstającej bazy przemysłowej, a tym samym do tworzenia nowych miejsc pracy, inspirowania eksportu i rozwoju handlu światowego oraz tworzenia przemysłu opartego na eksporcie. W latach 2011-2012 PEIE zrealizowało szereg projektów mających na celu stworzenie doskonałej jakości infrastruktury i nadbudowy dla kilku osiedli przemysłowych w Omani kosztem OMR55,0 mln. Inwestycje te obejmowały rozwój Sumayl Industrial Estate kosztem OMR 30,0 mln, rozwój Raysut Industrial Estate (OMR3,5 mln), Nizwa Industrial Estate (ponad OMR4,0 mln) oraz rozwój Ring Road for the Knowledge Oasis Muscat (KOM) na poziomie OMR5,0 mln.

Inwestorzy zewnętrzni są skłonni do prowadzenia działalności gospodarczej w Sułtanacie, aby inwestować w priorytetowych regionach docelowych kraju, obejmujących rolnictwo, rybołówstwo, lekką produkcję przemysłową, projekty użyteczności publicznej, edukację, zdrowie, turystykę i tak dalej. Rząd inspiruje głównie produkcję przemysłową, która związana jest z eksportem, lub która będzie chciała zastąpić produkty importowane. [90]

Zakład Sohar's Plant

Zakład, który ma być zlokalizowany w północnym mieście Sohar, będzie produkował około 2,5 mln jednostek rocznie, gdy będzie w pełni operacyjny. Budowa prawdopodobnie rozpocznie się przed końcem roku, a wstępna produkcja zostanie ustalona na rok 2020. Z dostawą 2.000 ton przetworzonego aluminium rocznie jako surowca, świeże linie inwestycyjne się z Sohar Aluminium strategii w celu zachęcenia i utrzymania rozwoju downstream wielkości produkcji i dostaw utrzymywane w kraju wartości, jak na Said al Masoudi, dyrektor generalny firmy, który wygłosił swoje przemówienie do lokalnych mediów w połowie sierpnia. Pod koniec sierpnia lokalne media poinformowały, że chińscy inwestorzy planują budowę wartej 98 milionów dolarów fabryki dywanów i koców we wschodnim mieście portowym Duqm. Firma będzie wykorzystywać materiały syntetyczne uzyskiwane w procesach petrochemicznych.

Proponowany zakład jest częścią szerszego Chińsko-Amerykańskiego Parku Przemysłowego, dla którego rząd planuje zainwestować w pierwszej fazie 3,2 mld USD. Będzie on zawierał urządzenia do produkcji paneli słonecznych, rur i materiałów budowlanych, a także produktów petrochemicznych i innych towarów. [98]

Duqm i industrializacja

Duqm został również wybrany jako lokalizacja dla dużego kompleksu materiałów budowlanych, który ma być uprzemysłowiony przez krajową firmę Assarain Concrete Products. Deklarowana pod koniec sierpnia, zakład powstanie na działce o powierzchni 60.000 metrów kwadratowych w pobliżu portu miejskiego i będzie tworzyć betonowe bloki dla przemysłu budowlanego, wraz z płytkami, płytami chodnikowymi i krawężnikami, które zostaną wykorzystane lub wykorzystane w wielu projektach infrastrukturalnych w okolicy, firmy. [98]

13.3.3 Przemysł wytwórczy Wkład w PKB

W ciągu ostatnich dziesięciu lat, w szczególności w 2008 r., sektor produkcyjny w Omani rozwijał się coraz bardziej. Ponieważ świat wychodzi z międzynarodowego kryzysu finansowego, omański sektor produkcyjny prawdopodobnie wkrótce wykaże się zdrowym wzrostem. Sektor ten wykazuje stały wzrost i oczekuje się, że będzie miał silną pozycję, aby uzyskać większy udział w globalnym rynku. [90]

Wspierane wydatki na energię w połączeniu z jej strategiczną lokalizacją wzbogacają Oman o przewagę konkurencyjną, podczas gdy gospodarka koncentruje się na zapraszaniu znaczących inwestycji zagranicznych do swojego sektora przemysłowego.

W roku 2013 cały PKB Sułtanatu w cenach bieżących wyniósł 30,6 mld OMR, z czego około 10% stanowił sektor wytwórczy. Działalność przemysłowa przyczyniła się do powstania około 26,2% działalności nienaftowej i 17,6% całkowitego PKB Omanu. [90]

Nowe inwestycje prawdopodobnie pomogą Sułtanatowi w dalszym rozwoju jego sektora produkcyjnego, który okazał się być główną częścią gospodarki Omanu w związku z obecnym, silnym rozwojem. W pierwszym kwartale 2018 r. produkcja wzrosła o 17,8% r/r, zgodnie z danymi przekazanymi przez Krajowe Centrum Statystyki i Informacji (NCSI) w sierpniu30. Sektor ten przyćmił całkowitą stopę wzrostu PKB wynoszącą 6,5% w tym okresie i wspomagał rozwój szerzej rozumianego sektora przemysłowego, który zwiększył się o 2,6%. Te solidne wyniki zostały zbudowane na wzroście o 9,2% w 2017 r., zgodnie z założeniami banku centralnego Omanu, który zwiększył udział sektora w nienaftowym PKB z 45,3% w 2016 r. do 48,6%. [98]

Wynik z 2017 r. wykazał, że na sektor wytwórczy przypada 9,6 % PKB, nieco mniej w porównaniu z udokumentowaną w ostatnich dwóch latach średnią wynoszącą 10,2 %, co zdaniem banku wynikało z lepszego wkładu ze strony innych sektorów. Tempo wzrostu gospodarczego należy do wysiłków mających na celu poszerzenie bazy produkcyjnej i zwiększenie jej udziału w PKB do 15% do końca dekady, w ramach "Wizji Omanu 2020", czyli strategii rozwoju gospodarczego Omanu. Szereg nowych inwestycji wydaje się zwiększać produkcję produkcyjną w najbliższych latach. W połowie sierpnia, krajowa firma Sohar Aluminium zadeklarowała, że łączy się z indyjskim producentem części samochodowych Synergies Odlewy do budowy zakładu o wartości 100 milionów dolarów do tworzenia kół stopowych dla zagranicznego rynku pojazdów. [98]

Tabela 13.6 - Najlepsze przedsiębiorstwa produkcyjne w Omanie

Firma	Lokalizacja
General Electric (GE)	Oman, ZEA i 4 inne
Ecolab (ECL) - Nalco	Oman, ZEA i 3 inne
Emerson	Oman, ZEA i 4 inne
AkzoNobel Bliski Wschód	Oman, ZEA i 2 inne
SAOK KTÓRZY	Oman, Arabia Saudyjska
Grupa Handlowa Hamdan	Oman
Przedsiębiorstwa Green Coast	Oman, ZEA i 1 więcej
Saint-Gobain	Oman, ZEA i 2 inne
Farby Jotun Paints	Oman, ZEA i 3 inne
Stolarka światowa	Oman
Salzburger Aluminium AG	Oman
Przemysł rur kompozytowych	Oman
Carmeuse Majan LLC SFZ	Oman
Nafal Contracting and Trading Company	Oman
Międzynarodowy przemysł rurowy w Zatoce Perskiej (TMK GIPI)	Oman
Polyeco	Oman

Źródło:https://www.gulftalent.com/manufacturing-companies-in-oman

13.3.4 Omańska strategia przemysłowa z 2040 r.

Ministerstwo Handlu i Przemysłu postanowiło skupić się na trzech istotnych obszarach, które zostały uwzględnione w strategii przemysłowej z 2040 r., mających na celu poprawę konkurencyjności i rozwoju sektora przemysłowego oraz podniesienie poziomu technologicznego w sektorze produkcyjnym. Strategia przemysłowa będzie koncentrować się na sektorach, które zależą od następujących czynników:[13]

- zasoby krajowe,
- kapitałochłonne, na przykład wytwarzanie następujących produktów:
    - sprzęt i narzędzia elektryczne,
    - kable elektryczne,
    - Złącza elektryczne,
    - Meble
- Co więcej, uzależnieni od wiedzy, badań i rozwoju."

Poszczególne sektory zostały wybrane w oparciu o kilka zmiennych:

- Eksport,
- wartość dodana,
- zastępstwo importowe,
- Zatrudnienie,
- wydajność pracy,
- przewaga komparatywna Omanu i katalog atrakcyjności eksportu sułtanatu

Na podstawie tych zmiennych wybrano trzynaście podsektorów o najwyższych konsekwencjach szczegółowych spośród 119 początkowo przyjętych podsektorów. Selekcje składały się z podsektorów zaadaptowanych do Czwartej Rewolucji Przemysłowej i Wizji Omanu 2040".

Poniżej wymienione są trzy sektory:

1. **Pierwszy sektor jest uzależniony od zasobów krajowych:**

- sektora rafineryjnego i petrochemicznego (sektor naftowy i gazowy),
- przemysł ceglarski i cementowy, marmur, gips, produkty budowlane i inne minerały (sektor górniczy),
- przemysł piekarniczy, ciastkarski, mleczarski i mięsny

Strategia ta ma na celu rozwój i maksymalne wykorzystanie wartości dodanej tych sektorów, aby dotknąć docelowych wyników w ciągu kolejnych pięciu lat realizacji planu.

2. **Drugi sektor dba o sektory kapitałochłonne**: produkcja urządzeń elektrycznych, maszyn, kabli, złączy elektrycznych, mebli, pomp, zaworów, kondensatorów, remonty i budowa statków oraz budowa przyczep i naczep.
   Strategia ta ma na celu zwiększenie i zróżnicowanie tych branż, aby dotknąć docelowych wyników w ciągu następnych dziesięciu lat planu.

3. **Trzeci sektor koncentruje się na sektorach opartych na wiedzy oraz badaniach i rozwoju:**
   - Farmaceutyki,
   - sprzęt medyczny,
   - perfumy, kosmetyki,
   - panele słoneczne,
   - recykling,
   - zdrowotny przemysł spożywczy

   Wyżej wymienionych branż brakuje lub są one bardzo nieliczne i nie zaspokajają zapotrzebowania rynku krajowego, a także eksportu. Strategia ta zapewni wsparcie i zainspiruje wspomniane branże w ciągu następnych 20 lat do dotknięcia docelowych wyników.

Strategia przemysłowa będzie realizowana w dwóch etapach:

✓ Pierwszy etap obejmuje przegląd strategii przemysłowej z 2040 r., która została zainicjowana w 2018 r. Zawiera on wyjaśnienie i analizę sektora przemysłowego, wycenę zmian i wyzwań stojących przed tym sektorem oraz aktualizację priorytetów dotyczących możliwości i wyzwań, w porozumieniu ze sprzymierzeńcami i inwestorami.

- ✓ Drugi etap rozpoczyna się w 2019 r. i będzie stosowany razem z techniką modyfikacji i rozwoju. [13]

Referencje

1. Ahmed, A. E. S. A. 2018a. *Wpływ wahań cen ropy naftowej na wydatki rządowe w Sułtanacie Omanu (1990-2017).* https://scialert.net/abstract/?doi=aujss.2017.1.16

2. Ahmed, A. E. S. A. 2018b. *Zależność między wahaniami cen ropy naftowej a inflacją w Omanie.*

3. Ahmad, A.H. i Masan, S., 2015. *Dynamiczne relacje pomiędzy dochodami z ropy naftowej, wydatkami rządowymi i wzrostem gospodarczym w Omanie. International Journal of Business and Economic Development* (IJBED), 3(2)

4. Aimer, N.M.M., 2016.*SKUTKI PRZEPŁYWU OLEJU NA EKONOMICZNY WZROST LIBYA.*

5. Ajmi, A.N., Gupta, R., Babalos, V. i Hefer, R., 2015. Cena ropy naftowej i powiązanie cen konsumpcyjnych w Republice Południowej Afryki zostały ponownie przeanalizowane: Nowe, asymetryczne podejście do przyczynowości. Energy Exploration & Exploitation, 33(1), str.63-73.

6. Albawaba. , 2019. *Oman Witnesses Increase in Inflation.* https://www.albawaba.com/business/oman-witnesses-increase-inflation-1263664

7. Alfaro, L., Chanda, A., Kalemli-Ozcan, S. i Sayek, S., 2010. *Czy bezpośrednie inwestycje zagraniczne sprzyjają wzrostowi? Zbadanie roli rynków finansowych w powiązaniach. Journal of Development Economics, 91*(2), s. 242-256.

8. Alfaro, L. i Chanda, A., kalemli-Ozcan, S. i Sayek, S., 2002, *FDI i wzrost gospodarczy: rola lokalnych rynków finansowych. Nieopublikowany manuskrypt.*

9. Al Ghailani, M, Muthalath, S, et al.; (2016). *"Oman Economy Far from being Diversified"*. Horizon: Wydział Public Relations i Informacji - Uniwersytet Sułtana Qaboosa. https://www.squ.edu.om/Portals/33/Publication/Horizon/Horizon-333.pdf?...2016.

10. Al-Kibsi, G., Benkert, C. i Schubert, J., 2007. Doprowadzenie *polityki zatrudnienia do pracy w Zatoce Perskiej. The McKinsey Quarterly*, str.1-29.

11. Al-Lawatia, S., 2011. *Omani Women in Labor Market: Facts And Challenges.* file:///F:/V/Omani%20labor%20market/Omani%20women%20in%20labor%20market.pdf

12. Al Makhawi, R.A., 1990. *Rada Współpracy Zatoki Perskiej: studium na temat integracji* (rozprawa doktorska, Uniwersytet w Salford).

13. Al Maqhousi, S., 2018. *Trzy obszary zainteresowania w planie przemysłowym Omanu na rok 2040.* URL:https://timesofoman.com/article/545740(Data wizyty:22-06-2019)

14. Al-Mawali, N., Hasim, H.M. i Al-Busaidi, K., 2016. *Modelowanie wpływu sektora naftowego na gospodarkę sułtanatu Omanu. International Journal of Energy Economics and Policy, 6*(1), s. 120-127.

15. Alodayni, S., 2016. *Ceny ropy naftowej, ryzyko kredytowe w systemach bankowych oraz powiązania makrofinansowe pomiędzy eksporterami ropy naftowej GCC.* International Journal of Financial Studies, 4(4), str.23.

16. Al-Tai, M., 2015. *Oszacowanie wpływu cen ropy naftowej na konsumpcję gospodarstw domowych w Szwecji.*

17. Al-Yousif, Y.K., 2004. *Ekonomia naftowa i globalizacja: Przypadek krajów GCC.* Tematyka gospodarki Bliskiego Wschodu i Afryki Północnej, 6.

18. ZAŁĄCZNIK2. (n.d.). TURYSTYKA *jako narzędzie rozwoju gospodarczego.* https://www.oas.org/dsd/publications/Unit/oea78e/ch10.htm. (02-07-2019)

19. Anshasy, A.A.E., 2012. *DOCHODY Z ROPY NAFTOWEJ, POLITYKA WYDATKÓW RZĄDOWYCH I WZROST GOSPODARCZY. Finanse publiczne i zarządzanie, 12(2).*

20. Anwar, M.M., Khan, G.Y. and Khan, S.J.I., *EFFECT OF INCREASE IN OIL PRICE ON INFLATION IN PAKISTAN.*

21. Bade, R i Parkin, M., 2002. *Fundacja Makroekonomii.* Pierwsza edycja. (USA). Pearson Education, Inc. str. 449.

22. Barrett, R.C., 2011. *Oman: The Present in the Context of a Fractured Past* (No. JSOU-11-5). WSPÓLNE OPERACJE SPECJALNE UNIV MACDILL AFB FL

23. Basher, S.A. i Sadorsky, P., 2006. *Ryzyko cen ropy naftowej i wschodzących rynków akcji. Global Finance Journal, 17*(2), s. 224-251

24. BBCnews., 2018. *Profil kraju Omanu.* URL:https://www.bbc.com/news/world-middle-east-14654150 (Data wizyty:14-10-2018)

25. BDO. 2019. VAT W OMANIE. URL:http://www.bdo.com.om/getattachment/Services/Tax/Indirect-Tax/VAT-in-Oman-2019.pdf.aspx?lang=en-GB (Data wizyty: 16-06-2019)

26. BHATTACHARJEE, S., 2013. *Badanie wpływu cen ropy naftowej na gospodarkę Indii.* CBD Belapur, Navi Mumbai - 400 614. Indie. (Numer rejestracyjny DYP-PhD 076100001)

27. Boheman, H, i Maxen, J., 2015. *Szoki cenowe ropy naftowej wpływają na wzrost gospodarczy*: OPEC a nie OPEC Economies.Lund University - School of \economics & Management

28. Brown, S.P., Oppedahl, D.B. i Yücel, M.K., 1995. Ceny ropy naftowej i inflacja (nr 9510).Bank Rezerw Federalnych w Dallas.

29. Cafiero, G. i Karasik, T., 2016. *Czy stabilność Omanu przetrwa sułtana Qaboos?* Middle East Institute.http://www.mei. edu/sites/default/files/publications/PF10_CafieroKarasik_OmanPostQaboos_0. pdf

30. CBO., 2018. SPRAWOZDANIE *ROCZNE2017.* https://www.file:///C:/Users/Hp/Desktop/AnnualReport2017eng.pdf

31. CBO, 2018. *Mid-Year Review of the Omani Economy2017.* file:///F:/CBO/MIDYearEn2017.pdf

32. CBO., 2017. *SPRAWOZDANIE ROCZNE ZA ROK 2016.* URL:https://www.cbo.gov.om/sites/assets/Documents/English/Publications/AnnualReports/AnnualReport2016.pdf.

33. CBO., 2017. *SPRAWOZDANIE ROCZNE2016.* URL:https://file:///C:/Users/Hp/Desktop/AnnualReport2016.pdf.

34. CBO., 2017. ROCZNE *SPRAWOZDANIE2016.*https:/www./cbo.gov.om/sites/assets/Documents/English/Publications/AnnualReports/AnnualReport2016.pdf.

35. CBO, 2016. *ŚRÓDROCZNY PRZEGLĄD GOSPODARKI MIESIŃSKIEJ 2015 r.* https://www. cbo.gov.om/sites/assets/Documents/English/Publications/OccasionalPapers/MidYear2015.pdf

36. CBO, 2016. *MID-YEAR REVIEW OF THE OMANI ECONOMY2015.*:https://www.cbo.gov.om/sites/assets/Documents/English/Publications/Occasional Papers/MidYear2015.pdf.

37. CBO., 2015. *SPRAWOZDANIE ROCZNE2014.* URL:https://www.cbo.gov.om/sites/assets/Documents/English/Publications/AnnualReports/Annual Report2014.pdf.

38. CBO., 2014. ROCZNE *SPRAWOZDANIE2013*, URL:https://www.cbo-oman.org/annual/CBOAnnualReportEN2014.pdf.

39. CBO. *Operacje na rynku pieniężnym.* URL: https://cbo.gov.om/Pages/MoneyMarketOperations.aspx

40. CBO. *Polityka pieniężna.* URL: https://cbo.gov.om/Pages/MoneyMarketOperations.aspx(data wizyty: 22-5-2019)

41. CEICdata., 2019. *Wydatki rządowe w Omanie - 2003 - 2018* | co miesiąc | OMR mln | Ministerstwo Finansów 10-5-2019). https://www.ceicdata.com/en/oman/government-revenue-and-expenditure/government-expenditure-

42. CEICdata., 2018. *OMAN MONEY SUPPLY-M2.* URL:https://www.ceicdata.com/en/indicator/oman/money-supply-m2 (Data wizyty: 16-05-2018)

43. Cristina, J.U.D.E. i Levieuge, G., 2013. *Efekt wzrostu BIZ w gospodarkach rozwijających się: Rola jakości instytucjonalnej* (nr 2251). Orleans Economics Laboratory/Laboratoire d'Economie d'Orleans (LEO), Uniwersytet w Orleanie.

44. Dadush, U, i Falcao, L., 2009. *Ustalenia regionalne w Zatoce Arabskiej.* (nie ma miejsca). DOTACJA CARNEGIE NA RZECZ MIĘDZYNARODOWEGO POKOJU

45. Dah, F.K. i Sulemana, M., 2010. Wkład *ropy naftowej w rozwój gospodarczy Ghany*: rola bezpośrednich inwestycji zagranicznych (BIZ) i polityki rządowej.

46. Das, K.C & Gokhale, N, 2010. *Omanization Policy and International Migration in Oman/ Middle East Institute.* URL:https://www.mei.edu/publications/omanization-policy-and-international-migration-oman 11-5-2019

47. DLIFLC., (2012), *Oman in Perspective.* URL:http://www.fieldsupport.dliflc.edu/products/cip/oman/default.html(data wizyty:25-10-2018)

48. Du, L., Yanan, H., & Wei, C. (2010). Zależność *między szokiem cenowym ropy naftowej a makrogospodarką Chin*: Analiza empiryczna. Polityka energetyczna, 38(8), 4142-4151. https://doi.org/10.1016/j.enpol.2010.03.042

49. Wschód, M., 1994. *Sułtanat Omanu Zrównoważony wzrost i dywersyfikacja gospodarcza*

50. Ekong, C. N., & Effiong, E. L. (2015). *Szoki cenowe ropy naftowej i makroekonomia Nigerii: Rozwikłanie dynamiki szoków na rynku ropy naftowej.* Global Business Review, 16(6), 920-935. https://doi.org/10.1177/0972150915597594

51. Encyklopedia, Inc.2012. *Oman. Odzyskane 20-6-2019.*https://en.wikipedia.org/wiki/Oman.

52. Ennis, C.A. i Ra'id, Z., 2014. *Nieuchwytne zatrudnienie: Planowanie rozwoju i tendencje na rynku pracy w Omanie.* Chatham House, The Royal Institute of International Affairs.

53. Faktycznie, 2018. *Oman: Wydatki gospodarstw domowych na spożycie ostateczne (obecny dolar amerykański).* URL:http://www. ftp.factfish.com/statisticcountry/oman/household%20consumption%20expenditure(visited date:7-111-2018)

54. Fanackmaneconomy, 2018. *Oman Economy*. URL:https://www.fanack.com/oman/economy/(data widoczna:14-10-2018)

55. Fargani, M.O.M., 2013. *Analiza empiryczna wzrostu gospodarczego w Libii* (praca doktorska, University of Western Sydney (Australia)).

56. Gao, L., Kim, H. i Saba, R. (2014). *Jak szoki cenowe ropy naftowej wpływają na ceny konsumpcyjne?* Energy Economics, 45, 313-323. DOI: 10.1016/j.eneco.2014.08.001

57. George, A i Madhavan, M., 2019. *JAKOŚĆ USŁUG, MOTYWACJA DO PODRÓŻY I LOJALNOŚĆ WOBEC CELU PODRÓŻY: P ANACEA DO CELÓW KONKURENCYJNOŚCI I ZRÓWNOWAŻONEGO ROZWOJU TURYSTYCZNEGO W OMANIE* http://www.cbfs.edu.om/UploadsAll/Diversification%20of%20Oman%20Economy%20For%20Sustainable%20Development_reduce%20(1).pdf

58. Globalna Ekonomia. (2019). *Oman: Bezpośrednie inwestycje zagraniczne, mld dolarów.* https://www.theglobaleconomy.com/Oman/fdi_dollars/18/07/2019

59. GLOBALNE PERSPEKTYWY GOSPODARCZE., 2018. *Z pożytkiem z perspektywy czasu : Skutki załamania cen ropy naftowej w latach 2014-16.* https://www.file:///C:/Users/Hp/Desktop/GlobalEconomicProspectsJan2018TopicalIssueoilpricecollapse.pdf

60. Guastella, A i Menghi, A., 2016. *GCC PRZEGLĄD RYNKU I PERSPEKTYWY GOSPODARCZE 2017 R: A CHALLENGING TRANSFORMATION AHEAD TO ACHIEVE DESIRABLE GROWTH.* https://www. file:///C:/Users/Hp/Desktop/MENA-REGION-122016-DIGIVERSION.pdf

61. Hadżijew, N., i Rustamow, A., 2019. W *jaki sposób spadki cen ropy są odzwierciedlane przez inflację importowaną w Azerbejdżanie*? International Journal of Energy Economics and Policy, 9(2), 182-193. https://doi.org/10.32479/ijeep.7462

62. Halicioglu, F., 2008. *Dynamika krzywej J w Turcji: zastosowanie modelu ARDL. Applied Economics*, *40*(18), s. 2423-2429.

63. Hamdi, H. i Sbia, R., 2013. *Dynamiczne relacje pomiędzy dochodami z ropy naftowej, wydatkami rządowymi i wzrostem gospodarczym w gospodarce zależnej od ropy naftowej. Modelowanie ekonomiczne*, *35*, str.118-125.

64. Held, D. i Ulrichsen, K. eds., 2013. *Transformacja Zatoki Perskiej: polityka, ekonomia i globalny porządek*. Routledge.

65. Henry, C.M. i Springborg, R., 2010. *Globalizacja i polityka rozwoju na Bliskim Wschodzie* (t. 1). Cambridge University Press.

66. Husain, A.M., Tazhibayeva, K. i Ter-Martirosyan, A., 2008. *Polityka fiskalna i cykle gospodarcze w krajach eksportujących ropę naftową.* Międzynarodowy Fundusz Walutowy

67. Hussein, M.A., 2009. *Wpływ bezpośrednich inwestycji zagranicznych na wzrost gospodarczy w krajach Rady Współpracy Państw Zatoki Perskiej (RWPZ). International Review of Business Research Papers*, *5*(3), s. 362-376.

68. Ibrahim, O, Devesh, S & Shaukat. 2017. *ROLE OF FDI IN ENHANCING OMAN'S DIVERSIFICATION STRATEGY* - PAPIER PRACY nr 202/2016-17. Studia Podyplomowe i Wydział Badawczy Wyższa Szkoła Bankowości i Studiów Finansowych

69. IMF DataMapper, 2019. *Oman*. URL:https://www.imf.org/en/Countries/OMN(Data wizyty:20-06-2019)

70. IMF. , 2018. URL:http://www.imf.org/external/pubs/ft/weo/2018/01/weodata/weoselser.aspx?c=449=1(Data wizyty:19/5/2018)
71. MFW, 2017. *Rada Współpracy Państw Zatoki Perskiej: Wyzwania gospodarcze i polityczne w krajach GCC.* URL:https://www.imf.org/en/Publications/Policy-Papers/Issues/2017/12/14/pp121417gcc-economic-outlook-and-policy-challenges(Data wizyty:19-10-2018)

72. INDEXMUNDI., 2018. *WYDATKI NA KONSUMPCJĘ DOMOWĄ, PPP (aktualny międzynarodowy USD).* URL:https://www.indexmundi.com/facts/indicators/NE.CON.PRVT.PP.CD/compare?country=om(Data wizyty:7-11-2018)

73. INDEXMUNDI., 2018. *OMAN EKONOMIA - PRZEGLĄD.* URL:https://www.indexmundi.com/oman/economy_overview.html. (Data wizyty: 14-10-2018)

74. Jamil, H., 2007. *Money Supply in Oman*", Journal of Economic and Administrative Sciences, Vol. 23 Issue: 2, pp.14-43, https://www.emeraldinsight.com/doi/abs/10.1108/10264116200700006.

75. Jayasuriya, H.P.W., Al-Ismaili, A.M. i Al-Shukaili, T., 2017. *Systemy rolnicze w Omanie i potencjały mechanizacyjne. Mechanizacja rolnictwa w Azji, Afryce i Ameryce Łacińskiej, 48*(2), s. 66.

76. Kilani, H., Al-Hazzaa, H., Waly, M.I. i Musaiger, A., 2013. *Przyzwyczajenia życiowe: Dieta, aktywność fizyczna i długość snu wśród omańskiej młodzieży. Sultan Qaboos University Medical Journal, 13*(4), s. 510.

77. Laabas, B. i Limam, I., 2002. *Czy kraje GCC są gotowe na unię walutową? Arabski Instytut Planowania, Kuwejt.*

78. Lacheheb, M. i Sirag, A., 2016. *Cena ropy naftowej i inflacja w Algierii: nieliniowa metoda ARDL.* Tematyka gospodarki Bliskiego Wschodu i Afryki, 18(2), s. 45-60.

79. LeBlanc, M. i Chinn, M., 2004. *Czy wysokie ceny ropy naftowej zapowiadają inflację*? Dowody z krajów G-5.

80. Lipsey, R & Chrystal, K., 2007. ***ECONOMICS***. Edycja jedenasta. Nowy York-USA. Oxford University Press. ISBN:978-0-19-928641-6. (p250)

81. Mahdi, A.E.S.A., 2019a. *Impact of Crude Oil Price Changes on Household Consumption Expenditure in Oman (1990-2016)* (No. jber175). Globalna Akademia Szkoleniowo-Badawcza (GATR) Enterprise.

82. Mahdi, A. E. S. A. A. 2019b. *WPŁYW ZMIAN CEN ROPY NAFTOWEJ NA PODAŻ PIENIĄDZA (M2) W OMANIE (1990-2016). GSJ, 7*(3).

83. Mahdi, A. E. S. A. A. 2019c. *Wpływ wahań cen ropy naftowej na stopę zatrudnienia w Omanie (1991-2017). GSJ, 7*(3). https://eoi.citefactor.org/10.11216/gsj.2019.03.14549

84. Mahdi, A.E.S.A., 2019d. *Effect of Crude Oil Price Movements on Total Investment Behavior in Oman (1990-2016)*" , *Conference on Economics Business and Information Systems Trends CEBIST 2019*. Uniwersytet w Nizwa - Oman. Środa, 17 kwietnia 2019 roku.

85. Manama, B., 2016, kwiecień. *Dywersyfikacja gospodarcza w krajach arabskich eksportujących ropę naftową.* Na *dorocznym spotkaniu arabskich ministrów finansów*

86. Masan, S.S., 2016. *Polityka naftowa i makroekonomiczna oraz wyniki w Omanie* (praca doktorska, © Saleh Said Masan)

87. McKeown, J., 1981. Wielka *Brytania i Oman: wojna w Dhofarze i jej znaczenie. MPhil, Cambridge.*

88. Wyniki badania Mid-Year Review of the Omani Economy 2015 - *Overview and Macroeconomic Prognoza netto zatrudnienia*

89. Ministerstwo Handlu i Przemysłu, 2015. ROZWÓJ PRZEMYSŁU PRZEMYSŁU PRZEMYSŁOWEGO *W OMANIE/ Przygotowanie do przyszłości.* plik:///C:/Użytkownicy/Komputer PC/V/Development+of+Manufacturing+Industries+in+Oman.pdf

90. Ministerstwo Handlu i Przemysłu - *Roczny Raport Przemysłowy., 2014.* (Ministerstwo Handlu i Przemysłu - Dyrekcja Generalna Przemysłu - Departament Informacji Przemysłowych). plik:///C:/Users/Hp/Desktop/V/Final-Annual+Report-English+2014.pdf

91. MINISTERSTWO TURYSTYKI., 2017. *MOŻLIWOŚCI INWESTYCYJNE W TURYSTYCE-KONKURS TURYSTYCZNY(6/2017).* URL: https://www.omantourism.gov.om/wps/wcm/connect/mot/09a2de9b-4597-40fb-a290-b421226a8340/english-new-op.pdf?MOD=AJPERES(Data wizyty: 05-11-2018)

92. Mordor Intelegence ., *Rolnictwo w Omanie: Analiza głównych upraw i zbóż z tendencjami konsumpcyjnymi i produkcyjnymi (2017 - 2022)* - Mordor Intelegence URL:https://www.mordorintelligence.com/industry-reports/agriculture-in-oman-industry?gclid=EAIaIQobChMIqfbI68OR4gIVDlXTCh3DRQEzEAMYASAAEgLzVvD_BwE(data wizyt:10-5-2019)

93. Musaiger, A. O., 1993. *Czynniki społeczno-kulturowe i ekonomiczne wpływające na wzorce konsumpcji żywności w krajach arabskich.* Journal of the Royal Society of Health, 113(2), 68-74. https://doi.org/10.1177/146642409311300205

94. Muscatdaily., 2017. *Oman - idealny kierunek turystyczny.* https://muscatdaily.com/Archive/Oman/Oman-an-ideal-tourism-destination-55au 5-7-2019

95. NCFSI., 2017. *Rok statystyczny Książka 2017-Issue* 45 sierpnia 2017.file:///C:/Users/Hp/Desktop/V/bar_Statistic%20Year%20Book%202017_c2111831-e13a-4075-bf7b-c4b5516e1028.pdf

96. Nwanna, I & Eyedayi, A. , 2016. *Wpływ zmienności cen ropy naftowej na wzrost gospodarczy w Nigerii (1980 -2014).* IOSR (IOSR-JBM) e-ISSN: 2278-487X, p-ISSN: 2319-7668. Tom 18, wydanie 6.Ver. I (czerwiec 2016 r.), PP 10-19.www.iosrjournals.org

97. OMAN CONSTRUCTION - *WIELKIE SHOW 2019.*, 2019. RAPORT RYNKU. plik:///C:/Użytkownicy/Komputeryzacja/V/Pryywatyzacja/Building%20Oman%202019.pdf

98. OMAN DZIENNY OBSERWATOR. 30 kwietnia 2018 roku. *PKB SULTANATE'a SREW BY 8 PER CENTÓW.* URL: https://www.omanobserver.om.(Data wizyty: 20-05-2018)

99. Oman Daily Observer., 2018. *Produkcja kluczowa dla wzrostu gospodarczego Omanu.* URL:http://www.omanobserver.om/manufacturing-central-to-omans-economic-growth/ (Data wizyty: sobota, 22 czerwca 2019 r.)

100. Sułtanat Omanu. (n. d.). *Oman Tourism. SULTANATE of OMAN.* URL:http://www.omansultanate.com/tourism.htm(7-6-2019)

101. Theglobaleconomy., 2019. *Oman: Stopa bezrobocia.* https://www.theglobaleconomy.com/Oman/Unemployment_rate/

102. Omanuna., *inwestycja w Omanie.* URL:https://www.oman.om/wps/portal/index/bz/InvestmentInOman/InvestmentInOman/! Odwiedzony:7-5-2019)

103. OmanVision2040. *DOKUMENT WIZJI PRELIMINARNEJ* URL:file:///C:/Users/Hp/Desktop/V/190207-Preliminary-Vision-Document-English.pdf

104. Oxford Business Group., 2018. *Raport: Oman2018.* https://oxfordbusinessgroup.com/oman-2018/economy.

105. Paavola, J., 2001. W *kierunku zrównoważonej konsumpcji: ekonomia i etyczna troska o środowisko w wyborach konsumenckich. Przegląd gospodarki społecznej*, *59*(2), s. 227-248.

106. Peterson, J.E., 2009. *Życie po ropie naftowej: alternatywy ekonomiczne dla państw Zatoki Arabskiej. Kwartalnik Śródziemnomorski*, 20(3), str.1-18

107. Peterson, J.E., 2004. *Oman: trzy i pół dekady zmian i rozwoju. Polityka Bliskiego Wschodu*, 11(2), s. 125-138

108. Pridham, B.R., 1986. *Oman: Rozwój gospodarczy, społeczny i strategiczny.*

109. Shafique, M.J., 2016. *Tonięcie cen ropy naftowej i jego wpływ na inflację w Pakistanie. wpływ zmian cen ropy naftowej na inflację w kenii w latach 1996-2011* - przez IRENE AOKO ODONGO

110. Singh, R., 2015. *Indian Economy for Civil Services Examinations.* Tata McGraw-Hill Education.

111. Sloman, J., 2003. *Ekonomia.* Londyn: Financial Times.

112. Strolla, A., Partner i Peri, P., 2016. *Oman: 20/20 Vision*: World Finance Review. Middle East-Investment

113. Sturm, M., Strasky, J., Adolf, P. i Peschel, D., 2008. *Kraje Rady Współpracy Państw Zatoki Perskiej - struktury gospodarcze, ostatnie wydarzenia i rola w gospodarce światowej.*

114. Sturm, M. i Siegfried, N., 2005. *Regionalna integracja walutowa w państwach członkowskich Rady Współpracy Państw Zatoki Perskiej.*

115. Sułtanat Omanu. 2018. *Geografia.* URL:https://experienceoman.om/oman/geography/.(Data wizyty:02-07-2019)

116. Sułtanat Omanu, 2016. *OMAN INVESTMENT HANDBOOK.* https://assets.kpmg/content/dam/kpmg/om/pdf/oman-investment-handbook.pdf

117. Najwyższa Rada Planowania/Muscat. 2016. *A Brief of the Ninth Five-Year Development Plan (2016-2020).* https://www.scp.gov.om/PDF/NinthFiveYearPlan.docx

118. Najwyższa Rada Planowania-Muscat., 2016. *Zagadnienia specjalne dotyczące sektorów dywersyfikacji gospodarczej w 9. pięcioletnim planie rozwoju (2016-2020).* plik:///C:/Users/Hp/Desktop/V/Prywatyzacja/Economic%20Dywersyfikacja%20Sektor%20Book-EN.pdf

119. TANFEEDH, 2017. *TANFEEDH Handbook.* https://scp.gov.om/PDF/TANFEEDH%20HAND%20BOOK%202017English.pdf

120. TANFEEDH., 2016. *KRAJOWY PROGRAM NA RZECZ ZWIĘKSZENIA DYWERSYFIKACJI GOSPODARCZEJ.* URL: https://www. om.usembassy.gov/wp-content/uploads/sites/155/2017/02/Tanfeedh-10-Jan-17.pdf

121. Te Velde, D.W. i Konferencja Narodów Zjednoczonych ds. Handlu i Rozwoju, 2006. *Bezpośrednie inwestycje zagraniczne i rozwój: Perspektywa historyczna.* Overseas Development Institute ODI.

122. Sułtanat Omanu, 2016. *Oman: Inward and Outward FDI.* http://dhaman.net/wp-content/uploads/2016/02/Oman.pdf

123. Expat.com, 2019. *System podatkowy w Omanie*. URL:https://www.expat.com/en/guide/middle-east/oman/19084-the-taxation-system-in-oman.html (Data wizyty:15-06-2019)

124. TIMES OF OMAN-Times News Service, 2019. *Budżet ogólny Omanu na rok 2019*. URL: https://timesofoman.com/article/674400 1 stycznia 2019 r. | 21:50 (Data wizyty: 10-5-2019)

125. CZASY OMANU, ROK 2018. *JAK GOSPODARKA OMANU PORADZI SOBIE W 2018 ROKU?* URL:https://www. timesofoman.com/article/119262(Data wizyty:14-10-2018)

126. W CZASACH OMANU, W 2017 ROKU. *ŚREDNIA STOPA INFLACJI W OMANIE NA ROK 2017 PROGNOZOWANA NA POZIOMIE 4,1%.* URL:http://www.timesofoman.com/article/115191(Data wizyty w dniu 13-04-2018)

127. CZASY OBECNOŚCI. , 2016. *Do 2030 r. GCC może stać się szóstą co do wielkości gospodarką świata*. URL:https://www.timesofoman.com/article/79901(Data wizyty:14-10-2018)

128. Tradingeconomics., 2019. Oman Fiscal Expenditure. URL:https://tradingeconomics.com/oman/fiscal-expenditure(Data wizyty:12-06-2019)

129. Tradingeconomics., 2019. *Oman Inflation Rate*. URL:https://tradingeconomics.com/oman/inflation-cpi(Data wizyty: 10-5-2019)

130. HANDEL I EKONOMIA., 2018. *OMAN BALANCE OF TRADE*. URL: https://www.tradingeconomics.com/oman/balance-of-trade?continent=africa(data wizyty: 07-03-2018)

131. HANDEL I EKONOMIA., 2018. *OMAN - WYDATKI GOSPODARSTWA DOMOWEGO NA SPOŻYCIE OSTATECZNE*. URL:https://www. tradingeconomics.com/oman/household-final-consumption-expenditure-us-dollar-wb-data.html(Data wizyt:7-11-2018)

132. TRADINGECONOMICS., (brak daty). *Polska - Wydatki na spożycie ostateczne itp. (roczny wzrost w %)*. URL: https://tradingeconomics.com/poland/final-consumption-expenditure-etc-annual-percent-growth-wb-data.html (Data wizyty: 7-11-2018)

133. Varghese, T., JOHN, S.S. i QATROOPI, K.A., 2016. *CZY OMAN I INDIE MAJĄ WYSTARCZAJĄCY HANDEL DWUSTRONNY?* Australian Journal of Business and Economic Studies, 2(1).

134. Vohra, R., (n.d.). *The Impact of Oil Prices on GCC Economies.*

135. Ubhar Capital. 2017. *Oman-Strategy-Report-2017*. http://www.u-capital.net/pdf/Oman%20Strategy%202017.

136. DEPARTAMENT STANU USA, 2014. *OŚWIADCZENIE W SPRAWIE KLIMATU INWESTYCYJNEGO*. URL: https://www.state.gov/e/eb/rls/othr/ics/2014/(Data wizyty:(Data wizyty: 01-05-2018)

137. Usman, M., Nawaz, R., i Qayyum, M. , 2011. *Impact of Oil Price Volatility on Macroeconomic Variables - The Case Study of Pakistan*): Azjatyckie Społeczeństwo Gospodarcze i Społeczne.ISSN(P): 2309-8295 ISSN(E): 2225-4226

138. *Co to jest Omanizacja?* URL: https://www.mtholyoke.edu/~deflu20a/classweb/omanization/omanization.html (Data wizyt:6-5-2019)

139. WorldBank, 2016. *Oman's Economic Outlook-Spring2016*. http://pubdocs.worldbank.org/en/283711460471549216/Oman-MEM-eng.pdf

140. Xuan, P.P. i ChIn, L.E.E., 2015. *Przełożenie efektu ceny ropy naftowej na cenę konsumpcyjną: Badanie empiryczne*. International Journal of Economics and Management, 9, s. 143-161.

141. Yahia, A.F., 2010. *Stosunki handlowe pomiędzy Omanem a jego głównymi partnerami handlowymi w Azji.* American Journal of Applied Sciences, 7(4), s. 590.

142. Zeng, J.J., 2013. *Eseje na temat wahań cen ropy naftowej i gospodarki* (rozprawa doktorska, Uniwersytet w Missouri-Columbia)

Kolibri 360 GmbH
Ferdinand-Jühlke-Straße 7
99095 Erfurt, Deutschland
produktsicherheit@kolibri360.de

Druck:
CPI Druckdienstleistungen GmbH
im Auftrag der
Kolibri 360 GmbH
Ferdinand-Jühlke-Str. 7
99095 Erfurt